权威·前沿·原创

皮书系列为
"十二五""十三五"国家重点图书出版规划项目

群众体育蓝皮书

BLUE BOOK OF
SPORT FOR ALL

中国群众体育发展报告
（2019）

ANNUAL REPORT ON DEVELOPMENT OF SPORT FOR
ALL IN CHINA (2019)

中国群众体育发展 70 年

主　编／郎　维　戴　健
副主编／曹可强　郑家鲲

社会科学文献出版社
SOCIAL SCIENCES ACADEMIC PRESS（CHINA）

图书在版编目（CIP）数据

中国群众体育发展报告 . 2019：中国群众体育发展70年 / 郎维，戴健主编 . -- 北京：社会科学文献出版社，2019.11

（群众体育蓝皮书）

ISBN 978 - 7 - 5201 - 5642 - 4

Ⅰ . ①中… Ⅱ . ①郎… ②戴… Ⅲ . ①群众体育 - 研究报告 - 中国 - 2019 Ⅳ . ①G812.4

中国版本图书馆 CIP 数据核字（2019）第 219044 号

群众体育蓝皮书

中国群众体育发展报告（2019）

——中国群众体育发展70年

主　　编／郎　维　戴　健
副 主 编／曹可强　郑家鲲

出 版 人／谢寿光
组稿编辑／任文武
责任编辑／连凌云
文稿编辑／李　伟

出　　版／社会科学文献出版社·城市和绿色发展分社（010）59367143
　　　　　地址：北京市北三环中路甲29号院华龙大厦　邮编：100029
　　　　　网址：www.ssap.com.cn
发　　行／市场营销中心（010）59367081　59367083
印　　装／天津千鹤文化传播有限公司

规　　格／开　本：787mm×1092mm　1/16
　　　　　印　张：20.25　字　数：304千字
版　　次／2019年11月第1版　2019年11月第1次印刷
书　　号／ISBN 978 - 7 - 5201 - 5642 - 4
定　　价／128.00元

本书如有印装质量问题，请与读者服务中心（010 - 59367028）联系

主要编撰者简介

郎　维　国家体育总局群众体育司司长，中华全国体育总会副秘书长、群众体育部部长，中国奥委会副秘书长、执委、群众体育部部长。

戴　健　二级教授，博士，博士生导师，上海体育学院原党委书记。现担任国家社会科学基金学科规划评审组专家，国家社会科学基金重大项目首席专家，兼任中国体育科学学会常务理事、中国体育科学学会体育产业分会主任委员等社会职务。主持完成国家社科重大招标项目《我国公共体育服务体系研究——基于服务型政府与体育强国建设视角》及其他国家和省部级哲学社会科学基金项目30余项，出版《公共体育服务体系建设》等多部学术专著，发表学术论文100余篇。承担多项服务政府、对接社会的开创性项目研究，组织开展国务院《全民健身计划（2011~2015年)》实施效果评估、《全民健身计划（2016~2020年)》第三方评估等工作。多篇成果作为内参专报被中央和上海、江苏、浙江等省市有关部门采纳，并获中央和地方有关领导正面批示，成为相关决策的重要依据。

曹可强　上海体育学院教授，教育学博士，博士生导师。兼任中国体育场馆协会副理事长、中国体育科学学会体育产业分会常委兼秘书长。2002年获上海市宝钢教育基金"优秀教师"奖。近年来，主持完成国家自然科学基金项目"我国经济发达地区体育公共服务体系与供给模式研究——以上海、杭州市为例"；主持完成国务院足球改革发展部际联席会议办公室2016年重大约标项目"足球产业开发的相关理论研究"及国家体育总局体育哲学社会科学研究重点项目、第六次全国体育场地普查办公室招标课题、上海市哲学社会科学规划课题、上海市科委重点支撑项目、国家体育总局决策咨询课题等国家级、省部级课题 20 余项。出版学术专著《体育产业概论》《公共体育服务：体系构建、机制创新与制度安排》和《青少年体力活动方案与评价指导手册》；主编《体育赛事运作》《体育产业经营管理》等教材 7 部；主编《五环旗下的精彩人生》等著作 6 部。在国内体育类中文核心期刊上发表《论公众参与政府公共体育服务的决策》《我国体育场地建设现状与发展对策》等论文 40 多篇。

郑家鲲 上海体育学院休闲学院副院长，教授，教育学博士，博士生导师。上海市"曙光学者"，入选上海市"浦江人才计划"，兼任中国体育科学学会体育产业分会学术部主任，美国伊利诺伊大学香槟分校高级访问学者。近年来，主持国家社科基金项目 2 项，主持及参与国家社科基金重大招标项目、国家社科基金项目、国家体育总局体育哲学社会科学项目、上海市哲学社会科学规划课题、上海市浦江人才项目、上海市曙光项目等国家级、省部级课题 10 余项。作为主要成员，执笔国家《体育发展"十三五"规划》、《全民健身计划（2011～2015 年）实施效果评估》、《全民健身计划（2016～2020 年）第三方评估》、《上海市"十三五"基本公共体育服务规划》、《关于加强全民健身公共服务体系建设指导意见》及其他横向部委委托项目、规划编制、政策制定 10 余项。在 SSCI、SCI 及中文核心期刊发表论文 50 余篇，出版学术专著 1 部，合著专著、教材 4 部。

摘　要

2019 年我们迎来了新中国成立 70 周年华诞，2019 年也是全面建成小康社会的关键之年，是落实国务院《全民健身计划（2016～2020 年）》的重要之年，站在这一历史节点上，总结新中国成立 70 年来我国群众体育事业所取得的伟大成就和宝贵经验，剖析新时代群众体育事业发展的制约因素，梳理新时代深化群众体育体制改革路径，展望新时代群众体育事业发展前景，就成为此次蓝皮书编写的逻辑主线。

《中国群众体育发展报告（2019）》（以下简称《报告》）分为总报告、政策理论篇、改革创新篇、实践经验篇四大部分。总报告重点对新中国成立 70 年来我国群众体育的发展历程、建设成就、实践经验进行全面总结和系统梳理，结合我国群众体育事业发展的现实定位，指出未来我国群众体育发展之路。70 年来，我国群众体育始终坚持以中国特色社会主义伟大旗帜为引领，以服务党和国家发展任务为理念，以满足人民群众体育健身需求为核心，以服务体系完善为抓手，以全面深化体育改革为动力，走出了一条开拓创新、艰苦奋斗、奋发有为的发展道路，取得了令人瞩目的发展成就。进入新时代，站在新的历史起点上，政府在"五位一体"现代化建设、化解新时代主要矛盾和全面建成小康社会等方面都赋予群众体育发展新的任务与使命。作为回应，必须重新谋划新时代我国群众体育发展之路，实现群众体育事业的健康有序发展。

政策理论篇围绕 2019 年我国群众体育重点工作内容，从全局和部分两个层面系统解读我国群众体育改革的历史演进和客观规律，全面解析新时代背景下我国群众体育改革的新举措、新进展和新经验，重点梳理我国群众体育在政策变迁、法制建设、社会组织、赛事活动等方面的新机遇、新挑战，

分析预测我国群众体育在新形势下改革的现状与未来趋势。

改革创新篇首先从我国全民健身领域的研究者和实践者做了大量深入细致的工作出发，对怎样研判新时代全民健身公共服务体系的主要特征和基本内容，怎样弄清我国目前全民健身公共服务体系存在的问题和不足，怎样有的放矢、对症下药，提出了更有针对性、更符合国情的对策措施。基于此，从"全民健身公共服务"本源概念的认知以及全民健身公共服务体系建设的实践出发，提出了新时代全民健身公共服务体系建设的战略建议：第一，树立"以人民为中心"的新型政务理念；第二，完善"统一规划、统一标准、统一建设"的新型顶层设计；第三，架构"共建共治共享"的新型组织体系和运行机制；第四，加强"智能化、数据化"的新型供需平台建设；第五，强化"群众监督、群众满意"的绩效考核机制。此外，改革创新篇还对我国新时代全民健身如何实现科学化、合理化，对冰雪运动"南展西扩"战略实施现状与发展方略等热点和焦点问题进行了系统回顾和客观分析。

实践经验篇精心选择2018年以来能够呈现群众体育"六个身边"工程的地方典型实践经验的案例进行展示分享。围绕群众身边的健身组织、设施、活动、赛事、指导和文化各自选取典型，独立成篇，体现国家和地方在购买公共体育服务、发挥部门协同作用、调动社会和市场力量、促进全民健身赛事开展等方面的主要做法和具体实践，反映基层亮点，彰显时代性。

关键词：新中国成立70周年　群众体育　全民健身　公共服务

目 录

皮书数据库阅读 **使用指南**

总 报 告

General Report

B.1

与国家同行 与民心同步 与时代同频

——新中国成立70年来我国群众体育发展：
成就、经验、问题与展望

王学彬 郑家鲲*

摘 要： 新中国成立70年来，我国走出了一条中国特色的群众体育发
展道路，积累了丰富的建设经验，群众体育发展的工作思路
更加明确，顶层设计与长远规划更加清晰，工作机制改革创
新更加有力，公共体育服务体系建设更加完善；但也存在着
统筹兼顾效果有待提升、融合发展能力尚需完善、多元功能
发挥仍需深入等问题。新时代群众体育应以多元功能发挥为
基点，以智慧服务为目标，以决策咨询为起点，以冬奥会举

* 王学彬，上海体育学院，教育学博士，研究方向：休闲体育；郑家鲲，上海体育学院教授，
教育学博士，博士生导师，研究方向：全民健身与社会发展。

办为依托，坚持稳中求进推动主要矛盾解决，为全面建成小康社会目标实现做出应有贡献。

关键词： 新中国成立70周年　群众体育　公共体育服务体系

新中国成立70年来，我国群众体育始终坚持以中国特色社会主义伟大旗帜为引领，以服务党和国家发展任务为理念，以满足人民群众体育健身需求为核心，以服务体系完善为抓手，以全面深化体育改革为动力，走出了一条开拓创新、艰苦奋斗、奋发有为的发展道路，取得了令人瞩目的发展成就。进入新时代，站在新的历史起点上，政府在"五位一体"现代化建设、化解新时代主要矛盾和全面建成小康社会等方面都赋予了群众体育发展新的任务与使命。作为回应，必须重新谋划新时代我国群众体育发展之路，实现群众体育事业的健康有序发展。而要实现此目标，必须以历史和现实为镜，通过对我国群众体育发展历程、建设成就、实践经验等进行全面总结和系统梳理，结合我国群众体育事业发展的现实定位，提出未来我国群众体育发展之路。

一　新中国成立70年来我国群众体育发展历程回顾

新中国成立70年来，伴随着社会发展需求和政府管理理念的转变与提升，我国群众体育发展在政策导向上经历了从"主体"到"跟随"再到"协同"的地位调节，在实现路径上经历了从"政府全权负责"到"有为政府、有效市场、有机社会"治理格局调整，在动力机制上经历了"自上而下"到"自上而下"和"自下而上"相结合的转变。新中国成立以来，我国群众体育的发展顺应了经济社会发展趋势，也与各个时期的时代背景密切相关，政策的变化激发了群众体育发展的活力，而群众体育发展的现实也促进了政策改革进程，使群众体育发展在不同时期呈现出不同的特点，具体可以划分为以下几个主要阶段。

（一）发展起步阶段（1949～1955年）

新中国成立初期，在经历抗美援朝、土地革命、镇压反革命、"三大改造"后，我国社会建设得到全面恢复和初步发展。此时国家发展面临两个基本事实：一是国民体质较差，无法达到进行社会主义现代化建设的需要；二是突破西方资本主义国家对新中国的封锁，实现政权稳固，还急需大量身体强壮的保卫者。基于此，群众体育承担起了提升国民体质，服务国防、劳动生产的重任。

为了实现群众体育服务经济社会发展目标，政府于1949年在《共同纲领》中提出了"提倡国民体育"的要求，这为其发展奠定了方向与基调。1952年，毛泽东在中华全国体育总会成立时，为其题词"发展体育运动，增强人民体质"，形成了群众体育推进的强大号召力。同年，《为国民体育运动普及和经常化而奋斗》报告出台，提出体育运动普及化、经常化发展要求，进一步明确了群众体育发展的措施和任务。1954年，中央作出重要批示，改善、增强人民健康状况及人民体质是一项重要政治任务，从政治高度强化了群众体育发展的重要地位。

在这些典型政策与方针的带动下，我国群众体育发展进步显著：出台了指导群众体育发展相关制度，比如1954年在中等以上学校、职工、军队中实施"劳卫制"；形成了群众体育发展的组织管理体系，搭建了国家（中央人民政府体育运动委员会成立）、部门（县级以上地方体育运动委员会）、单位（各系统和行业体育协会）三级群众体育管理网络；大力推进体育场地设施建设工作，到1954年底已建成体育场地10271个，相比新中国成立前提升了2倍；广泛开展体育健身活动，据不完全统计，仅1952年在北京、天津、上海等地经常参加广播体操的人数达到200万人以上。

此阶段群众体育发展具有以下几个显著特征：在发展目标上，以体育强身为目的，为经济社会发展服务，为建设社会主义服务；在发展标准上，强调场地、设施的增长和锻炼人数、达标人数的提高；在发展途径上，国家全权投入，具有政治任务性；在发展方式上，呈现出外延式

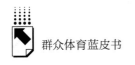
和粗放式发展特点；在发展重点上，群众体育与竞技体育并没有十分明显的区分。

（二）波浪前进阶段（1956～1966年）

随着第一个五年计划的超额完成，1956年中央提出了社会主义建设"多、快、好、省"的总路线精神。1958年，中共八大二次会议仍然坚持发展提速的理念，明确总路线核心依然是发展提速，尽可能缩短超英赶美期限，在这种形势下我国进入了高指标、浮夸风及形式主义盛行的"大跃进"时期。1959～1961年，我国经历了三年自然灾害，对我国经济社会建设造成了沉重打击。加之苏联切断了对我国的援助，一时间"内忧"、"外患"交加，我国的经济建设遭到了严重挫折。政府针对当时的困境提出了"调整、巩固、充实、提高"的方针，1962～1965年国民经济调整任务完成，经济发展达到或超越历史最好水平。

受"大跃进"运动影响，群众体育领域也出台了某些与事物发展规律不相符的要求。比如1958年，在《体育运动十年规划》中提出农村与城市并举，五年内每乡实现两场、一馆、一池建设，10年内达标人数至少要有1.5亿人，力争达到2亿人。受自然灾害的影响，1960年国家体委提出依据现实情况适当控制群众体育发展规模，体育运动发展的重点转移到运动训练上的发展方针。群众体育发展进入停滞期，一些体育协会、体育运动委员会被解散或撤销。1965年国民经济调整完成后，政府部门将"劳卫制"修订成《青少年体育锻炼标准》并开始试行，从而又使得群众体育发展恢复生机。

这一阶段的群众体育和国民经济的发展走势一样，呈大幅度的起伏状态，可以分为前后两个时期。此阶段的初期，群众体育的发展陷入了一个低潮期；此阶段的后期，随着国民经济形势的好转，体育战线也调整了方针政策，提出了群众体育锻炼原则，新修订的《青少年体育锻炼标准》开始落实实施，群众体育锻炼的热潮不断涌现，群众体育呈现出蓬勃发展的状态。

这一时期群众体育发展呈现出以下典型特征：（1）从发展定位看，群众体育发展与经济社会建设现实出现短暂脱节。（2）从发展过程看，群众体育发展呈现出波浪发展的典型特征。（3）从发展重心看，竞技体育与群众体育地位开始出现分化，竞技体育开始获得了优先发展的"特权"。

（三）挫折、停滞阶段（1966～1976年）

当我国国民经济经过几年的调整恢复时期正重新走上健康发展轨道之时，1966年"文化大革命"开始了。在"政治冲击一切"、"以阶级斗争为纲"的极"左"路线的影响下，我国经济社会发展再度出现波折。十年浩劫，给中华民族带来了灾难性后果，给国民经济造成了5000亿元以上的巨大损失，国民生产总值在128个国家中位于倒数第20位，其严重程度超过"大跃进"所造成的破坏，这使我国群众体育的发展又一次遭受到了极大的挫折。

"文化大革命"中，1968年的"五·一二命令"，对我国之前的体育建设成就加以全盘否定，相应的规章制度加以废止，并对体育系统实行军事管制。"文化大革命"给中国人民带来了极其严重的后果，在"打倒一切，全国内战"的混乱形势下，"文化大革命"在体育界的体现是"体育革命"，群众体育方针政策遭到严重破坏，体育政策被批判为修正主义，通通被砍掉，给体育工作造成很大的混乱，大规模的体育活动多与政治联系在一起。

在"体育革命"和"路线斗争"的摧残下，群众体育发展遭受了"致命打击"，相应的管理组织体系被破坏、组织网络和业余体育运动队被迫解散、群众体育娱乐活动消失。"文化大革命"后期，在周恩来等老一辈革命家的努力下，部分城市职工体育活动得到了恢复，城市各行业系统和大型工矿在节假日开始举办以田径、球类项目为主的竞赛活动和运动会。1974年，受"批林批孔"政治运动的影响，刚起步的职工运动又受到严重干扰，被形式主义活动所替代。然而，农村群众体育却得到了一定程度的发展，这与上山下乡的知青有关，同样也受到了反革命集团将农村体育活动作为政治宣传的影响。

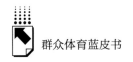

这一时期群众体育发展呈现出以下典型特征：（1）从发展效果上看，农村与城市呈现错位发展，农村群众体育效果优于城市群众体育发展。（2）从发展质量上看，群众体育注重形式与规模，质量较低。（3）从发展延续性上看，群众体育随着政治发展呈现出无序发展态势。

（四）普及与提高相结合，侧重抓提高阶段（1977～1992年）

1977年，政府针对"两个凡是"进行了真理标准大讨论，开始迎来改革开放的曙光。1978年，中共十一届三中全会最终明确了实施改革开放决策，紧抓经济建设的核心任务。1982年，在党的十二大上，政府进一步明确了"计划经济为主、市场调节为辅"的经济管理原则，市场作为资源配置的重要补充手段逐步得到认可。在这些重要社会变革的引领下，我国经济社会稳步发展，工农产品产量高速增长，人民生活水平得到进一步提升，这为群众体育的进一步发展提供了新的历史机遇。

1979年，全国体育工作会议召开，政府明确了普及与提高相结合，侧重提高竞技体育发展方针，群众体育则要实施以社会为依托、以体育运动委员会为指导，主管部门全面负责的社会分工发展模式。1982年，《中华人民共和国宪法》明确了以群众体育发展促进人民体质增强的要求，用根本大法的形式确定了体育新时期发展的任务。1984年我国体育代表团在巴塞罗那奥运会上取得的巨大成功在全国范围内引发了巨大反响，邓小平同志分析了体育运动的巨大影响，并号召把体育搞起来。1984年，《关于进一步发展体育运动的通知》下发，将竞技体育放在了相较于群众体育更为优先的发展位置，使其获得了制度和经费上优先发展的保障。1986年，政府出台《关于体育体制改革的决定》，意图通过群众体育社会化改革解决社会体育市场化改革体制不顺、非均衡发展带来的体育不可持续发展问题、市场化不足与市场化过度等问题。① 1993年，《国家体委关于深化体育改革的意见》

---

① 刘玉：《新中国60年体育发展观的演进》，《上海体育学院学报》2011年第4期，第16～21页。

及 5 个配套文件出台，为社会主义市场经济条件下群众体育法制化、社会化的具体发展问题提供了方向指引。

在上述政策文件的指导下，我国的群众体育发展呈现出相应变化。改革开放初期，在国民经济恢复发展及体育领域拨乱反正工作的推动下，群众体育迅速恢复并发展起来。以城市职工体育为例。1978 年，职工体育组织领导机构相继恢复，并在次年举办了工作座谈会，就职工体育发展方针与任务进行了讨论。[1] 1982 年全国职工运动队数量达到 23 万个，拥有 280 多万名运动员，经常参加运动锻炼的职工比例达到 20%，人数达 2000 多万人。再比如 1977 年、1978 年，联合举办足球赛、篮球赛的城市数量分别有 8 个和 12 个；1983 年各地农村都建立了"农村体育文化中心"、"体育文化站"。[2] 受竞技体育优先发展的影响，我国群众体育地位出现下滑，比如在经费方面，北京城区一所小学全年经费只有 800 元，而北京一个优秀运动员年经费就高达 1.4 万元；在人力资源配置方面，国家体委管理竞技体育的有 146 人，而群众和学校体育管理人员只有 30 人。[3] 然而体育体制改革政策的出台，也为我国群众体育发展带来了新的曙光，我国群众体育社会化改革逐渐深入：首先，社区体育作为一种新兴群众体育发展形态开始逐步兴起。其次，群众体育社会化改革效果初现，群众体育的利益主体和资源配置方式呈现多元化趋势。1987 年国内第一家营利性的健身俱乐部"北京利生健康城"开业，它的诞生为我国体育产业开创了全新的发展领域。[4] 最后，政府体育部门职能转型，推动了社会组织的发展，体育社会组织大量涌现，我国体育社会管理组织逐步走向成熟。

[1] 孙葆洁：《1976～1995 年中国群众体育的恢复与发展》，《武汉体育学院学报》1999 年第 6 期，第 1～5 页。

[2] 谈群林、黄炜：《建国以来我国竞技体育与群众体育关系研究述评》，《首都体育学院学报》2009 年第 5 期，第 532～533、570 页。

[3] 董念黎：《万古长青的事业——群众体育的回顾与展望》，《体育文史》1989 年第 4 期，第 8～15 页。

[4] 苗治文、许实：《建国以来我国群众体育的发展》，《武汉体育学院学报》2010 年第 4 期，第 28～32 页。

这一时期群众体育发展呈现出以下典型特征：（1）在管理体制方面，原先高度依赖国家和行政手段的群众体育管理机制被突破，开始探索国家调控、依托社会的与社会主义市场经济相适应的群众管理体制。（2）在发展理念方面，强调质与量的统一协调。原先规模大、集体性强、组织性高的广播操、生产操等体育活动，开始向以个人爱好和自愿参加为前提的跑步、气功、武术等体育活动转变。①（3）在发展重心方面，与竞技体育相比，群众体育的地位出现下滑。（4）在发展层次方面，明确了群众体育发展的宪法地位。（5）在发展载体层面，群众体育实现了由单位向社区的转变。（6）在价值取向层面，群众体育开启了从"福利"向"消费"的进程。（7）在发展措施层面，群众体育实现了从单一政府行政型向多元社会组织自愿型的转型。（8）在项目选择方面，群众体育锻炼项目选择不断增多。

（五）协调、可持续发展阶段（1992～2012年）

经过近15年的改革开放，我国经济社会各领域获得了极大的发展，但也付出了巨大代价，社会许多领域出现了发展不可持续的问题。以体育领域为例，1993年统计数据显示，1992年文化体育发展速度为6%，而1993年下降到4%。这引起了中央政府的高度重视，为了解决发展不持续的问题，在1996年发布的"九五"计划中重点要求各领域实施可持续发展战略。2003年，强调经济社会建设坚持以人为本，实现经济社会的全面、协调、可持续发展的科学发展观提出，2007年科学发展观列入党章，成为党发展的指导思想之一，这标志着我国经济社会发展实现了从"物质"发展观向"人文"发展观的转变。

1995年3月，政府工作报告中提出了推进体育领域协调发展的方针。1995年8月，《中华人民共和国体育法》颁布实施，明确提出以全民健身活动为基础，通过普及与提高的结合，推进不同体育事业的协调发展，从国家

---

① 田雨普：《新中国60年体育发展战略重点的转移的回眸与思索》，《体育科学》2010年第1期，第3～9、50页。

立法的层次指明了体育协调发展的方向。同年，《全民健身计划纲要》《奥运争光计划纲要》先后下发，对推动我国群众体育与竞技体育协调发展的思路进行了进一步丰富与细化。2000年12月，在《2001～2010年体育改革与发展纲要》中，政府做出了以体育事业发展规模与速度为基准，结合我国国情，实现体育事业与经济、社会协调、可持续发展的要求。2002年，党的十六大将构建较为完善的全民健身体系与办好2008年北京奥运会作为全面建设小康社会体育发展的两大奋斗目标。随后，在《关于进一步加强和改进新时期体育工作的意见》中对群众体育和竞技体育的协调思路与举措做出了详细要求。

在科学发展观的引领下，我国群众体育建设成效显著。2013年的统计数据显示，"三纳入"工作不断推进，总体覆盖率达到97%；组织不断健全，全国有90.3%的地（市）成立了地（市）级体育总会；指导员队伍持续壮大，正式注册的公益性社会体育指导员、职业社会体育指导员数量分别达到135万人、7万多人；法规建设和宣传工作逐步加强，全国16个省和10个较大的市制定出台了《全民健身实施计划》《全民健身条例》等专门性法规；财政支持持续增加，全国经费总投入197.59亿元；场地设施数量激增，全民健身活动中心（含雪炭工程）2730个、体育公园1662个。

该阶段群众体育发展呈现出以下典型特征：（1）在发展要求上，强调不同体育领域、不同区域及体育与社会的协调发展。（2）在发展目标上，实现了群众体育服务社会向服务人需求的转变。（3）在发展手段上，注重宏观政策法规与微观具体实施计划的结合推动群众体育建设。（4）在发展方式上，注重群众体育的内涵式和集约式发展。（5）在发展标准上，更多地考虑了制约我国群众体育发展内在的主要因素，人的主观能动性受到重视。（6）在发展结构上，全民健身相关产业结构逐渐完善。

（六）全面快速战略发展阶段（2012年至今）

2012年，党的十八大报告正式提出全面建成小康社会的目标。改革开放作为推动我国经济社会高速发展的重要法宝，面对全面建成小康社会的新

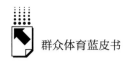
形势、新任务，必须在新的历史起点上进行全面深化改革，破解发展难题，厚植发展优势。健康中国是全面建成小康社会的题中应有之义。党的十八届五中全会通过的国民经济和社会发展"十三五"规划，提出了健康中国建设的战略构想并对其落实做出了全面部署与安排。全民健身作为推动全民健康的有效手段，受到了社会各界的高度重视，习近平主席多次在重要场合就全民健身、全民健康与健康中国的关系作出重要论述，号召建立健全健康教育体系，提升全民健康素养、推动全民健身与全民健康深度融合，最终实现健康中国建设目标。与此同时，当前我国经济基本实现了从投资与外贸出口为主向内需消费的发展转型。健康产业的发展不但能实现大众健康需要的满足，而且还能促进我国产业的供给侧改革。面对全面建成小康社会的目标要求、推动健康中国建设的机遇挑战以及人民群众日益增长的体育健身需求，需要准确把握新时期全民健身发展内涵的深刻变化，以全面深化改革，不断开拓发展新境界。

2014年《关于加快发展体育产业促进体育消费的若干意见》出台，全民健身上升为国家战略，明确了通过体育与医疗、教育、旅游的融合发展推动我国经济新增长的要求。2016年《"健康中国2030"规划纲要》颁布，就全民健身公共服务体系建设、体医结合、健身休闲产业发展等做出了要求。同年，《全民健身计划（2016～2020年）》下发，就全民健身在国家经济社会发展中的重要地位及建设目标、举措进行了详细论述。

经过这些年的发展，在各级政府部门的共同努力下，我国全民健身事业成效明显，助力全面小康社会建设的载体作用发挥日益显著。在经济建设中，全民健身作为体育产业发展动力源的作用日益凸显，体育产业规模不断增大，全民健身成为新时代助力我国经济转型发展的新动能和助推器；在社会建设中，通过健身活动的广泛开展，持续提升人民健康水平和生活品质，全民健身逐渐成为增强人民群众获得感和幸福感的重要手段；在生态文明建设中，全民健身的绿色低碳优势不断展现，发挥了形成健康文明生活方式，倒逼生态环境修复与完善，推动生态文明建设排头兵的功能；在政治建设中，"六边工程"的完善推动了以体育为交往方式的形成，全民健身成为促进社会和谐的重要力量。

该阶段群众体育发展呈现出以下典型特征：（1）在发展定位上，上升为国家战略，强调全民健身作为小康社会全面建成的国家名片及重要标志；（2）在发展目标上，注重全民健身文化教育、经济建设、国际形象宣传、文明生活方式养成等多元功能的发挥；（3）在发展手段上，实现了从"三个身边"工程到"六个身边"工程的升级；（4）在发展机制上，注重不同政府部门间融合发展机制的构建；（5）在价值追求上，明确了"以人民为中心"的价值取向，把满足人民健康需求作为工作的出发点和归宿。

二　新中国成立70年来我国群众体育发展成就

（一）"以人民为中心"的群众体育工作思路更加明确

"以人民为中心"的发展思路，贯穿于70年来我国群众体育漫长的发展历程之中。从毛泽东"发展体育运动，增强人民体质"到邓小平"借助体育运动实现人民体质提升是广泛性群众问题"再到习近平"贯彻实施全民健身国家战略，提升人民健康水平，将人民健身需求满足及人的全面发展实现作为体育工作建设出发点和落脚点"，无不体现着以人民为中心的群众体育发展思路。党的十八大以来，习近平总书记多次发表"人全面发展的实现离不开以人民为中心思想的落地实施"、"发展的根本诉求在于保障、改善及增进民生福祉"等重要论述，体现了党中央持续贯彻及深化以人民为中心的建设思路。新时代我国群众体育继续坚持该核心思想，将全民健身上升为国家战略，明确了全民健身国家战略落实的具体目标与要求，将全民健身发展纳入"五位一体"总体布局和"四个全面"战略布局中进行谋划、统筹与推进，将全民健身计划做成全民健康计划进行实践。与此同时，以对公众维持自身健康凤愿的准确把握为基础，政府做出了全面小康离不开全民健康的判断，并出台了《"健康中国2030"规划纲要》，对从全民健身到全

民健康，再到全面建成小康社会的工作实施做出了明确布局，以人民为中心的群众体育工作思路更加明确。

（二）群众体育发展的顶层设计、长远规划更加清晰

新中国成立以来，政府部门高度重视以顶层设计和出台发展规划指导群众体育发展这一重要工作方法。比如1995年，国家指导群众体育发展的第一个专门性规划——《全民健身计划纲要》出台，对我国全民健身工作的重点服务对象、任务及实施步骤进行了明确阐述；2009年，我国第一部专门服务全民健身发展的行政法规——《全民健身条例》颁布，对全民健身的管理、活动、保障、法律职责等作了详细规定。党的十八大以来，政府顺应新时代发展需求，对全民健身工作实施做出了一系列全新部署。为贯彻政府对全民健身工作指示精神，国务院多次专题研究体育工作，李克强总理先后主持召开会议，制定出台了一系列促进体育发展的政策文件，指导群众体育发展的顶层设计和长远规划更加清晰，尤其体现在三个方面：第一，明确了全民健身的战略定位。2014年，国务院46号文件出台，全民健身成为国家战略，全民健身在全面建成小康社会中的重要地位进一步得到强化，为全民健身发展的转型升级提供了定位指引。第二，出台了全民健身落实的详细规划。2016年，《全民健身计划（2016～2020年）》颁布，对"十三五"时期实施全民健身国家战略、健康中国建设作出了全面部署。到目前为止，全国100%的省、市、县人民政府根据自身发展的实际情况，出台了"十三五"时期详细的全民健身实施计划，为全民健身的落地实施提供了方法选择。第三，颁布了多项惠民、便民，推动群众参与体育健身的政策，包括《"十三五"公共体育普及工程实施方案》《全民健身指南》等，多点发力的政策支撑体系在全民健身领域初步形成。通过这三个方面的努力，全民健身发展形成了宏观定位、中观引导、微观实践清晰的政策设计、规划体系。

（三）群众体育发展的工作机制改革创新更加有力

坚持改革创新是70年来我国群众体育不断获得突破发展的重要法宝。

1986 年《关于体育体制改革的决定（草案）》出台，提出了革命化、社会化、科学化的体育发展理念，出台了包括 10 个层面在内的 53 条具体改革措施。随后，在第二次全国体育发展战略研讨会上，政府确定了建设体育强国的目标，明确了以青少年为重点的发展思路。这次改革重点是计划经济背景下对群众体育发展机制问题的修缮，尚未触及深层次的体制问题。为了构建与社会主义市场经济相匹配的体育运行机制，1993 年出台了《关于深化体育改革的意见》，就体育体制改革进行了细化，旨在体育领域形成国家调控、依托社会、充满自我发展活力发展新局面。在此次体育改革的影响下，我国群众体育实现了从单位体育向社区体育演进的转化过程。进入 21 世纪，群众体育发展的工作机制改革创新更加有力。在工作制度和机制建设方面，2016 年全民健身工作部际联席会议制度建立，全民健身工作机制实现重大创新突破；2018 年全民健身领导协调工作机制建设启动，到目前为止全国已有 90% 的省区市、78% 的地市、61% 的县级政府构建完成，各级政府全民健身齐抓共管机制初步完成。在全运会改革方面，天津全运会进行了创新，新增了累计 126 项的群众比赛项目，吸引竞赛群众达数百万人，其中最小的和最大的年龄差为 89 岁，实现了全人群的覆盖。与此同时还邀请了华人华侨和业余运动员参赛，为群众体育发展开创新的路径。在工作方法创新方面，开展了全民运动健身模范市和全民运动健身模范县（市、区）创建工作，在全国范围内宣传与推广群众体育工作特色做法和先进经验，发挥典型案例对群众体育的发展带动作用。

（四）以"六个身边"工程为抓手的公共体育服务体系建设更加完善

我国从 1995 年起开始有计划地推行全民健身工作，"三个身边"工程作为推进全民健身发展的有力抓手，在其发展中扮演着至关重要的角色。进入 21 世纪以来，尤其是北京奥运会举办完成后，社会公众的健身意识与理念产生了极大的转变，我国进入了名副其实的全民健身发展时代。为了适应社会发展趋势，政府部门经过反复斟酌，以"三个身边"工程为基础，提出了全民健身"六个身边"工程，用以推动建立覆盖面更广、功能更加健

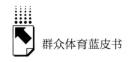
全的体育服务体系，助力体育健身服务均等化发展目标的实现。经过这些年的发展，以"六个身边"工程为抓手的公共体育服务体系建设成果显著。体育健身场地数量明显提升，2017年底其数量已达到195.7万个，人均面积上升至1.66平方米，全国各市、县、街道（乡镇）、社区（行政村）体育健身设施已普遍存在。体育健身组织网络日益完善，社会体育组织在全国正式登记的数量增长幅度上升至10.86%，县级以上体育总会覆盖率为72%，平均每万人的全民健身站点数量达到3个。健身指导队伍持续扩大，目前社会体育指导员、职业社会体育指导员、游泳救生员数量分别达到200万、21万和18.4万人。健身指导服务深入开展，目前已涵盖45个地市，惠及22万余人。体育健身赛事活动纷纷举办，仅2017年"全民健身日"前后举办近3300场活动，参与人数逾9000万人，按年来计算每年参赛人数超过1亿人次。群众体育健身文化得到弘扬，通过全民健身征文、图片征集、影像及音乐创作等文化活动，对典型任务和事迹进行宣传，树立了健身榜样，传播群众健身好声音及正能量。

三　新中国成立70年来我国群众体育发展经验

（一）通过治理制度的不断完善，提高群众体育发展有效治理能力

我国政府在推进群众体育建设的过程中，始终高度重视相关制度建设，逐步构建与完善管理群众体育发展的制度体系，为其发展夯实了基础。例如，1993年国家体委出台了体育社会指导员技术等级制度，明确了社会体育指导员的重要作用，并对适用领域、等级名称、条件要求、培训考核、指导形式等内容进行了简要规定。1997年财政部发布了体育事业单位财务制度，通过出台财务预算管理相关规定，达到健全财务制度，合理配置和有效利用资产，提高资金使用效益，实施绩效监督评估，防范财务风险等目的。2008年，为全方位地体现我国体育事业发展情形，实现我国体育事业统计工作科学化发展，全面发挥统计信息的咨询监督功能，国家体育总局依照

《中华人民共和国统计法》及其相关规定，制定了体育事业统计年报报表制度，从社会体育指导员情况、国民体质监测站点情况、体育俱乐部政府援建体育产地情况、彩票公益金使用情况等方面做好对群众体育事业发展的统计。这些制度从不同的层面对我国群众体育的发展进行管理，有效保证了我国群众体育事业的可持续发展。与此同时，相关制度还在不断更新，比如 2012 年财政部对原体育事业单位财务制度进行了修订，2001 年劳动和社会保障部在原体育社会指导员技术等级制度的基础上设计了新的社会体育国家职业标准，制度的不断完善，有效提高了对群众体育发展的治理能力。

（二）根据社会发展阶段的不同要求，准确定位群众体育发展目标任务

从我国群众体育 70 年的发展历程来看，每一次群众体育新发展任务的提出都是针对我国经济社会现代化建设不同阶段与当时体育事业发展要求进行的。新中国成立初期，为保卫新生政权，为推动国家经济社会重建，中央政府明确了发展体育运动，增强人民体质的群众体育建设思路，通过大力发展群众体育为国家提供大批体质强健的劳动者和建设者；1979 年，服务于我国恢复国际奥委会席位的大局，中央政府确定了普及与提高相结合，侧重抓提高的体育事业建设方针，群众体育通过规模与投入的适当"牺牲"助力我国竞技体育水平的提升，使我国竞技体育发展在短时间内就冲出亚洲，跻身世界前列；1992 年，邓小平南方谈话开启了中国特色社会主义市场经济发展的新篇章，市场经济的确立使社会结构、利益权利、政府管理等发生了巨大变化，社会办体育逐步被大家所接受，群众体育的承载主体顺势实现了从单位向社会的转变；2002 年，党的十六大将到 2020 年明显提高国民健康素质，构建较为完善的全民健身体系列为全面建设小康社会奋斗目标，群众体育领域开展了"体育三下乡"、"全民健身与奥运同行"等活动服务于目标实现。党的十八大以来，全民健身上升为国家战略，在全面建成小康社会中的地位进一步提升，群众体育适时实现了由"三个身边"工程到"六

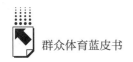

个身边"工程的升级，服务于国家和人民的需求。由此可见，群众体育发展目标任务的定位是一个逐步深化的过程，从国家发展的现实出发，服务于我国经济社会建设大局，从我国体育事业发展的要求出发，科学界定不同发展阶段的目标与任务。

（三）打好简政、放管、优服组合拳，实施群众体育发展综合配套改革

坚持以政府职能转变为核心，做好放权、严管、优服综合配套改革，是推动我国群众体育发展的又一重要经验。1957年中国开始出现权力下放，中央的部分指令供基层参考，基层结合地方实情进行执行。[①] 自1978年政府实施改革开放，构建社会主义市场经济后，政府通过不断地改革摸索，持续释放社会组织力量在群众体育发展中的功能发挥，逐步形成了促进群众体育发展的综合配套体系。在简政放权方面，深化体育赛事审批制度改革，2014年《关于推进体育赛事审批制度改革的若干意见》颁布，明确提出体育总局及其附属单位一律取消对赛事名录内外的群众性体育赛事的审批，合法的法律主体均可依法组织和承办。在放宽市场准入条件方面，2018年《关于加快发展体育竞赛表演产业的指导意见》出台，突破部门限制，化解之前赛事举办的准入门槛阻碍，进一步优化了市场准入环境。在群众体育监管方面，政府依托第三方评估机构对我国群众体育建设实施全方位监管，比如国家体育总局委托上海体育学院设计出台了全民健身绩效评估体系，服务于全民健身的发展与完善。在体育政务制度改革方面，构建与实施负面清单管理制度，为群众体育建设营造公开透明的服务环境。在公共体育服务体系建设改革方面，加快完善基本公共体育服务体系，政府以购买、外包等方式深化与社会资本的合作，满足多元化的社会公众体育服务需求。通过放管服改革，群众体育发展形成了有为政府（监管和服务）、有效市场（具体事务

---

① 《海外学者论新中国70年发展经验》，光明理论，http://theory.gmw.cn/2019-03/16/content_32647014.htm。

实施）与有机社会（社会组织建设）的有效治理格局①，群众体育领域参与办赛主体越来越多，市场活力越来越强。

（四）依托中央和地方政府的功能协同，实现群众体育发展的上下联动

在推动我国群众体育发展的过程中，坚持中央与地方的功能协同，中央负责群众体育发展目标制定、战略出台、方案设计等管理服务工作，地方政府在具体工作中进行实践探索，之后中央再对特色经验与做法进行总结继而在全国范围内进行推广。比如 1999 年政府在全国推行了新的《国家体育锻炼标准》，为了进一步丰富健身方法内容，随后在全国进行了特色健身方法征集活动并出版了《中华体育健身方法》四卷。再比如，2008年后以公共体育服务为主题的全民健身越发被公众关注，政府也多次在相关政策文件中就其建设问题进行了论述，对公共体育服务建设的目标、原则、对策等进行了规划。为了响应国家推动公共体育服务发展的号召，2013 年江苏省人民政府同国家体育总局签订了共建公共体育服务体系示范区的协议，协同促进在全国范围内江苏率先建成功能清晰、网络完善、城乡协调、惠及全民的公共体育服务示范区，充分发挥示范带头作用，为国家公共体育服务体系建设探索经验。协议对两者间的各自职责进行了适当与详细的划分，比如国家体育总局要加大对江苏省全民健身相关工作建设的指导，扶持相关发展规划、评估标准的制定出台等；江苏省人民政府具体负责相关规划及标准的编制工作，做好基本公共体育服务均等化的具体推进工作等。在中央和地方政府的协同合作下，江苏省在示范区建设上进步显著，比如体育设施建设水平明显提升，13 个省区市中 12 个建成功能齐全的体育中心和全民健身中心，90% 的县建成"新四个一工程"，科学健身指导水平明显提升，每年开展体质测试和健身指导服务 30 多万人次。

---

① 刘亮：《全面深化改革背景下我国体育改革的逻辑、目标、动力及路径》，《体育科学》
2015 年第 10 期，第 10～16 页。

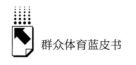
诸如此类的案例还有很多，通过地方和中央政府的功能协同，极大促进了我国群众体育的发展。

四　新中国成立70年来我国群众体育发展存在的问题

（一）群众体育统筹兼顾效果有待提升

群众体育的统筹兼顾，就是要从全局出发，妥善处理群众体育事业内部各种错综复杂的关系，兼顾不同阶层、不同群体、不同地区公众的体育权益，实现其均衡、协调发展。[①] 在70年的群众体育发展历程中，我国政府通过各种措施推进群众体育事业的统筹发展，比如通过雪炭工程推动"老、少、边、穷"地区全民健身事业整体发展水平提升，通过体育三下乡、农民体育健身工程等满足农村居民健身需求，通过实施青少年体育活动计划保障其每天锻炼一小时目标的实现。但从整体来看，我国群众体育统筹兼顾实施效果还有待进一步提升，主要表现在以下几个方面：第一，城乡间、区域间群众体育发展水平差距依然存在，西部地区落后于东部和中部地区，农村地区落后于城镇社区。第二，政府、市场、社会组织三者在群众体育事业发展中的贡献程度仍未实现均衡，政府发挥的功能仍然远超市场、社会组织，有为政府、有效市场、有机社会的群众体育建设格局仍未完全形成。第三，体育事业和体育产业的统筹发展效果仍不突出。体育事业与体育产业两者间相互依存、互相影响。[②] 如何利用好两者间的关系推动彼此间发展的转型升级是目前政府需要解决的问题之一。比如在全民健身活动举行过程中，通过对体育功能的宣传和推广，促进民众形成投资健康的消费理念；通过项目补助、贷款贴息、奖励等方式推动相关企业服务全

---

① 卢文云：《改革开放40年我国群众体育发展回顾与前瞻》，《上海体育学院学报》2018年第5期，第22~29页。

② 郑家鲲：《五大理念引领下"十三五"我国群众体育发展研究》，《上海体育学院学报》2016年第2期，第19~24页。

民健身发展等。第四，群众体育锻炼人群间的非均衡发展，目前锻炼的主体人群是老年人和妇女，中青年群体、企事业单位职工健身意识较为薄弱，行动力不足。[1]

（二）群众体育融合发展能力尚需完善

融合发展通常指事物间彼此联系、交叉并相互渗透促进发展的过程。群众体育的融合发展包括两个方面的内涵：从微观方面来说，要通过不同部门间的相互协作推动群众体育事业的不断发展，解决好群众体育健身需求、供给的矛盾；从宏观层面来说，群众体育要立足于我国基本国情及时代需求，为解决国家建设中的政治、经济、文化等问题服务。从这两点来看，我国群众体育融合发展能力尚有极大的进步空间。就前者来说，当前政府部门已经意识到体育事业发展极度复杂，仅靠体育部门一方的力量难以实现问题的完美解决，必须实现不同部门间的协调合作。尽管 2016 年国务院联合 29 个部委建立了全民健身工作部际联席会议制度，随后各省市县也建立了由政府牵头的全民健身领导协调机制，但由于尚未出台完善的标准对各部门的工作范围和内容进行规定，也未建立部门分工协调工作推进机制，其融合发展能力和效果还有待进一步提升。比如许多老城区体育场地设施建设无地可用，新城区相关指标未得到彻底落实。[2] 在群众体育服务于国家经济社会发展方面，政府将全民健身上升为国家战略，习近平总书记也在不同场合发表重要论述，就群众体育对国家经济社会发展建设的重要意义做出过解释，这些都为群众体育融入经济社会建设、服务国家发展提供了思路指导。但从总体来看，其功效还有待进一步提升，比如2016 年体育产业增加值占国民生产总值的0.9%[3]，这与全球平均水平相比

---

① 刘国永：《对新时代群众体育发展的若干思考》，《体育科学》2018 年第 1 期，第4～8、17页。

② 《让健身场地"宽敞"起来，需要放大招》，新华网，http://www. xinhuanet. com//mrdx/2017－08/10/c_ 136514485. htm。

③ 黄海燕、徐开娟、廉涛等：《我国体育产业发展的成就、走向与举措》，《上海体育学院学报》2018 年第 5 期，第 15～21、37 页。

还有较大差距，全球这一数据在 2013 年就达到了 8000 亿美元左右，约占 GDP 的 2%。①

（三）群众体育服务绩效管理机制亟待更新

监督评估是提升群众体育发展质量的关键举措，我国传统的群众体育服务发展评价呈现出结果导向、注重投入和产出、成本与效益分析的客观测量模式，比如《全民健身计划（2016～2020 年）》中提到的到 2020 年，每周参加 1 次及以上体育锻炼的人数达到 7 亿，体育消费总额达到 1.5 万亿元等就是典型体现。这种监督评估方式取决于维持体育主管部门自身作为"理性经纪人"的利益需求，以最大化的预算利益为主要目标，而非为人民服务，因此在评估过程中不免出现形式主义。② 在党的十九大报告中，政府提出了以提质增效与改善民生为目标，借助对第三方机构参与绩效管理方式的规范、引导，不断完善绩效评价指标，实施全面绩效管理的要求，这为我国群众体育监督评估工作提供了发展方向引领。目前，尽管政府加强了对群众体育服务绩效管理工作的调整，比如增加了对公众体育服务满意度调查的相关指标、依托第三方对全民健身实施发展监督评估工作等，但在具体工作和内容的落实方面还存在诸多问题，比如评估过程中民间人士参与的力度不够大、层次不够深，对第三方评估机构使用不规范、对全民健身服务效率问题关注较少、对公众体育健身服务获得感相应指标涉及不足等。整体来看，群众体育服务绩效管理如何实现从政府满意到人民满意的转变还任重而道远。

（四）群众体育多元功能发挥仍需深入

全民健身上升为国家战略意味着其功能不仅局限在增强人民体质方面，还对经济社会其他领域的发展具有积极意义。正如习近平主席所言，体育与

---

① 《2016 年中国体育产业行业发展概况分析》，行业频道，http://www. chyxx. com/industry/ 201605/412151. html。

② 史小强、戴健：《新时代全民健身公共服务绩效结构模型的构建与实证研究——基于"以人民为中心"价值取向的量度》，《体育科学》2018 年第 3 期，第 12～26 页。

国家发展密切相关，是实现国家强盛与民族复兴的重要载体。苟仲文局长也指出赛场夺金、强身健体只是体育的单一层面，体育还扮演着推进素质教育、经济建设、民族和睦、文化繁荣等多元"角色"。然而目前我国群众体育功能发挥还仅局限于体育系统内，群众体育所具有的健康促进、文化传承、社会教育、经济发展等功能还未得到充分的发挥和释放。[1] 比如全民健身作为实现健康促进的有效措施，在如何通过全民健身活动，让公众了解体育对自身健康的有益作用，形成健康的体育锻炼生活方式，实现自我健康维护从"寻医问药"到"健身锻炼"的转变，形成治未病的自我身体维护理念方面发挥的功能还不够；全民健身作为一种有效的社会沟通方式，在如何借助全民健身活动丰富百姓余暇生活、调节社会情感、提高公民素质、促进社会和谐等方面的效果发挥还不够理想；全民健身作为助力体育产业发展的有效载体，在如何通过全民健身活动实现公众体育消费理念和体育消费行为的转型升级，推动我国体育产业规模扩大和结构协调方面的作用还有待进一步提升。群众体育多元功能的发挥不够有着思想认识上不到位的因素，也有着实践经验缺乏、对全民健身相关活动应用不利的原因，如何克服困难，实现群众体育多元功能和价值发挥，促进我国经济社会发展是目前需要解决的问题之一。

五　新时代背景下我国群众体育的发展定位与举措

（一）发展定位

1. 构建全面建成小康社会的全民健身国家名片

当前我国已经进入了全面建成小康社会的决胜期。群众体育作为助力全面建成小康社会的重要载体，要通过下大力气、狠抓落实，构建完善与其相

---

[1]　刘国永：《对新时代群众体育发展的若干思考》，《体育科学》2018 年第 1 期，第 4 ~ 8、17 页。

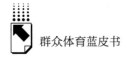

契合的全民健身公共服务体系，使群众体育服务成为全面建成小康社会的国家名片，使群众体育服务的普及成为全面建成小康社会的重要标志。在决胜期的建设过程中，群众体育要进一步充分挖掘、发挥群众体育的多元功能及综合价值，切实使全民健身服务于全面建成小康社会的大局。通过群众体育发展带动体育产业规模扩大和结构优化，助力体育产业成为我国社会经济增长的新动能和助推器，服务于我国经济产业调整和转型升级需求；通过构建全民健身服务体系，推动体育文明交往方式的形成，促进社会和谐，服务于我国政治建设发展大局；通过全民健身活动的广泛开展，宣传中华体育精神，丰富与充实社会主义核心价值观的内容构成，服务于我国文化构建需要；通过全民健身服务的广泛实施，形成公众体育健身习惯，提升健康水平和生活品质，借助体育实现公众幸福感与获得感进一步增强；通过发挥绿色低碳优势，依托群众体育发展促进文明生活方式的形成与巩固，服务生态文明建设大局。

2. 推动全民健身服务好供给侧结构性改革大局

2015 年以来受下行压力加大、产能过剩、有效供给不足等经济发展新常态的影响，政府适时提出了供给侧改革的新命题，意在通过供给层面质量和效率的提升，推动我国经济社会发展转型升级。供给侧结构性改革就内涵来说就是要实现经济社会的创新、协调、绿色、开放、共享发展，这与群众体育众多的本质内涵相契合，群众体育为供给侧结构性改革实践提供了载体选择。比如体育服务业的发展丰富了国家服务业内容构成，为服务业的发展注入了新动能；群众运动休闲产业与文化、旅游、健康等领域的深度融合发展，为服务业发展提供优质增量供给和增长动力转换，可以助力乡村振兴战略、扶贫攻坚等工作的落实；通过全民健身活动及服务，可以有效地提高人力资本水平，营造公平、公开、公正的良好竞争社会风气。近年来，全民健身的持续升温，每年仅仅在重大时间节点组织的大型全民健身赛事活动，参加的群众就达上亿人次。这一巨大的消费群体，为打造全民健身产业链，促进消费、发展绿色经济提供了机遇。如何利用体育事业发展的大潮，系统谋划，不断发挥"体育＋"、"＋体育"的特殊优势，创新发展手段，服务好我国供给侧结构性改革发展大局，是群众体育未来要实现的目标之一。

3. 夯实全民健身在体育强国建设中的基础地位

体育强国是指在体育事业各个方面呈现出较强综合实力，整体水平处于世界前列的国家。① 关于其标志，可以用习近平总书记的论述简单概括为：通过全体人民的共同参与，以健康水平和生活品质提升进而实现对美好生活的追求。究其原因，就在于群众体育的发展是其他体育领域发展的基础：就竞技体育来说，全民健身能够有效拓展竞技体育人才选拔的范围，有助于形成完整的竞技体育后备人才供应链，同时全民健身还为竞技体育经济的发展提供了大量的消费人群，推动了体育消费的不断提升，为竞技体育市场的发展与壮大提供经济动力；就体育产业来说，群众体育的发展有助于公众形成体育健身生活方式，形成公众体育消费观，为体育产业的发展提供了潜在的消费人群。习近平总书记的阐述为体育强国建设阐明了体育"以人民为中心"的实践方向，强调了群众体育工作在体育强国建设中的重要基础性地位。没有全民健身服务的广泛开展，体育强国建设就如同无源之水、无本之木，没有人民的支持和参与，体育强国建设目标也就无从实现。因此，未来群众体育的发展要把握好与体育强国建设之间的逻辑关系，为体育强国建设目标的实现夯实基础。

4. 推动全民健身服务好供给侧结构性改革大局

平昌冬奥会闭幕式上，习近平总书记向全世界发出了中国的邀请函，冬奥会进入北京时间、中国时间，全世界的目光再次开始聚焦中国、关注中国。习近平总书记密切关注冰雪运动普及工作，亲自号召推动"三亿人参与冰雪运动"，同时指出，北京冬奥会、冬残奥会筹备工作要做到三个带动：带动体育强国建设，带动全民健身，带动冰雪产业。这一要求为我国群众体育事业的未来发展提供了思路选择。2008 年，借奥运会的筹备与举办机会，通过一系列主题活动的举办，我国全民健身事业发展在设施、组织、

① 黄莉：《从体育强国内涵探究体育综合实力构成》，《上海体育学院学报》2010 年第 4 期，第 15 ~ 20 页。

活动等方面得到了极大提升，仅 2007 年、2008 年两年就开展大型群众体育活动近 150 项。当前，冰雪运动在我国的普及程度相对较低，还是全民健身活动中的一大短板。如何充分借鉴北京奥运会举办带动全民健身事业发展的经验，按照中央政府对 2022 年冬奥会、冬残奥会筹备与举办的相关指示与要求，坚持全民普及、政府引导、因地制宜、融合发展的原则，通过冬奥会的举办推动冬季运动普及、扎实推进落实《群众冬季运动推广普及计划 (2016 ~ 2020 年)》《冰雪运动发展规划 (2016 ~ 2025 年)》的相关任务，实现我国全民健身事业发展规模和质量的进一步提升，是未来需要重点完成的目标任务。

（二）发展举措

1. 以制度构建为措施，完善全民健身国家战略实施法治环境

法治是实现社会稳定和谐的关键因素，也是推动全民健身国家战略落实的重要保障。政府在十八届四中全会上，对我国法治建设的目标蓝图进行了阐述，即在国家、政府、社会层面实现"三位一体"建设，这为全民健身领域的法治化构建提供了方向指引。完善全民健身国家战略实施的法治环境，首先是推动全民健身公共服务立法，以法治建设维护公民的体育健身权利。通过全民健身立法，形成对政府治理全民健身行为的约束，使其依法执政，同时保障公众平等参与健身权利的充分表达和保护，实现全民健身事业的有序发展。其次是明确全民健身政府责任的法律范围，推动政府服务职能转变，实现全民健身法治政府建设。通过法律形式定位政府全民健身发展主导地位，阐明政府履行基本体育服务的首责义务和兜底责任。明确公共服务的政府责任，用法治的方式确定下来，重点在于厘清不同层级政府间的责任划分及对应的财权问题。要推进财政分权体制的法治化发展，比如尽快制定和出台调节地区差距的《财政转移支付法》，避免出现责任的相互推诿。[1]

---

[1] 陈鹏：《中国社会治理 40 年：回顾与前瞻》，《北京师范大学学报（社会科学版）》2018 年第 6 期，第 12 ~ 27 页。

最后是以社会组织立法的有效推进，推动全民健身法治社会的形成，实现全民健身发展积极的社会参与。加强社会组织立法是依法治国战略实施的明确要求。可以通过制定《体育社会组织促进法》，明确体育社会组织地位、厘清体育社会组织职能，激发其参与活力，形成全民健身多元化供给主体。

2. 以智慧服务为目标，推动"互联网＋"助力全民健身发展

（1）明确全民健身智慧化建设的重要意义，提升全民健身智慧化建设的执行能力与工作效率。一是加强对全民健身智慧化建设的宣传，提升政府对全民健身智慧化建设重要价值的认识，充分意识到智慧化建设是推动全民健身简约、高效、精准发展的有效手段，树立全民健身智慧化建设观念；二是成立全民健身智慧化建设工作领导协调小组，加强全民健身智慧化建设发展顶层设计与统筹规划，明确部门间相关职责及权限；三是加强组织学习，通过对国外先进案例的学习，总结全民健身智慧化建设经验，提升政府部门智慧化建设实践能力；四是将全民健身智慧化建设纳入年度考核项目，加强对全民健身智慧化发展的管理，推动相关工作的有序运行。（2）构建全民健身智慧化建设多元资金投入机制。一是按照"政府引导、企业主体、市场运作、规范管理"的原则，构建全民健身智慧化建设融资机制，加强对基本公共体育服务智慧化项目建设的扶持；二是采用多种渠道或形式争取政府相关重点项目的资金扶持，有效利用项目资金和特殊政策，加快各地全民健身智慧化建设步伐；三是可以出台相关优惠政策，广泛吸引企业、社会组织、个人等多种投融资渠道，丰富全民健身智慧化建设主体。（3）加快全民健身服务供给智慧信息平台建设工作。一是坚持以人民为中心的原则，充分考虑公民的健身需求，积极加强与互联网企业的合作，保证为用户提供健身指导、场地选择、活动举办等信息服务；二是构建公众全民健身意见反馈平台，将公众体育健身需求进行收集整理，真正做到问需于民，精确把握群众体育需求，精准推送公共体育服务，满足公众个性化与多样化的体育诉求。

3. 以决策咨询为起点，落实与完善全民健身智库筹建工作

全民健身智库是推动群众体育治理体系及能力现代化发展的有效举措。面对群众体育改革进入攻坚期，破解群众体育改革发展稳定难题、解决复杂

性群众体育治理问题，迫切需要加强全民健身智库竞争力建设，以科学咨询支撑科学决策，以科学决策引领群众体育科学发展。全民健身智库竞争力建设要从全民健身智库资源和全民健身智库能力两个层面落实。全民健身智库资源筹备主要包括三个方面：（1）人力资源。全民健身智库人力资源筹备包括研究人员和管理人员两种，研究人员要有学科背景的针对性和具体工作的实践能力，管理人员则要求具有宏观的视野和领域影响力。（2）资金资源。全民健身智库要注重形成多元化的资金筹措机制，在稳定政府投入的同时拓宽企业、个人等融资渠道，以资金的多元化提升政策研究独立性。（3）信息资源。全民健身智库要加强对过往和当前数据的收集，形成数据库，用以支撑和服务相关问题的研究。全民健身智库能力发展要重点关注三个层面：（1）思想和知识生产能力。思想知识生产能力主要体现在研究报告、学术专著、期刊论文、决策批示方面，思想和知识生产能力是全民健身智库服务群众体育发展的基础。（2）沟通传播能力。全民健身智库作为沟通学界、决策主体、公众三者的桥梁，必须建立沟通与传播渠道，沟通渠道往往针对服务对象，要求其言简意赅，传播渠道通畅针对公众，要求其通俗易懂。（3）态势感知能力。态势感知能力通俗来讲就是对事物发展的预判能力。这是全民健身智库能力培养的重点，通过对发展环境和信息资源的分析，探究全民健身未来发展趋势，服务群众体育发展。

4. 以稳中求进为基调，促进全民健身工作模式与方法创新

根据经济社会发展新形势，坚持稳中求进，促进全民健身工作模式和方法的持续更新。在全民健身赛事活动模式方面，构建委托管理机制，通过招标选择运营机构全面负责相关赛事活动的管理，制定竞赛活动工作规范、办赛办法、规程总则、赛事评估办法等相关配套文件，充分激发市场活力、挖掘市场潜力，打造与构建全民健身的赛事活动品牌与体系；进一步扩大全民健身竞赛活动规模，实现运动项目中心及协会专业性、品牌优势的充分发挥，在保障原来竞赛活动做大做强的基础上，通过全新创办、社会公开征集等方式推动一批新群众竞赛活动的产生。在场地设施建设管理方面，加快有关政策标准的建立，推动包括目标任务、政策措施、组织保障等在内的全民

健身场地设施文件的设计出台；推进部门间合作的进一步深化，以公共体育设施配置标准、内容的深度细化为重点，开展与落实《城市公共服务设施规划标准》相关修订工作；以室外运动健身器材的提档升级为核心，加快修订《室外健身器材的安全通用要求》相关国家标准；加快《城市居住区规划设计标准》中相关体育健身设施指标的落地、实施工作。在体育锻炼的国家标准推行方面，创新组织形式，通过公开招标方式，委托专业机构在全国范围内实施示范性达标检测活动，各地政府部门也应该开展引导性的体育锻炼国家标准达标检测活动，推动参与人群的规模提升和热情激发，进而达到提升公众身体素质的目的。

5. 以主要矛盾为抓手，深化全民健身的供给侧结构性改革

体育需求与供给的非均衡、不充分发展是我国群众体育发展的主要矛盾。矛盾解决的关键在于提升群众体育发展的效率与质量，为此可从以下几点着手：一是识别公众体育健身需求，实现供给与需求的有效对接。只有正确了解公众体育健身的需求才能实现政府体育供给的精准对焦、有的放矢，否则就会造成服务效能的低下与脱节。因此要构建群众体育健身需求识别与反馈机制，及时调查、识别、收集、反映供给对象的需求，做到体育服务按需供给。目前，除可以将全民健身需求调查纳入基层信访接待、干部联系群众、走访调研、意见征求等常规机制以外，还可利用互联网和大数据技术建立群众体育健身需求信息征集机制和表达机制。与此同时，还可构建供需动态调整机制，以公众满意度为核心评价指标，动态评估体育服务供给状况，提升政府对公众体育诉求变化的敏感性、回应度。二是优化全民健身配置结构，推进基本公共体育服务均等化。群众体育服务供给实质上是相关资源的配置问题，主要包括总量、内部及空间三个方面。在总量配置方面，遵循公平正义原则，增加群众体育服务供给总量，扩大群众体育服务覆盖范围；在内部配置方面，既要考虑不同层面投入比例的均衡与协调，也要保障重点和优先发展的领域；在空间配置方面，要体现空间正义，维护好地区间、区域间、城镇间不同人群体育健身的合法权利与利益。三是形成政府主导、市场主体、社会组织多元参与的全民健身发展新格局。这一方面要求政府及时转

变自身职能、推进公私混合型权力的发展，提升政府体育服务水平，做好对市场、体育社会组织的监督评估工作，正确认识和看待体育社会组织发展，降低体育社会组织合法性门槛。另一方面体育社会组织也要从自身专业能力的建设入手，提升自身业务能力水平。

6. 以冬奥举办为依托，推进冰雪竞技与冰雪健身融合发展

2020年北京冬奥会的举办，为以冰雪运动为契机推进群众体育发展带来了机遇。借助冬奥会举办，实现冰雪竞技与冰雪健身融合发展的措施包括：（1）理念融合。将冰雪竞技与冰雪健身置于同等重要的地位，避免"金牌至上"理念造成的发展偏差，可通过"全民健身与冬奥同行"等主题活动的宣传和实施，保障在心理与意识层面实现对两者的平等对待。（2）措施融合。实现冰雪竞技和冰雪健身发展的措施融合，比如在扩建专业比赛场地时，增加对群众性冰雪健身运动设施投入和维护的力度；健全竞技运动项目发展布局时，大力开展普及度高、参与度广、带动力大的群众性冰雪运动赛事和活动；实施竞技项目"南展西扩东进"战略时，不断拓展群众性冰雪运动的时空范围。（3）机制融合。建立与两者融合发展相适应的政府统筹推进机制，综合运用资金支持、政策诱导、表彰激励等手段，落实各级政府责任，切实推进两者融合发展工作。研究制定《统筹推进冰雪竞技运动与冰雪健身活动融合发展工作实施方案》，明确两者融合发展目标和保障措施，细化任务和要求。

参考文献

［1］刘玉：《新中国60年体育发展观的演进》，《上海体育学院学报》2011年第4期，第16~21页。

［2］孙葆洁：《1976~1995年中国群众体育的恢复与发展》，《武汉体育学院学报》1999年第6期，第1~5页。

［3］谈群林、黄炜：《建国以来我国竞技体育与群众体育关系研究述评》，《首都体育学院学报》2009年第5期，第532~533、570页。

［4］董念黎：《万古长青的事业 群众体育的回顾与展望》，《体育文史》1989 年第 4 期，第 8～15 页。

［5］苗治文、许实：《建国以来我国群众体育的发展》，《武汉体育学院学报》2010 年第 4 期，第 28～32 页。

［6］田雨普：《新中国 60 年体育发展战略重点的转移的回眸与思索》，《体育科学》2010 年第 1 期，第 3～9、50 页。

［7］《海外学者论新中国 70 年发展经验》，光明理论，http：//theory. gmw. cn/2019 - 03/16/content_ 32647014. htm。

［8］刘亮：《全面深化改革背景下我国体育改革的逻辑、目标、动力及路径》，《体育科学》2015 年第 10 期，第 10～16 页。

［9］卢文云：《改革开放 40 年我国群众体育发展回顾与前瞻》，《上海体育学院学报》2018 年第 5 期，第 22～29 页。

［10］郑家鲲：《五大理念引领下"十三五"我国群众体育发展研究》，《上海体育学院学报》2016 年第 2 期，第 19～24 页。

［11］刘国永：《对新时代群众体育发展的若干思考》，《体育科学》2018 年第 1 期，第 4～8、17 页。

［12］《让健身场地"宽敞"起来，需要放大招》，新华网，http：//www. xinhuanet. com//mrdx/2017 - 08/10/c_ 136514485. htm。

［13］黄海燕、徐开娟、廉涛等：《我国体育产业发展的成就、走向与举措》，《上海体育学院学报》2018 年第 5 期，第 15～21、37 页。

［14］《2016 年中国体育产业行业发展概况分析》，行业频道，http：//www. chyxx. com/industry/201605/412151. html。

［15］史小强、戴健：《新时代全民健身公共服务绩效结构模型的构建与实证研究——基于"以人民为中心"价值取向的量度》，《体育科学》2018 年第 3 期，第 12～26 页。

［16］黄莉：《从体育强国内涵探究体育综合实力构成》，《上海体育学院学报》2010 年第 4 期，第 15～20 页。

［17］陈鹏：《中国社会治理 40 年：回顾与前瞻》，《北京师范大学学报（社会科学版）》2018 年第 6 期，第 12～27 页。

政策理论篇

Policy Theory

B.2
新中国成立70年来我国群众
体育政策变迁的思考

程 华　杨娟娟*

摘　要：　通过文献资料、文本分析、专家访谈等方法，将新中国成立70年以来我国群众体育政策发展划分为政策产生、曲折发展、探索创新以及民主法制化四个阶段。在此基础上，对群众体育政策变迁的特征及变迁过程中存在的问题与不足进行系统总结和理论阐释，归纳其演进特征为：政策基础由口号命令到紧密契合经济社会发展主题、政策目标由政治要求到增强人民体质、政策指导思想从国家本位到民众本位、政策程序机制由政府主导到民主参与、政策反馈

---

* 程华，上海体育学院副教授，教育学博士，研究方向：体育管理；杨娟娟，上海体育学院在读硕士研究生，研究方向：群众体育政策。

从单一渠道到多元化发展。同时发现,存在的主要问题为政策决策民主参与相对不足、政策执行机制不健全、政策所需资金投入不够以及政策评估机制缺失等。最后,针对群众体育政策存在的问题与不足提出针对性调整的意见和建议,即丰富和完善群众体育政策主体、建立和健全群众体育政策执行机制、增强群众体育政策投入、构建和完善政策评估监督体系等。

关键词: 群众体育 体育政策 体育政策变迁

马克思认为,"人们奋斗所争取的一切,都同他们的利益有关"①。任何国家大政方针的制定必须立足于其国家制度基础上,服从和服务于国家和人民的利益诉求。新中国成立以来,我国社会经历了由总体型到结构断裂型、由计划经济到市场经济、由利益高度整合到社会分层利益分化、由"人治"到"法治"的转变过程②。在政治、经济、文化体制等宏观大环境的调整变化下,相应地群众体育政策也随之变迁,并于不同历史阶段呈现出不同的特征。当下,我国正在积极进行"体育强国"和"健康中国"的建设,群众体育作为体育工作的基础和重点已进入发展的黄金时代,而体育政策作为规范、协调人们进行体育活动的基本准则,如何科学制定、合理运用已成为目前摆在我们面前的重要课题。"以史为鉴,可以知兴替",对群众体育发展相关政策进行系统化的历史梳理与总结,不仅可以从宏观上把握我国群众体育政策发展现状、存在问题以及特征趋势,而且还可以为今后制定更为科学有效的群众体育政策法规提供参考和依据。基于此,本文试图对新中国成立以来颁布的群众体育政策进行整理和分析,揭示

① 《马克思恩格斯全集》第1卷,人民出版社,1956,第82页。
② 李培林、李强:《中国社会分层》,社会科学文献出版社,2004,第21～22页。

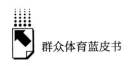
其发展存在的问题，总结其变迁规律与特征，为后续群众体育政策制定和发展提出调整的建议。

一 我国群众体育政策的历史演进

（一）群众体育政策的产生阶段（1949～1957年）

新中国成立之初，社会各界百废待兴、百业待举，如何恢复国民经济和巩固国防成为当时面临的首要问题，羸弱的国民体质对国民工业经济发展和国防建设产生不利影响而受到党和政府的高度重视，群众体育指导方针定位于为人民服务①。但该时期，由于国家初建，各级政府职能部门尚未设立，体育事业也刚起步，因而群众体育既无专门称谓，也无专门机构进行管理，而是和学校体育、竞技体育交汇融合，被统称为"国民体育"，具体由共青团中央负责。再加上场地设施的缺失、国民体育运动意识薄弱等都使得当时国家制定和颁布的政策多以规定、指示和号召等形式呈现，用以倡导和鼓励广大人民积极参与体育运动。1949年中华全国体育总会筹备会议上提出"为人民健康、新民主主义建设和人民的国防发展体育"的口号。1951年《准备劳动与保卫祖国体育制度》颁布，由体总筹委会、全国总工会和教育部等9家单位联合下发，用以倡导号召人民群众参加体操活动。1952年，明确"开展体育运动，增强人民体质"为体育事业的任务和方向②。

此后，围绕该方针国家相继颁布了一系列专门的群众体育政策，如1954年《中央人民政府政务院关于在政府机关中开展工间操和其他体育运动的通知》《关于加强人民体育运动工作的报告》《劳卫制暂行条例》等，

---

① 彭国华、张莉、庞俊鹏：《中国农村公共体育服务政策变迁历程及启示》，《体育文化导刊》2017年第3期，第26～29、51页。
② 肖谋文：《新中国群众体育政策的历史演进》，《体育科学》2009年第4期，第89～96页。

1955 年《中央体委党组关于召开全国体育工作会议的报告》《关于全国第一次职工体育工作会议的报告》等，鼓励人民广泛参与体育运动，以实现规范体育、普及体育的政策目标。具体而言，政策措施和内容由以下几方面构成：加强体育系统内部干部队伍建设，不断完善群众体育组织和体育管理部门相关职责；以制度建设、竞赛为重点推动群众体育发展；深度研究并挖掘整理民族传统体育等①。

（二）群众体育政策的曲折发展阶段（1958～1976年）

20 世纪 50 年代末到 70 年代末，先后发生的"反右""大跃进""文化大革命"等政治运动，使得群众体育政策发展在政治风云变幻中忽左忽右，艰难行进。

1. "大跃进"时期的群众体育政策

1958 年 2 月，国家体委颁布《体育运动十年发展纲要》，明确提出大力发展群众体育运动，争取在 10 年或更短时间内使主要项目赶上或超过世界发达国家水平②。随后，在全国各地各行业及各个领域"大跃进"的刺激下，体育领域展开跃进式发展。1958 年 8 月，国家体委重点讨论了农村体育高速发展的议题，并在会议上达成办好农村体育的三大经验，即依靠党的领导、大搞群众运动、勤俭办体育③。在"不怕做不到，就怕想不到"口号推动下，体育领域掀起了轰轰烈烈的运动高潮。1960 年国家体委下发《关于贯彻中央关于卫生工作的指示精神，大力开展群众体育运动的意见》，要求各级体委务必做到"家喻户晓，深入人心"，"扩大影响，造成声势"，对农村、工厂和学校等提出"促进群众体育运动的热潮一浪高一浪地发展下

---

① 蔡治东、汤际澜、虞荣娟：《中国大众体育政策的历史变迁与特征》，《体育学刊》2016 年第 4 期，第 35～39 页。

② 国家体委：《关于体育运动十年规划的报告》，1958 年 9 月 8 日。

③ 秦椿林、孟文娣等：《论中国群众体育的非均衡发展》，《北京体育大学学报》2004 年第 7 期，第 865～867 页。

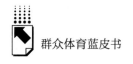

去"的要求指示①。

2. "调整、巩固、充实、提高"时期的群众体育政策

面对"大跃进"时期制定的过高政策目标以及 1959 年后连续三年自然灾害造成的国民经济困境，党中央、国务院于 1960 年提出"调整、巩固、充实、提高"八字方针，对国民经济和各项工作展开调整。体育系统根据方针要求提出因地制宜地开展各式各样的体育活动②。进而在 1962 年 3 月下发的《1961 年全国体育工作会议纪要》中进一步明确了体育工作调整的目的和要求，指出体育工作必须根据人民生产生活的实际情况进行调整③。1962 年 12 月全国体育工作会议召开，会上确定采取由点到面，逐步恢复，扩散发展的方式，重点以学校为基础，兼顾机关、企业、厂矿以及农村来开展群众体育工作。1964 年全国体育工作会议进一步提出，从当前生产、生活实际出发，有计划有步骤地开展群众体育工作，切忌操之过急。1965 年国家体委重新提出要大力发展群众性体育运动，不断提高竞技水平，创造新纪录的体育工作方针④。

3. "文化大革命"时期的群众体育政策

"文化大革命"时期，整体上党和政府的各级行政部门长期处于不正常状态，国家行政机构改革中将"国家体委"改为"国家体育总局"，隶属总参谋部领导。这一时期，体育政策的制定和颁布受到影响。同时，在极"左"思想影响下，新中国成立以来体育政策也被斥之为修正主义而化为乌有。因而，"文化大革命"期间准确来说基本没有明确、具体的体育政策，但运动过程中产生的一些"左"的口号对群众体育发展产生过一定影响。

① 张航：《我国群众体育政策的演变阶段与特征》，《体育成人教育学刊》2014 年第 5 期，第 28～31 页。

② 国家体委政策研究室：《体育运动文件选编（1949～1981）》，人民体育出版社，1982，第 70 页。

③ 肖谋文：《我国群众体育政策的历史演进及过程优化》，北京体育大学博士学位论文，2007，第 3～7 页。

④ 蔡治东、汤际澜、虞荣娟：《中国大众体育政策的历史变迁与特征》，《体育学刊》2016 年第 4 期，第 35～39 页。

另外，在反对林彪、"四人帮"过程中，邓小平、周恩来等国家领导人对体育工作做的指示，可以看成当时体育政策的一部分：（1）落实党的干部政策，保护体育界干部；（2）提倡业务学习，纠正"左"的路线[①]。总而言之，该时期的体育是政治运动的附属品，其本质功能受到严重削弱，政治色彩极其浓厚，各种思想指导下产生的政治口号本身成为一种体育政策，规定和指导着体育的发展方向。

（三）群众体育政策的探索创新阶段（1977～1994年）

1976年10月，粉碎"四人帮"集团标志着"文化大革命"的结束。1977年2月，党中央对国家体委等各级体育行政机构的领导班子进行清理、调整、充实与重建，为体育事业的新选择与发展做组织上的准备，我国体育事业向新时期迈进。这一时期，体育政策呈现出三大特点：（1）群众体育政策数量和种类增多，且执行落实情况相较于前几个阶段明显有所好转；（2）体育本质功能得以回归，群众体育政策的价值取向由重视政治、军事价值向重视健康娱乐价值转变；（3）政策取向重点向竞技体育和学校体育转移，群众体育领域开启社会化探索。例如，1978年《宪法》对1974年《宪法》进行了修改，删除了其中关于体育的政治性表述，而将其定义为教育的一部分，并从法律上鼓励支持公民从事体育活动。1979年2月全国体工会召开，就体育工作重点转移问题进行讨论，提出及时、果断地将精力从过去抓政治运动转移到抓体育业务、攀登世界体育高峰上来。[②] 1980年体育工作会议上国家体委提出群众体育"依靠大家办体育"的构想。1983年和1984年颁布的政策主要为将如何调动社会力量办体育以及怎样有效克服国家集权办体育的弊端作为当前体育体制改革的首要重点和难点，并强调

---

① 肖谋文：《新中国群众体育政策的历史演进》，《体育科学》2009年第4期，第89～96页。

② 中华人民共和国体育运动委员会：《中华人民共和国体育法规汇编（1989～1992）》，人民体育出版社，1993，第59页。

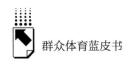
"抓好社会化这一环节"①。1986 年国家体委发布《关于体育体制改革的决定（草案）》②到 1993 年《国家体委关于深化体育改革的意见》及 5 个配套文件制定颁布体现的政策思路为坚持社会化方向，不断加快群众体育的发展③。总之，该时期我国群众体育发展力求与经济社会发展相适应，国家的体育战略重点也有所转移，群众体育开启社会化改革探索。

（四）群众体育政策的民主法制化阶段（1995 年至今）

20 世纪 90 年代末期，随着人们对健康及体育的需求日渐增强，不断满足人民日益增长的健身需求已然成为我国各级政府机构的重要职能。1995 年《政府工作报告》中指出体育要把增强国民体质作为重点，实施群众体育和竞技体育协调发展的总体方针④。1995 年 6 月，国家体委制定并颁布《全民健身计划纲要》⑤，同年 8 月颁布《中华人民共和国体育法》，标志着体育事业开始进入依法行政、依法治体的新阶段。⑥ 2000 年国家颁布《2001 ~ 2010 年体育改革与发展纲要》，树立了群众体育未来 10 年的发展规划及目标。2002 年 8 月，发布《关于进一步加强和改进新时期体育工作的意见》，重申了体育工作为人民服务的导向，并明确提出将提高全民族身体素质作为体育发展的根本目标⑦。2005 年《中国全民健身发展 10 年白皮书（1995 ~ 2005）》发布，对过去 10 年我国颁布的群众体育政策、发展成就、面临问题以及基本对策等进行了较为全面的评估和总结。

2008 年北京奥运会后，面对人民高涨的体育热情，国务院决定从 2009 年开始，将每年 8 月 8 日设为全民健身日，并于 2009 年 8 月颁布《全民健

---

① 李凌江、杨德森等：《社区人群生活质量研究》，《中国临床心理学杂志》1995 年第 2 期，第84 ~ 88 页。
② 傅砚农：《中国体育通史（1949 ~ 1979）》，人民体育出版社，2007，第 411 页。
③ 肖谋文：《我国群众体育政策的历史演进及过程优化》，北京体育大学博士学位论文，2007，第 3 ~ 7 页。
④ 国家体委：《中国体育年鉴（1994 ~ 1995）》，中国体育年鉴社，1996，第 35 页。
⑤ 国家体育总局：《中国体育年鉴（1996）》，中国体育年鉴社，1999，第 159 ~ 161 页。
⑥ 《中华人民共和国体育法》，新华出版社，1997，第 4 页。
⑦ 马宣建：《论中国群众体育政策》，《成都体育学院学报》2005 年第 6 期，第 1 ~ 7 页。

身条例》，对全民健身体系中政府及各主体间的关系进行进一步明确，并建立和完善全民健身活动状况调查、学校体育设施开放等相关制度。2011 年《2011 年群众体育工作思路和要点》《全民健身计划（2011 ~ 2015 年)》《体育事业发展"十二五"规划》等相继颁布。对群众体育的发展来讲，将全民健身上升为国家战略是在 2014 年国务院下发的《关于加快发展体育产业促进体育消费的若干意见》中作出明确阐述，进而更加明确群众体育的地位及作用。2016 年 10 月《"健康中国 2030"规划纲要》颁布，"健康中国"建设纳入国家发展基本战略，同年"十三五"规划纲要将全民健身作为"健康中国"建设的有力支撑，进一步提升了全民健身的战略高度。总的来说，1995 年至今是我国体育政策的密集出台期，尤其是北京奥运会后，高层次的体育政策不断出台，填补了体育政策领域的大片空白，促进了体育系统的发展与完善。同时，该时期也是以快速度、高质量的要求为引领，深入分析体育发展主要矛盾，有效解决体育事业深层次问题，全面谋划体育科学民主化发展，积极推动体育强国建设的重要时期。

二 我国群众体育政策变迁的主要特征

（一）政策基础：由口号命令到紧密契合经济社会发展主题

经济基础决定上层建筑，不同时期群众体育政策的价值取向、发展目标以及相关文本的出台都与当时国家政治、经济、文化等大环境密切相关。新中国成立之初，我国实行的是民主集中制，为恢复和发展生产，巩固新生政权和促进国家经济建设，党和政府立足实际，从国家和人民切身利益出发，提出"体育为人民服务"的指导方针，并通过体育设施、场地、组织等的建立、体育宣传的发动以及民族传统体育的整理来开展体育活动，取得了不错的成绩。随后为加快经济建设，改变我国各方面贫穷落后的现状，党和政府忽视客观经济发展规律错误地发动了"大跃进"，导致"高指标、瞎指挥、浮夸风"风气盛行，同时期群众体育政策也出现跃进式发展"偏向"，在不考虑资源供给现状，片面追求"高指标"形式，忽视民众内心需求的情况下大搞形式主义，对群众体育发展带来不良影响。1961 年党中央、国务院提出"调整、巩固、充实、提高"八字方针，对国民经济和各项事业进行调整，国家体委也积极响应，于 1961 年 2 月下发《关于 1961 年体育工作意见》，明确提出要因地制宜开展各式各样的群众体育活动，并制定一系列方针政策，群众体育工作得以慢慢恢复。1962 年八届十中全会确立"以阶级斗争为纲"的基本路线，造成实践中的"左"倾错误，并导致"文化大革命"的大灾难，在"否定一切，打倒一切"的背景下，体育的本质色彩淡化，政治功能无限放大。改革开放初期，在国家"战略赶超"政治背景下，竞技体育成为 80 年代国家体育发展的取向重点，群众体育则在中国特色社会主义实践探索中逐渐走向社会化。21 世纪初，北京奥运会筹备和备战期间，如何举办一届"有特色、高水平"的奥运会成为这一时期我国体育工作的头等大事，并迅速成为我国最高层的政策议程，《中共中央国务院关于进一步加强和改进新时期体育工作的意见》指出，这一时期全党、各级政府和全国各族人民的共同任务是努力使 2008 年奥运会成为历史上最出色的一届奥运会。后奥运时代，面对过分关注金牌效应所导致的体育事业整体性结构性失衡、改革实践偏离既定目标设计，深化体育体制改革面临的目标定位不清、改革动力不足、实际工作重点偏离体制改革等问题[1]，以及提出"体育强国"和"健康中国"建设的伟大历史契机，如何促进体育本质功能回归，彰显以人为本，成为新时期我国群众体育政策的取向重点。

（二）政策目标：由政治要求到增强人民体质

增强人民体质是我国群众体育发展的主线和目标，不管各个时期体育政策的内容、形式、表达等如何变化，这一终极目标始终没有改变，贯穿于我国群众体育发展的各个阶段。新中国成立之初，《中国人民政治协商会议共

---

[1] 肖谋文：《从功能演绎到制度变迁：改革开放后我国体育政策的演进》，《北京体育大学学报》2012 年第 2 期，第 16～18、38 页。

同纲领》中第四十八条就提出"提倡国民体育"。随后毛泽东主席向全国提出"发展体育运动，增强人民体质"的号召，围绕这一纲领性号召我国相继发布《关于加强人民体育运动工作的报告》（1954）、《中央体委党组关于召开全国体育工作会议的报告》（1954）以及《准备劳动与保卫祖国体育制度》（1954）等文件来推动国民体育的开展。"大跃进"和"文化大革命"时期，虽然在错误思想指导下相关政策对群众体育发展造成严重破坏，但其政策的出发点也在于广大人民群众，如体育"大跃进"的最初目的是更快、更好地发展群众体育，增强人民体质，只因目标制定过高，脱离客观实际而导致失败，"文化大革命"期间很多政策也是倡导"多数人体育"、"无产阶级体育"和增强体质"为无产阶级专政服务"的。改革开放后，如何解决人民日益增长的体育需求成为我国体育发展面临的重大问题。为此，党和国家制定了一系列体育政策法规，大多围绕着"增强人民体质"这个主题。如《中华人民共和国体育法》规定"国家发展体育事业，开展群众性的体育活动，增强人民体质"。

2002年《中共中央国务院关于进一步加强和改进新时期体育工作的意见》重点强调了要以满足人们不断增长的体育需求作为各级部门工作的出发点，以增强人民体质、提高全民族身体素质为根本的落脚点。后奥运时期，《全民健身计划（2011～2015年）》《全民健身条例》《体育事业"十二五"规划》《"健康中国2030"规划纲要》等都将增强人民体质的全民健身工程作为重点工作，为人民体育运动的发展提供了保障。总体而言，发展体育运动，增强人民体质是我国各个时期体育工作的聚焦点和关注点，也是我国群众体育政策的出发点与主旋律。

（三）政策指导思想：由国家本位到民众本位

新中国成立之初，我国在群众体育政策的制定上，为解决内忧外患的困境，发展体育运动，增强人民体质，强调为经济和国防建设服务成为当时体育工作的价值取向重点，体现出强烈的政治色彩，也反映出特殊时代背景下个人利益服从于国家利益、个人需求让位于国家需求的价值观。这种价值观在一定历史条件下是国家凝聚力、精气神之所在，也是爱国主义的思想基础。20 世纪 80 年代后，实行对外开放和建立社会主义市场经济体制，传统整体性社会出现分化，利益主体多元化，市场也替代政府成为资源配置的主要力量，这就要求政府尊重人民大众合法的政治、经济权利，转变传统的"政府本位"的价值取向而向"民众本位"过渡。党的十六大以后，一系列体现"民众本位"价值取向的理念诸如以人为本、科学发展、和谐幸福等相继被提出，并逐渐转化为群众体育政策的价值选择。1995 年《全民健身计划纲要》的颁布，2009 年全民健身日的设立以及《全民健身条例》的制定，尤其是 2014 年将全民健身上升为国家战略等，都体现了我国群众体育本质功能的回归，群众体育政策由国家本位向民众本位的转变。强调以人为本、增进民生幸福是体育政策决策的出发点，也是未来我国体育政策的价值出发原点。

（四）政策程序机制：由政府主导到民主参与

我国群众体育政策制定的程序机制经历了自上而下到上下互动的演化过程。群众体育政策的产生及曲折发展的前两个阶段，政策内容、目的等主要体现执政党和国家方面的意志，代表国家的利益诉求，普通大众、专家学者以及社会团体等政策客体利益诉求缺乏有效渠道进行表达，且难以真正进入群众体育政策制定过程之中，这使得政策目标难以获得人民群众的广泛支持，因而其制定和执行也必须由体育行政系统来主导完成，整体上呈现出一种自上而下的"内输入"和"单方案决策"以及"命令式"的刚性特点。后两个阶段，伴随着实行对外开放、政治经济体制改革以及民主化的推进，拓展了个人利益空间，这个阶段允许各种利益群体通过不同的渠道进行表达，同时政府也开始重构与社会、市场等之间的关系，使得相关的表达途径和渠道更加畅通并营造了较为宽松的环境。①。至此，我国群众体育政策制

---

① 张航：《我国群众体育政策的演变阶段与特征》，《体育成人教育学刊》2014 年第 5 期，第 28～31 页。

定方式发生明显转变，传统国家或单一政府政策制定的过程逐渐向地方、社会公众开放，地方政府、专家团体、人民大众等通过多种渠道积极参与到体育方针政策的制定与执行过程中，从而逐渐形成自上而下传达和自下而上沟通的互动机制。如国家《体育事业"十二五"规划》发布后，北京、上海、天津、吉林等各省区市都制定了符合地方体育事业发展的"十二五"规划。

（五）政策反馈：由单一到多元

改革开放前，我国政治体制整体呈现出一种自上而下的直线式特点，国家权力通过科层式管理方式逐级执行，为政府系统主导制定或推行体育政策，配置体育资源奠定了基础。这种方式使民众权利意识和相关组织缺失，利益表达渠道缺乏等，使我国群众体育政策发展的前两个阶段缺少民众参与，并进一步导致政策效果反馈的不足。政策反馈主要由各级体育行政机构通过层层上报的形式来实现，存在渠道单一、反馈周期长、信息失真等不足。改革开放后，随着整体性社会结构逐渐被打破，社会分层加速、利益的不断分化，人们形成不同的体育需求并积极寻求表达，国家民主的不断推进等，促使政府逐渐认识到政策反映民众需求的重要性，并开始构建多元化反馈渠道，如1980年成立体育科学学会、1985年成立中国体育发展战略研究会、进行国民体育体制监测等，渠道的拓展促使政策信息能够高效、及时、准确地反馈到政策制定或执行主体。新时期，随着科学信息技术的发展、互联网技术的普及以及网站、微博、微信等新媒体的出现，人民利益表达的渠道进一步丰富和拓宽，使政策信息反馈更加方便、快捷，政策制定和执行更加科学、合理。总而言之，新时期我国群众体育政策发展逐步实现由"虚"向"实"、由"口号"向"行动"、由"政治价值"向"实践效果"的转化，造就群众体育政策发展也逐步向民主化、科学化和法制化方向迈进，政策也形成了多元化反馈趋势。

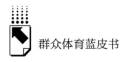

三 我国群众体育政策变迁的问题与不足

（一）政策决策民主参与相对不足

新中国成立以来，群众体育政策决策经历了由政府"单方案决策"向政府、社会组织、公民团体联合决策的民主化转变过程，促进了群众体育政策制定、执行科学化水平的不断提高。但相较于社会民主化发展进程而言，政策决策的民主化程度仍有待提高，主要表现在以下三方面：（1）政策主体与政策客体间有效对话缺乏。改革开放前，我国群众体育政策的制定主要是通过体育行政系统内部的决策者以调查、分析、研究等方式，将其认定的社会利益输入政策体系中来实现，例如《中共中央关于加强人民体育运动工作的指示》就是体委党组在结合当时国际国内客观环境基础上，通过实际的体育调查与分析所作出的决定，因而整体上政策主体和客体间呈现出一种点状而非全方位、多角度的接触。改革开放之后，我国开始进行政治经济体制的改革和民主化的推进，专家学者、社会组织、公众团体等能够通过多种渠道参与到政策决策中，并积极进行利益表达，促使传统单一政策决策方式向多元化方向发展，促进了政策决策民主化。但实践中政策信息的封闭、民间体育团体力量较小以及弱势群体缺乏制度保障等，导致多元主体的"话语权"不高，政策制定仍旧表现出更多体现政府意志的特点；（2）民主化制度保障机制尚未建立。民主机制是真正意义上实现民主化的基础和保障，对于制定好的政策，提高公共行政效率意义重大。但当前我国体育政策制定过程中尚缺乏程序法及相关法律的规范与约束予以其相应的保障；（3）群众体育政策与各相关政策间缺乏协调与配合，孤立于政策丛林之中。群众体育制定不能脱离各社会系统而孤立存在，其政策目标的实现也必须借助其他政策部门的协调、配合才能完成。但现实状况是体育政策在制定时缺乏与相关部门的沟通协调，导致其孤立无援，实施时常被当做"部门政策"而难以发挥其效用，如体育政策中明文规定学校和事业单位体育设施向社会公众开放，至今仍难以完全实现。

（二）政策执行机制不健全

群众体育是一项具有明显公益性、工作难度大、牵涉面广的体育事业，其政策必然涉及社会的方方面面，制定、执行和调整都具有相当大的难度和复杂性，其中某一环节受消极因素影响出现不顺畅或停滞不前，都对政策目标的实现以及实现程度产生巨大影响。当前，我国群众体育发展过程中政策执行机制不健全导致的政策执行阻滞，已成为群众体育发展面临的一大难题。群众体育政策执行机制不健全主要表现在政策传播机制不健全和政策执行监督机制不健全两方面。前者由于在政策执行过程中宣传力度不够、不到位，人民群众对政策本身及其实现目标不够了解和明确，进而影响自身对政策的认同感，并难以配合政策的有效执行；后者由于民众权利意识不强，没有积极主动地对群众体育政策进行监督，再加上体育行政系统内部相应监督责任机构的缺失，出现内外部监督机制双向缺失的局面，并最终影响了政策的执行。

（三）政策所需资金投入不够

财政投入或经费支持是群众体育可持续发展的物质基础和保障，也是体育公共服务体系构建的前提。据统计，虽然国家对体育方面的投入也逐年增加，但相对于国民体育需求的增长以及发达国家对体育的投入程度而言，仍有巨大差距。如2016年我国人口总量为138271万人，群众体育发展中国家财政投入和彩票公益金投入总额为823111.91万元，人均体育经费5.95元；而英国总人口为6563.72万人，财政资金和彩票公益金投入总额为3.084亿英镑，人均体育经费4.7英镑①，是我国经费投入的6.71倍②。从GDP中体育事业经费所占的比例来看，2016年我国体育事业经费仅占政府财政支出

---

① The English Sports Council. Annual report and accounts forthe year ended 31 march 2017 ［EB／OL］．［2018－06－26］．https：／／www.gov.uk／government／publications.
② 国家体育总局体育经济司：《体育事业统计年鉴（2017）》，2017，第256页。

的0.22%，这与西方发达国家1%的投入水平相差甚远①。在现代发达的市场经济社会中，我们应当看到市场和社会力量正在逐步崛起，在积极支持、鼓励其兴办体育的同时，不能忽视群众体育本身所具有的公共性，更不能忽视当前我国地区间经济社会发展差异所造成的群众体育发展不平衡。应当看到在北京、上海、广州等大城市中有相当大一部分家庭有足够经济能力支付体育产品的消费，但也应看到在一些贫困或农村地区有相当数量的低收入群体，难以承担基本生活外的其他支出，于他们而言体育仍为奢侈品。虽然国家通过"雪炭工程"、修建全民健身路径等给予倾斜式辅助支持，但对于西北内陆地区及广大农村而言仍旧是"远水难解近渴"。体育事业财政投入的总量不足、结构不合理以及区域、城乡间的不平衡，不利于群众体育的可持续发展，更不利于全面小康及和谐社会的构建。

（四）政策评估机制缺失

政策评估是对政策内容、执行过程以及政策结果进行的一种总结性后续评价，是政策制定执行过程中不可或缺的重要一环。它能够对政策执行效果以及政策在多大程度上实现了其预期目标进行评价，进而对该政策的未来走向进行科学判断，即政策继续、调整还是终结，同时，通过对政策进行科学评估还能总结历史经验与教训，对未来做出更加科学的政策规划。安德森认为政策评价是政策过程这一有序活动的最后一个阶段，但这不可能是最后的阶段。由此看出，政策评价是构成完整政策过程这一闭环系统的不可缺少的组成成分，其重要性不言而喻。但回顾我国群众体育政策发展史，可以明显察觉到"有政策、有执行、无评估"，缺少科学评估机制，没有建立相应的政策评估体系，曾经进行的评估也大多属于非正式评估，通常以总结或表彰大会的形式来研究和探讨政策执行过程中出现的问题。这不仅导致评估标准的缺失，在实际评估过程中不知从何处着手进行群众体育政策评估，难以准

---

① 卢文云：《改革开放40年我国群众体育发展回顾与前瞻》，《上海体育学院学报》2018年第5期，第22~29页。

确衡定政策实施效果，还导致政策评估缺乏正确的流程引导，即对以何种方法手段、通过什么先后步骤完成一项政策评估等不甚明确，致使全国各地所采用的评估手段、方法、步骤、流程等各不相同，评估结果都不具有代表性，难以进行横向的对比分析。与此同时，评估指标体系的缺失还导致评估主体模糊、不明确，因评估工作本身带有强烈的批判性意义，是对政策制定及执行主体所进行的一种价值性判断，而我国政策制定及执行主体通常为政府部门相关人员，政策评估最终不免与各级政府官员的政策功绩相关联，出于自身利益的考量，作为"组织"的政府不免对来自政府体制之外的评估主体持怀疑、抵制、反对态度，"组织"固有的惰性与价值评估形成一种矛盾，成为制约政策评估的一大障碍，并最终影响政策评估的科学性和全面性。

四　新时代我国群众体育政策的调整与完善

（一）不断丰富和完善群众体育政策主体

人类的历史经验表明，在一个政治体系中若民主得不到有效保障，若决策者和利益相关者的力量悬殊，那么好的政策通常不会被制定出来。改革开放前，我国群众体育政策供给主要表现为主要决策者主导下的供给模式，通常以红头文件、行政命令等强制性手段来开展执行工作，这不仅得不到相关部门和人民大众对政策的理解与支持，更难以得到政策客体及相关部门的协调与配合。改革开放后，随着体育体制的改革，民主化的推进以及专家咨询、民主听证、人大提案等多元化利益表达渠道的开通，我国群众体育政策制定开始转向利益整合模式，与政策相关的各利益主体参与体育的热情和积极性也大大提高，制定的群众体育政策也更加符合民众实际需求，其科学性、合理性也达到一个新的高度。但整体上而言，群众体育政策制定过程中仍存在人民参与群众体育政策渠道少、主体地位缺失、"话语权"不够等问题，主要决策者对群众体育政策仍具有相当大的影响力。而和谐社会理念的提出，则要求人民改变其传统意义上群众体育政策被动接受者的角色，向积极参与者转变，同时坚持以人为本，注重人的选择权和参与权等权利的实现。因而，要积极培育各级政府部门、社会组织、公民团体等对政策制定提出要求的能力，丰富和完善群众体育政策主体，保证群众体育政策制定的科学性、合理性。这就要求：（1）积极建立并拓宽民众体育需求表达渠道，构建顺畅的上传下达体制机制，使各政策主客体间思想、意见、想法等充分交流碰撞，在此基础上进行归纳融合，并将其真正体现在政策之中；（2）加强体育内部系统之间以及体育与外部各系统之间的横向联系与沟通。群众体育是一项涉及范围甚广的活动，因而其政策制定成败的关键不仅在于群众体育政策与学校体育、竞技体育政策之间的协调与配合，还在于与其他相关职能部门政策间的协调与合作，只有结合体育内外部各方面合力，才能充分整合调动各种社会资源，发挥出群众体育政策的最大效益。

（二）建立和健全群众体育政策执行机制

政策执行是具体行为主体在对自身、环境、政策目标、利益相关者等各种因素进行综合分析与认识基础上，不断采取积极措施与相关因素发生相互作用，最终以实现政策目标的动态过程①。它对政策执行效果的好坏以及政策目标的实现起直接决定作用。面对当前我国群众体育政策执行机制不健全所导致的政策执行阻滞及政策目标实施偏差等问题，应积极采取如下措施：（1）健全完善与政策执行相关的传播机制。通过新闻发布、访谈等多种方式与途径进行传播渠道的拓展，并对政策具体内容措施进行宣传和权威深入的解读，从而使被执行者了解政策意图和相关信息，从而确保政策执行的准确性与科学性；（2）构建群众体育政策执行监督评估机制。成立相关政策监督评估部门，并将具体责任落实到单位、落实到人，在完善和强化体育行

---

① 冯晓丽：《建国以来群众体育政策的变迁特点与影响因素》，《体育学刊》2012 年第 3 期，第 41 ~ 45 页。

政部门自我监督评估方法与力度的同时，积极丰富和完善社会监督渠道，搭建相关平台，广泛接受新闻媒体、专家学者以及普通大众等的监督与评价，并在此基础上建立相关奖惩制度，以调动多元化主体落地实施监督评估的积极主动性。

（三）丰富和增强群众体育政策投入

公共体育资源的分配是群众体育参与的初始和必备条件，初始条件的总量不足或分配的不平衡极易导致人民群众体育参与的现实困境或差距，解决这一问题的关键就在于扩大公共体育资源供给，优化资源供给结构。首先，加大国家财政对体育事业整体的投入总量，以立法形式明文规定对体育的投入要达到政府财政预算支出或者 GDP 的特定比例，对其具体执行落实情况进行检查和公示说明，确保投入目标的完成，在此基础上，坚决落实各种类型体育协调发展的指导方针，在体育事业总投入中提高群众体育财政投入的比重，切实保证资金落实到位。同时，积极创新群众体育供给思维与方式，通过政府购买、财政补贴、税收优惠等多种方式与途径，鼓励、支持和吸引市场与社会力量积极进行群众体育产品和服务供给，增加供给总量，实现群众事情群众办，社会事情社会办。其次，准确定位、精准对接人民群众有效体育需求，优化资源投放结构，实现效益最大化。群众体育目标的达成，离不开人、财、物等资源的投入力度，也离不开资源投放的效用，因而应密切关注群众体育发展实际，针对有效体育需求，进行资源投放结构的优化，提高资源投放精准度和利益效率。最后，对涉及体育事务的政府部门的事权和财权进行明确规定与合理划分。当下社会环境中，群众体育也常处于"说起来重要，做起来次要，忙起来不要"的地位，唯一快速且有效的办法就是通过立法，以强制性的方式规定各个相关部门的群众体育事权、财权与责任，真正做到有法可依，有法可循。

（四）构建和完善政策评估监督体系

政策学指出政策制定、政策执行和政策监督是构建完整政策过程的必备三环节，它们相互依赖、相互促进，缺一不可，共同保障政策目标的实现。但一些政府部门往往只重视政策的制定与执行这两个环节，而忽视政策执行过程中的监督与政策执行后的效果评估，这将导致所制定政策的随意性与无根据可循。因而，为提高群众体育政策制定的科学性、合理性，保障政策实施效果的有效性，并进一步调整和完善相关政策，需要构建和完善政策评估监督体系。（1）建立监督评估工作制度，加强群众体育政策监督评估制度化建设，将其纳入体育行政部门实际工作之中，并使之经常化，以明文条例强制性规定凡涉及群众体育的各项政策措施都要进行程度不一的监督和评价，检验政策实施效果与问题解决状况以定取舍。同时，针对政策评估涉及面广、工作量大以及专业技术要求高等实际情况，应提前建立相应的专项基金，给予工作开展所必需的物质保障与支持；（2）有效结合内外部评估监督，丰富完善监督评估主体。内部监督评估多指政策制定、执行相关部门为规范和约束自身行为所进行的自我监督与评价，由于易受传统价值观念、思维方式以及自身利益等因素影响，其评估存在一定的失真，不能客观、真实地反映实际状况。外部监督评估因其不牵涉个人私利而能够较为公正客观、不带偏见地反映实际，保证政策评估结果的科学性，但由于评估工程较为复杂，所需资料甚多，评估结果牵涉甚广，因而其获取资料较为困难，评估结果也不一定为政策制定者所重视，鉴于此，将内外部监督评估有效结合十分有必要，对于丰富完善群众体育政策监督评估主体，提高监督评估水平意义重大；（3）构建与完善群众体育政策评估指标体系。完善的评估指标体系不仅明确了评估主体，还提供了评估的标准、方法以及相关流程，是实现评估客观、科学的基本前提和重要依据。群众体育政策面广、量大，其产生的效益并非完全可量化，因而其评估指标体系的设计要从社会效益和经济效益两方面着手，既要有定量指标的设定，又要有定性指标的安排，将两者进行有机结合并合理划分各指标间的层级与权重。

新中国成立以来我国群众体育政策发展经历了政策产生、曲折发展、探索创新以及民主法治化四个历史阶段，在政策演进过程中整体上呈现出政策基础紧密结合经济社会发展主题，政策目标在于增强人民体质，政策指导思想从国家本位到民众本位，政策程序机制由政府主导到民主参与，政策反馈从单一到多元化发展等特征。同时，群众体育政策变迁过程中仍存在着诸如政策决策民主参与相对不足、政策执行机制不健全、政策所需资金投入不够以及政策评估机制缺失等问题，需要我们立足于时代基础，响应时代号召，进一步丰富和完善群众体育政策主体，建立和健全群众体育政策执行机制，增强群众体育政策投入，构建和完善政策评估监督体系。

参考文献

［1］孙黄茜:《基于历史视角的中国公共体育政策动态分析》，中国体育科学学会编《第七届全国青年体育科学学术会议论文集》，2014，第6页。

［2］李培林、李强:《中国社会分层》，社会科学文献出版社，2004，第21~22页。

［3］彭国华、张莉、庞俊鹏:《中国农村公共体育服务政策变迁历程及启示》，《体育文化导刊》2017年第3期，第26~29、51页。

［4］肖谋文:《新中国群众体育政策的历史演进》，《体育科学》2009年第4期，第89~96页。

［5］蔡治东、汤际澜、虞荣娟:《中国大众体育政策的历史变迁与特征》，《体育学刊》2016年第4期，第35~39页。

［6］国家体委:《关于体育运动十年规划的报告》，1958年9月8日。

［7］秦椿林、孟文娣等:《论中国群众体育的非均衡发展》，《北京体育大学学报》2004年第7期，第865~867页。

［8］张航:《我国群众体育政策的演变阶段与特征》，《体育成人教育学刊》2014年第5期，第28~31页。

［9］国家体委政策研究室:《体育运动文件选编（1949~1981）》，人民体育出版社，1982，第70页。

［10］肖谋文:《我国群众体育政策的历史演进及过程优化》，北京体育大学，2007，第3~7页。

［11］中华人民共和国体育体育运动委员会:《中华人民共和国体育法规汇编（1989~1992）》，人民体育出版社，1993，第59页。

［12］李凌江、杨德森等:《社区人群生活质量研究》，《中国临床心理学杂志》1995年第2期，第84~88页。

[13] 傅砚农：《中国体育通史（1949～1979）》，人民体育出版社，2007，第411页。

[14] 国家体委：《中国体育年鉴（1994～1995）》，中国体育年鉴社，1996，第35页。

[15] 国家体育总局：《中国体育年鉴（1996）》，中国体育年鉴社，1999，第159～161页。

[16]《中华人民共和国体育法》，新华出版社，1997，第4页。

[17] 马宣建：《论中国群众体育政策》，《成都体育学院学报》2005年第6期，第1～7页。

[18] 肖谋文：《从功能演绎到制度变迁：改革开放后我国体育政策的演进》，《北京体育大学学报》2012年第2期，第16～18、38页。

[19]《中共中央国务院关于进一步加强和改进新时期体育工作的意见》，国家体育总局，2002。

[20] The English Sports Council. Annual report and accounts forthe year ended 31 march 2017 ［EB／OL］. ［2018－06 26］. https：//www.gov.uk／government/publications.

[21] 国家体育总局体育经济司：《体育事业统计年鉴（2017）》，2017，第256页。

[22] 卢文云：《改革开放40年我国群众体育发展回顾与前瞻》，《上海体育学院学报》2018年第5期，第22～29页。

[23] 冯晓丽：《建国以来群众体育政策的变迁特点与影响因素》，《体育学刊》2012年第3期，第41～45页。

B.3
新中国成立70年来我国全民健身的依法推进与治理

于善旭*

摘　要： 新中国成立70年来，特别是改革开放和新时代以来，我国全民健身的发展步伐逐步加快，并在国家法治建设的日益加强中，不断推进其依法治理的发展进程。本研究将70年来我国全民健身的依法推进，划分为新中国成立后为群众体育初奠法律基础、改革开放以来全民健身立法的持续递进、进入新时代全民健身愈益纳入法治全局三个不同的阶段和样态，从国家提倡、国家保障和国家战略的不同性征和作为表现上，阐释了我国全民健身法治建设的逐步发展和法律地位的日益提升。

关键词： 群众体育　全民健身　依法治国　体育法治

　　2019年，是我们伟大祖国的70华诞。伴随着共和国70年的奋斗崛起与历史巨变，我国体育事业也取得了举世瞩目的辉煌成就。其中，群众体育和全民健身事业的发展，不但呈现出适应经济社会和民生需求而愈益蓬勃的兴旺景象，而且在中国特色社会主义法治建设的加强中，不断推进着其制度化、规范化的依法治理。70年来，从国家提倡到国家保障再到国家战略，

---

* 于善旭，天津体育学院教授，博士研究生导师，研究方向：体育法学。

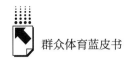

演化着新中国群众体育法治奋力前行的历史进程，彰显出我国全民健身法律地位不断提升的时代特征。

一 国家提倡：新中国成立后为群众体育初奠法律基础

（一）新中国体育发展方向的法律确立

1949 年 10 月 1 日，中华人民共和国成立，中华民族进入实现伟大复兴的新纪元。中央人民政府在致力巩固政权、发展生产、加强国防、改善民生的同时，也将体育作为关系亿万人民健康的大事，列入新中国建设发展的整体谋划和施政纲领。在中国人民政治协商会议一届全会通过的具有临时宪法性质的《共同纲领》中，在文化教育政策部分做出了"提倡国民体育""保护母亲、婴儿和儿童的健康"的规定，体现了"中华人民共和国的文化教育为新民主主义的，即民族的、科学的、大众的文化教育"的性质定位，确立了面向民众和服务健康的体育方向①。

《共同纲领》中体育规定的基本精神，在随后党和国家以及体育的有关会议与文件中得到了全面的体现。1949 年 10 月召开的全国体育工作者代表大会明确提出，我们的体育事业，一定要为人民服务，要为国防和国民健康的利益服务，必须开展广泛的体育运动，并阐明了民族的、科学的、大众的新体育方针②。1951 年 8 月，中央人民政府政务院做出《关于改善各级学校学生健康状况的决定》，强调增强学生身体健康，乃是保证学生完成学习任务，并培养出有强健体魄的现代青年的重大任务之一③。1952 年，毛泽东主席发出了"发展体育运动，增强人民体质"的号召，并先后对学生和青年

---

① 中国人民政治协商会议：《共同纲领》，https://www.pkulaw.com/chl/a68d9aabcfce0b2ebdfb.html？keyword。
② 傅砚农：《中国体育通史》（第五卷），人民体育出版社，2008，第 7~9 页。
③ 国家体委政策研究室：《体育运动文件选编（1949~1981）》，人民体育出版社，1982，第 269 页。

提出"健康第一,学习第二""身体好、学习好、工作好"的要求,进一步促进了党和政府以及全社会从人民体质健康的高度重视体育事业的发展。1952年召开的全国体育总会代表大会的报告中,明确提出了"从实际出发并与实际相结合,使体育运动普及和经常化,积极地发展体育运动,增强人民体质,为加强生产建设与国防建设服务"的体育工作方针,并将"大力开展各学校、机关、工厂、部队、农村等基层单位经常性群众性的体育活动",作为当时体育工作的中心任务。1954年初,中共中央批转中央体委党组于加强人民体育运动工作报告的指示中再次强调:改善人民的健康状况,增强人民体质,是党的一项重要政治任务。特别是当前国家已进入有计划的经济建设的新的历史时期,更需要人民有健康的身体①。开展群众性的体育运动,逐步使之普及和经常化,也成为于1952年成立的中央体委(后改为国家体委)反复强化的工作重心。

(二)群众体育在新中国首部宪法中的体现

新中国成立后的短短几年,中华大地发生了翻天覆地的根本性变化,新生政权的稳固和国民经济的恢复发展,对在全国政协和《共同纲领》基础上加快民主法制进程提出了迫切的需求。1954年9月,第一届全国人民代表大会第一次全体会议在北京召开,审议通过《中华人民共和国宪法》并颁布实施。这部新中国的首部宪法,确认和巩固了新中国成立以来的胜利成果和基本经验,确定了建设社会主义制度的道路和目标,确立了适合国情的国体和政体,较为完整地规定了公民的基本权利和义务②。其中,也对当时以改善人民健康特别是学生健康为重点的体育发展有了一定程度的体现。除了在国家改进人民的文化生活、公民有受教育的权利、国家对于从事科学、教育、文学、艺术和其他文化事业的公民的创造性工作给以鼓励和帮助等有关条款中,包含有发展体育的相关内涵,还专门作出了

---

① 国家体委政策研究室:《体育运动文件选编(1949~1981)》,人民体育出版社,1982,第166页。
② 周叶中主编《宪法(第三版)》,高等教育出版社,2011,第73页。

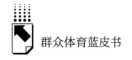
"国家特别关怀青年的体力和智力的发展"的规定①，突出了对广大青年全面发展的格外关注，形成对以青年群体为重点的体育发展和增强体质的积极促进。

在新中国成立初期的历史条件下，党和国家虽然高度重视人民的健康和体育事业发展，但基于当时体育发展处于"一穷二白"的状况，且繁重而全面的建设任务与现实的国民经济实力水平，还不能为体育发展提供更为充分的条件与保障，发展体育的首要任务是对社会参与的动员、发动和号召，包括要针对社会上一部分人（包括党内）对开展体育运动采取冷淡和漠视态度②的纠正。因此，从《共同纲领》到首部宪法，国家从根本大法的高度进行明确的法律宣示，表明了对广大国民参与体育予以提倡和对青年体力发展的特别关怀的责任态度，明确了群众体育的重点方向，为开启新中国的体育发展奠定了初步的法律基础。随着参加国际体育交往的需要，提高运动技术水平被逐渐提上国家的体育工作议程，并逐步制定了有关体育训练竞赛、运动队伍与人员等方面的规范文件。但在当时以上述法律原则为基础而逐渐形成的"普及与提高相结合"的体育方针，仍然将发展群众体育和增强人民体质作为体育的重要任务③。

（三）群众体育制度规范的初步建设

在新中国成立后开始构建以1954年宪法为统帅的社会主义法制框架，有关体育的制度建设和法规文件制定工作也逐步展开，推进了体育工作的规范化发展。其中，有关群众体育的制度规范仍然占有较大的比重。至"文化大革命"前这一时期由中央政府制定颁发的法规和法规性文件主要有《关于改善各级学校学生健康状况的决定》《关于在政府机关中开展工间操和其他体育运动的通知》《劳动卫国体育制度条例》《批转国家体委关于群

---

① 《中华人民共和国宪法（1954年）》，http：//www.npc.gov.cn/wxzl/wxzl/2000 - 12/26/content_ 4264. htm。

② 傅砚农：《中国体育通史》（第五卷），人民体育出版社，2008，第14页。

③ 郝勤：《体育史》，人民体育出版社，2006，第377页。

众体育工作座谈会的报告》《批转教育部、国家体委、卫生部关于中小学生健康状况和改进学校体育卫生工作的报告》等；国家体育、教育等部门单独或联合制定的规章和规范性文件，主要有推行广播体操活动、学校体育工作、防止学校体育伤害事故、准备劳动与卫国体育制度、中等以上学校开展群众性体育运动、在全国小学推广少年和儿童广播体操、基层体育协会示范章程、改进小学体育工作、大力开展群众性体育活动，以及开展各类体育项目活动的文件等。这些制度建设的加强和规范文件的实施，有力地促进了群众体育工作的开展。特别是"准备劳动与卫国体育制度"的逐步建立和在学校、社会和部队的普遍推行，在吸引和激励广大群众参加体育锻炼方面产生了良好的效果。

二 国家保障：改革开放以来全民健身立法的持续递进

（一）新宪法对群众性体育方式和增强体质目标的明确

1978年底，具有深远意义的党的十一届三中全会胜利召开，实现了党和国家工作重心的历史性转折，我国跨入改革开放和社会主义现代化建设的新征程。改革开放，首先是一场深刻的体制革命和制度变迁。保障人民民主、加强社会主义法制成为治国理政的基本原则，新宪法和一批基本法律迅速出台，我国法治建设进入全新的发展阶段[①]。1982年重新制定颁布的现行宪法，不但体现了立法指导思想和民主法治原则的先进性，而且内容也更加全面丰富，其中对体育的直接规定和相关内容也远远多于之前的各部宪法。

在现行宪法对体育的直接规定中，一是在第一章总纲中首次对体育进行专款规范："国家发展体育事业，开展群众性的体育活动，增强人民体质。"顺应了全球化现代体育发展的社会潮流，体现了社会主义国家对人民根本利

---

① 国务院新闻办公室：《中国的法治建设》，http：//www.gov.cn/zwgk/2008–02/28/content_904648.htm。

益的高度负责，秉持了新中国成立以来长期坚持的体育工作方针，是对中国体育发展方向、目标、任务的高度概括和明确指引，成为中国体育事业发展和体育法治建设的最高原则。这一规定，根据宪法"一切权力属于人民""对人民负责"的社会主义民主原则，突出强调了体育活动开展方式上的群众性，明确指出了增强人民体质是体育发展的根本目标和目的，使"全民"和"健身"的意涵，成为宪法总纲对体育进行国策性表达的主体内容；二是在第二章公民的基本权利和义务中的教育条款中规定："国家培养青年、少年、儿童在品德、智力、体质等方面全面发展。"这一规定，着眼于广大青少年儿童的体质增强和全面发展，彰显了不可替代的体育功效和发挥体育功能的教育要求，仍然体现出全民健身的鲜明指向；三是在第三章国家机构中政府机关和自治机关的职权规定中，分别在国务院领导和管理的职权中、县级以上地方各级人民政府和民族自治机关依法行使的职权中，包括了体育工作或体育事业。这些体育职权不仅包括了全民健身的内容并且要突出全民健身的工作重心地位，而且越是社会基层，体育事业中全民健身的工作比重越大。此方面规定，不言而喻地表明了全民健身工作在体育职权中的重要分量。

在制定1982年宪法时，我国体育还没有出现全民健身的概念，宪法中尚不可能有直接对全民健身的规定。但是，通过对宪法体育规定表达和实质的深入剖析，可清晰地看到其对全民健身重心地位的凸显，表明全民健身有依据宪法而确立的重要地位①。改革开放后很快就颁行的我国宪法，为其后体育立法和全民健身事业的迅速发展奠定了坚实的基础，指出了明确的方向。

（二）全民健身在《体育法》中的定位和规范

改革开放对我国社会主义现代化的全面推动，也使体育事业进入加速发展的快车道。在党的十一届三中全会确立的加强社会主义法制方针的指

---

① 于善旭：《论我国全民健身的宪法地位》，《体育科学》2019年第2期，第3~14页。

引下，自 1980 年的全国体育工作会议开始，体育立法就被提上议事日程。在 1982 年宪法有关体育规定的激励下，恰逢 1984 年我国首次全面参加奥运会取得可喜成绩，使体育形成更加广泛的社会影响，党中央专门发出进一步发展体育的文件，全国人大常委会也对体育立法发布指示，国家体委开始了起草《中华人民共和国体育法》（以下简称《体育法》）的酝酿准备。与此同时，我国体育界开展了体育发展战略的研讨，开始对为参加奥运会而提出的"省级以上体委侧重抓提高"方针进行反思，关注并提出群众体育与竞技体育协调发展的问题。1987 年的全国体育发展战略研讨会提出了"全民健身"的概念①，并很快成为工作语言，使"全民健身"作为群众体育的同义词而逐步地使用起来。1993 年，国家体委发布的《关于深化体育改革的意见》中，提出了群众体育社会化的制度性改革措施——"制定全民健身计划"。这些被自 1988 年国家体委启动的《体育法》起草所吸收，使全民健身在 1995 年 8 月 29 日颁布的《体育法》中有着较为全面的体现。

《体育法》在总则第一条中将"增强人民体质"作为重要的立法目的之一后，在第二条体育工作方针的规定中，进一步突出了全民健身的地位。该条明确，要"开展群众性的体育活动，提高全民族身体素质"，特别强调"体育工作坚持以开展全民健身活动为基础"，并规定要"实行普及与提高相结合，促进各类体育协调发展"，在体育发展的总体方向上，在普及与提高相结合、群众体育与竞技体育等各类体育协调发展的基础上，阐明了全民健身在整个体育中的根本性和基础性。在总则中，还对青少年儿童体育和少数民族体育通过专门条款予以特别关注。在法律章节结构的安排上，社会体育和学校体育两章是对全民健身的直接规定，面向广大群众和青少年学生，安排了包括社会体育工作原则、制度、组织、活动、项目、人群和学校体育职责、课程、活动、师资、条件、制度等较为全面的内容。同时，在体育社

---

① 马宣建：《从奥运战略到协调发展战略》，《哈尔滨体育学院学报》1990 年第 3 期，第 5~9 页。

会团体、保障条件和法律责任的各章中，还有很多条款与全民健身有着直接或相关的联系。其中，对与《体育法》起草同步进行并较早出台的"国家推行全民健身计划"制度方式予以明确的法律确认，使全民健身在此方面的立法形成很好的衔接。

（三）全民健身发展的制度化安排与实施

作为深化群众体育社会化改革的重要制度举措，制定全民健身计划的工作一经提出，即得到了体育系统与社会各界的充分认可和热情参与，在国内外产生了良好的反响。党中央、国务院对制定全民健身计划的工作高度重视，先后听取汇报并作出指示。经过广泛调研和反复论证将草案上报后，1995 年 6 月 20 日，国务院正式颁布了《全民健身计划纲要》。

《全民健身计划纲要》的制定和实施，是我国体育工作具有开创性的重大事件，是我国群众体育发展的重要里程碑。它所规范的全民健身计划，是一项国家宏观领导、社会多方支持、全民共同参与的体育健身计划，是在总结我国群众体育发展成功经验的基础上，在深化体育改革的实践中提出来的群众体育发展新思路和提高中华民族整体素质的重大举措。该纲要在分析面临形势的基础上，提出了到 2010 年基本建成具有中国特色全民健身体系的奋斗目标，明确了事业发展和深化改革的基本任务，强调全民健身计划以全国人民为实施对象，以青少年和儿童为重点，从加强规划、开展宣传、坚持法治、建立组织、扩大投入、推广方法、科技服务、建设场地等方面提出了对策和措施，明确了在国务院领导下，体育部门会同有关部门和社会组织共同推行的实施方法与步骤。

《全民健身计划纲要》是具有一定法律效力的国务院法规性文件，具有体现国家发展全民健身事业意志法治部署的重要意义。它以"开展群众性的体育活动，增强人民体质"的宪法规定为宗旨，突出了以国家权力保障公民体育健身权利的法治目标，构建了全社会普遍遵行、持续开展和系统运行的全民健身制度形态，成为全民健身事业健康有序发展的法规依据和法律支撑。该纲要实施后获得随即颁布的《体育法》的确认和规范，与《体育法》相得益彰地在国家法治平台上协调互动，使全民健身计划成为实施《体育法》在全民健身方面最为重要的制度渠道①。

推行全民健身计划，需要系统化的制度安排。为此，国家和地方的体育部门以及相关方面先后制定了各种配套实施的法规政策文件。一方面，在《全民健身计划纲要》两期工程和各期工程各个阶段的实施中，全国和地方都出台了具体操作实施的阶段性规划或方案；另一方面，为构建中国特色的全民健身公共服务体系，就全民健身工作的各个方面和环节，全国和地方也相继制定了许多专门的政策法规，保证了全民健身计划的逐步实施和全民健身工作的顺利开展。

（四）推进全民健身新发展的专门立法与保障

进入21世纪以来，北京奥运会申办成功，对我国体育事业和全民健身发展形成了新的推动。2002年7月，党中央国务院印发了《关于进一步加强和改进新时期体育工作的意见》（中央8号文件），强调要以举办2008年奥运会为契机，推动全民健身活动的开展。2005年在《全民健身计划纲要》实施10周年之际，国家体育总局又提出了"全民健身与奥运同行"的工作主题。这些无不对在筹备奥运新的形势任务下发展全民健身提出了新的要求。与此同时，随着国家贯彻依法治国方略的不断深入和法治建设的日益推进，在一些省区市陆续制定颁行全民健身地方性法规的基础上，进行全国性全民健身专门立法的呼吁也逐渐增多。在2005年全国政协对制定《全民健身条例》进行提案后，国家体育总局会同有关部门启动了《全民健身条例》的立法调研与起草工作，并自2007年起将其列入国务院年度立法工作计划。在经过一系列立法工作和相应程序后，2009年8月30日，国务院以560号令颁布了《全民健身条例》。

---

① 于善旭：《我国全民健身事业发展的法治之路》，《天津体育学院学报》2006年第2期，第99~102页。

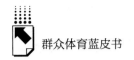

《全民健身条例》共设 6 章 40 条内容，主要包括总则一章关于立法目的、政府职责、体育产业、组织建设、健身权利、政府管理、资助鼓励等规定；全民健身计划一章关于计划和实施计划的制定、体质监测和健身调查、计划实施等规定；全民健身活动一章关于全民健身日、各组织责任、不得非法审批、加强宣传、加强青少年工作、安全与秩序管理等规定；全民健身保障一章关于资金设施、设施开放、环境利用、指导人员、高危项目管理、投保保险等规定；法律责任一章对有关主体全民健身违法行为法律追究的规定；附则中对施行日期的规定。

《全民健身条例》是为贯彻宪法和《体育法》，在实施《全民健身计划纲要》的基础上，对全民健身工作进行全面系统规范的专门行政法规，是在迈向体育强国进程中加强依法治体的客观要求，也是我国全民健身向更高层次发展和法治化水平不断提高的显著标志，为全民健身事业的进一步发展提供了国家立法层面的法规保障，充实和健全了我国的全民健身法规体系。特别是《全民健身条例》以"保障公民在全民健身活动中的合法权益"作为重要的立法目的，并以专门条款规定"公民有依法参加全民健身活动的权利"，要求政府"依法保障公民参加全民健身活动的权利"，首次将体育权利载入法条，具有体育法治创新的深远意义。这使《体育法》虽无权利条款却以保障权利为其重要原则和法治价值①②的体育权利愿景，在《全民健身条例》的立法中成为现实。

改革开放以来从《体育法》到《全民健身条例》的制定过程，正处于我国人权事业积极推进和权利本位法治理念渐成共识的发展过程，体育权利问题越来越受到普遍关注。而全球化人权事业的发展，已经由公民和政治权利、经济社会文化权利为主要内容的第一代人权、第二代人权，发展到以发展权、环境权以及与体育权更为密切的身体健康权等为主要内容的

---

① 中共中央宣传部等：《关于学习宣传和贯彻执行体育法的联合通知》，《中国体育报》1995年9月22日。
② 评论员：《体育——公民的权利》，《新体育》1995年第10期，第3页。

第三代人权①，且与第一代人权国家不予干涉的"消极权利"不同，是需要国家作为义务与责任主体进行给付的"积极权利"。体育成为公民权利，更依赖于国家提供实现权利的条件和保障。因此，与之前国家对体育的法律宣示更多的是提倡相比，改革开放以来的经济社会发展和国家实力增长，为体育事业和全民健身发展创造了更为充分的条件，我国已经发展到国家对公民体育权利予以保障的历史阶段。《体育法》和《全民健身条例》都规定有"保障条件"或"全民健身保障"的重要章节；《全民健身条例》在阐明公民体育健身权利后，同时明确了政府的保障责任，所表征的正是全民健身事业的发展以及社会与法治的历史性进步。

《全民健身条例》还承上启下，对《全民健身计划纲要》设计至2010年将完成使命的首个全民健身计划的后续发展问题作出回答，进一步落实《体育法》的规定并予以细化，将国务院制定全民健身计划和县级以上地方政府制定全民健身实施计划，作为常态化的制度方式予以明确。2010年2月，国务院发布了首个与国家五年规划周期同步的《全民健身计划（2011～2015年）》。

三 国家战略：进入新时代全民健身愈益纳入法治全局

（一）全民健身在国家战略布局中的地位提升

2012年11月，党的十八大胜利召开，选举产生了新一届党中央领导集体，并由此开启了中国特色社会主义新时代。十八大以来，党中央领导全国人民，统筹推进"五位一体"总体布局，协调推进"四个全面"战略布局，进行了深层次、根本性的变革，取得了全方位、开创性的成就。新时代我国体育事业的改革发展也同样面临新的机遇，取得新的进展。其中，在推进体

---

① 黄世席：《国际体育运动中的人权问题研究》，《天津体育学院学报》2003年第3期，第21～24页。

育强国建设和实施《全民健身条例》、以突破性思维和突破性措施获取全民健身跨越式发展①的基础上，"大体育观""大群体观"理念愈益凸显，体育事业和全民健身与社会发展全局的连接联动更加紧密。以习近平同志为核心的党中央高度重视关心体育工作，亲自谋划推动体育事业改革发展。习近平总书记多次就体育工作发表重要讲话，其中包括强调从国家发展全局的战略高度来看待体育发展："体育强则中国强，国运兴则体育兴"；"推动我国体育事业不断发展是中华民族伟大复兴事业的重要组成部分"；"体育是提高人民健康水平的重要手段，也是实现中国梦的重要内容，能为中华民族伟大复兴提供凝心聚气的强大精神力量"。②

正是在新时代的背景和布局下，我国全民健身发展实现了进一步的战略提升。2014 年 10 月，国务院印发的《关于加快发展体育产业促进体育消费的若干意见》（国务院 46 号文件）中，明确提出"将全民健身上升为国家战略"。这是我国政府进一步将全民健身置于重大关键国事体系和总体目标任务格局之中、运用举国之力促其更加繁荣发展并充分发挥其多方面综合功效的重大战略决策，是对积极参与全球健康治理的有力回应和全面建成小康社会、实现中华民族伟大复兴的现实需要。将全民健身上升为国家战略，是在实施宪法和《体育法》《全民健身条例》以及推行全民健身计划的丰富实践基础上，又一次通过法规性文件的方式做出的重大决策宣示，不但使全民健身在实现和保障公民体育健身权利的地位与功效上得到新的法治提升，而且也必然以国家战略的视野，将全民健身更多地纳入国家的法治体系和法治全局，将全民健身的依法治理推进到新的阶段，推向新的境界。

（二）全民健身在经济社会发展制度体系中的更多体现

当前，建设健康中国作为一项重要的国家战略和制度举措，正在积极持续地向前推进。健康中国建设为全民健身发展带来了契机和需求，形成了相

---

① 刘鹏：《在 2010 年全国体育局长会议上的讲话》，《体育工作情况》2010 年第 4～5 期，第 2～18 页。

② 李中文、薛原：《为健康中国夯实体育之基本》，《中国体育报》2017 年 8 月 8 日。

互的支持促进与互动，并体现为内涵与制度上的紧密连接。健康中国在
2015年首次以国家层面在国务院政府工作报告中提出后①，2016年十二届
全国人大四次会议上通过的国家"十三五"规划中即对"推进健康中国建
设"进行了专章部署，其中设置了"广泛开展全民健身运动"的专节内
容②。2016年8月，全国卫生与健康大会在京召开，习近平总书记在全面阐
述加快推进健康中国建设重大意义的同时，特别强调要"推动全民健身和
全民健康深度融合"③。其后由党中央国务院印发的《"健康中国2030"规
划纲要》中，明确将体育与卫生计生一起作为承担建设责任的主要行业；
与基本医疗卫生服务和医疗卫生服务体系相并列地提出对基本体育健身服务
和全民健身公共服务体系的要求；将健身休闲作为发展健康服务的新业态之
一；并且设立了"提高全民身体素质"和"积极发展健身休闲运动产业"
两个专章内容，对全民健身和健身产业进行部署④。其实，在卫生部2012
年制定并发布《"健康中国2020"战略研究报告》⑤的基础上，国家卫计委
于2015年启动了制定《健康中国建设规划（2016~2020年）》的工作⑥。
但基于当时的工作基础，健康中国建设还仅限定在医疗卫生方面。后来在国
家"十三五"规划和《"健康中国2030"规划纲要》中的一个显著变化，
便是大量增加了全民健身的内涵和内容，使健康中国更加全面而深刻，同时
为全民健身提供了新的平台和空间。在国务院颁布的《全民健身计划
（2016~2020年）》中，就明确将新周期全民健身发展与健康中国建设紧密
地连接，提出要面对"推动健康中国建设的机遇挑战"，要使全民健身"成

---

① 李克强：《在第十二届全国人民代表大会第三次会议上的政府工作报告》，《新华每日电讯》
2015年3月17日。
② 《中华人民共和国国民经济和社会发展第十三个五年规划纲要》，http：//www. xinhuanet.
com//politics/2016lh/2016 – 03/17/c_ 1118366322. htm。
③ 《全国卫生健康大会19日至20日在京召开》，《新华每日电讯》2016年8月21日。
④ 中共中央、国务院：《"健康中国2030"规划纲要》，《人民日报》2016年10月26日。
⑤ 《卫生部长发布〈"健康中国2020"战略研究报告〉》，卫生部网站，http：//www. gov. cn/
gzdt/2012 – 08/17/content_ 2205978. htm。
⑥ 《卫计委启动〈健康中国建设规划（2016~2020年）〉编制》，腾讯网，https：//new. qq.
com/rain/a/20151026044861。

为健康中国建设的有力支撑"①。

在建立全民健身计划实施制度的过程中，同样在新时代取得了重大的突破性进展。为了进一步建立部门协同的全民健身工作领导体制，在《全民健身计划（2010～2015年）》的实施启动中，国务院有关领导特别强调，"必须切实加强组织领导，形成政府主导、部门协同、全社会共同参与的全民健身建设发展格局"②。其后，国家体育总局向有关部委致函推进落实全民健身计划的部委职责分工，连年召开有关部委参加的年度贯彻全民健身计划座谈会并向国务院呈送情况报告。在全民健身上升为国家战略之后，国务院做出了建立"国务院全民健身工作部级联席会议"制度的重要决策，由国务院有关领导为召集人，29个部委为成员单位③。2017年已先后举行了两次工作会议。这从组织领导机构方面，为更好地确立全民健身在国家工作全局中的地位提供了新的制度保障。

近年来，除了国务院及其办公厅专门对体育包括全民健身下发了一些法规性文件，与之前相比还越来越多地在国家的许多综合事项或相关工作的法规性文件中包含了全民健身的内容。自2013年以来，由国务院或其办公厅下发的这类法规性文件主要有《加快发展养老服务业的若干意见》《政府向社会力量购买服务的指导意见》《促进健康服务业发展的若干意见》《国家新型城镇化规划》《做好政府向社会力量购买公共文化服务工作意见》《加快发展生活性服务业促进消费结构升级的指导意见》《全民科学素质行动计划纲要实施方案》《"健康中国2030"规划纲要》《扩大旅游文化体育健康养老教育培训领域消费意见》《"十三五"推进基本公共服务均等化规划》《"十三五"国家老龄事业发展和养老体系建设规划》《完善促进消费体制机制实施方案》《建立健全基本公共服务标准体系的指导意见》《建立健全城

---

① 《国务院关于印发全民健身计划（2016～2020年）的通知》，http://www.gov.cn/zhengce/content/2016－06/23/content_5084564.htm。

② 《刘延东在贯彻全民健身计划电视电话会议上强调大力发展公共体育事业》，《中国体育报》2011年3月2日。

③ 王灿、曹彧：《国务院全民健身工作部际联席会议联络员会议召开》，《中国体育报》2017年2月10日。

乡融合发展体制机制和政策体系意见》等，体现了全民健身与这些工作制度体系的融合。

（三）全民健身更加广泛和深入地载入国家立法

我国在对全民健身进行国家法律方面的直接定位和规范方面，除了宪法的原则性保障，长期以来主要是依据《体育法》，其他法律的相关涉及甚为有限。而新时代以来的相关立法正在改变这种状况。2016 年 12 月，第十二届全国人大常委会第二十五次会议审议通过了《中华人民共和国公共文化服务保障法》。该法的大部分内容，是对文化部门所管理的文化服务工作事项所进行的调整和规范，但同时基于广义文化的范畴，特别是根据社会基层文化体育活动和服务很多是交织为一起的情况，有十来个条款包含着对体育场馆、体育设施、体育活动、体育健身、全民健身的规定。这就为全民健身活动的开展和事业发展，特别是为社会基层全民健身工作的开展，增加了直接的法律依据，更加广泛地扩大了全民健身的法律保障。

在此期间，另一部与全民健身有关的法律正在制定之中。在过去起草《基本医疗卫生法》的基础上，随着健康中国建设的推进，以该法草案为基础形成了《基本医疗卫生和健康促进法（草案）》。全国人大常委会在 2017 年 12 月首次审议后，于 2018 年 10 月进行了第二次审议。因为体现了健康中国战略的要求，所以在一审稿中设计了"国家发展全民健身事业，完善覆盖城乡的全民健身公共服务体系，组织开展和支持全民健身活动"的专门条款。但由于一审稿以原《基本医疗卫生法》草案为基础，健康促进部分比较薄弱[1]，全民健身的内容也较少。据报道，为落实"大健康"理念，二审稿增加了不少健康促进措施，包括加强全民健身指导服务，普及科学健

---

[1] 吴斌：《"基本医疗卫生与健康促进法"是公民卫生健康权益保障的重大突破》，《南方都市报》2018 年 2 月 22 日。

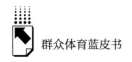

身知识和方法的内容①。我们期待该立法草案的修改，能够充分体现《"健康中国 2030"规划纲要》的精神和内容，更好地确立全民健身在健康促进中的地位和作用。《基本医疗卫生和健康促进法》有望不久即可通过颁行，又将为全民健身发展增添一个新的法律依据和保障。

同时，现行《体育法》的修改正在进行，已正式列入十三届全国人大常委会立法规划②。在已经开展多年的修改《体育法》的理论研究和草案拟制中，有着应突出全民健身国家战略地位的强烈呼声，对将"社会体育"一章的名称改为"全民健身"也形成基本共识，并有着许多进一步增加全民健身公共服务相关内容的建议。通过《体育法》的修改完善，会更加全面而深入地体现全民健身的国家战略地位，为全民健身事业发展建立起更加充分而有力的专门法律依据。

（四）全民健身法规体系的逐步健全为事业发展提供全面支撑

"建设中国特色社会主义法治体系，必须坚持立法先行，发挥立法的引领和推动作用"③。在新时代全面推进依法治国的奋进中，全民健身的依法治理在适用法律法规范围不断扩大的同时，各种配套实施性规范的制定步伐也在加快，适应新时代全民健身事业发展的专门法规在不断地更新，使我国的全民健身法规体系得以建立并日益健全。在这个体系中，除以上所述的宪法规定和各部法律之外，在国务院行政法规位阶上，不但有《全民健身条例》进行统领，制定多年的《学校体育工作条例》和《公共文化体育设施条例》还现行有效。同时，国务院及其办公厅印发的一些专门的法规性文件，除之前论及的中央 8 号文件、国务院 46 号文件以及两个五年周期的全民健身计划外，还有 2013 年之前制定的加强青少年体育增强青少年体质、

① 田晓航：《基本医疗卫生与健康促进法草案二审稿凸显保基本强基层大健康理念》，http：//www. npc. gov. cn/npc/cwhhy/13jcwh/2018－10/23/content_ 2063198. htm。
② 全国人大常委会：《十三届全国人大常委会立法规划》，http：//www. npc. gov. cn/npc/xinwen/2018－09/10/content_ 2061041. htm。
③ 《中共中央关于全面推进依法治国若干重大问题的决定》，《人民日报》2014 年 10 月 29 日。

加强残疾人体育工作、加强学校体育工作、加快发展体育产业方面的文件和近年制定的《关于加快发展健身休闲产业的指导意见》等。

在国家体育总局先后单独或联合制定与全民健身相关的部门规章与规范性文件中，近年来制定的有很大的比重，总体上可分为这样几个方面：一是在全民健身综合管理方面，主要有加强改进群众体育工作、建立领导协调工作机制、推进全民健身进家庭等文件；在青少年体育方面，主要有进一步加强学校体育工作、青少年体育活动促进、加快发展校园足球、中等体校管理、少儿体校管理、体育传统项目学校等文件；在城乡与人群体育方面，主要有农村体育工作、加强农民体育、县级全民健身中心项目、创建全民健身模范市县、加强职工体育、少数民族体育、老年人体育、残疾人体育等文件；在健身标准与体制测评方面，主要有国家体育锻炼标准施行、国民体质监测、国民体质测定、学生体质健康标准等文件；在健身活动与竞赛方面，主要有国内登山、健身气功、动力伞、滑翔伞、热气球、动力悬挂滑翔、业余无线电等项目管理、改革赛事审批和体育赛事管理与监督、加强少数民族运动会、武术、马拉松、广场舞等赛事或活动管理等文件；在体育健身产业方面，主要有体育产业统计、体育场馆运营、运动特色小镇建设、发展体育旅游等文件；在健身组织与人才方面，主要有体育社团、体育民办非企业单位、武校等管理、发挥乡镇文化站功能、社会体育指导员管理、社会体育指导员和救生员职业标准、体育职业鉴定等文件；在健身服务保障方面，主要有开展全民健身志愿服务、组织奥运世界冠军与优秀运动员志愿服务、体彩公益金用于全民健身及其监管、健身器材配建、体育场馆公共服务、体育活动安全和突发事件管理等文件。

各个省、自治区、直辖市和一些设区的市也制定了很多与全民健身有关的地方性法规、规章和规范性文件。仅在以某地全民健身条例为主要名称的地方综合性全民健身专门法规方面，至2019年5月已有29部，先后是上海、江苏、山西、山东、云南、北京、天津、浙江、四川、陕西、安徽、内蒙古、吉林、甘肃、湖南、辽宁、湖北、重庆、广东共19个省级地方制定，以及广州、贵阳、哈尔滨、杭州、深圳、苏州、唐山、武汉、长春、淄博共

10 个设区的市制定。此外，河北及长春、长沙制定了地方全民健身政府规章。一些地方性全民健身法规是在《全民健身条例》颁布前制定，近年又进行了修改。江苏、山西、陕西、四川、安徽、浙江、内蒙古以及杭州、哈尔滨、贵阳、武汉、苏州、广州先后进行了局部的修正，上海、湖南、北京、山东以及深圳、武汉进行了全面的修订。还有些省市正在制定或修改之中。此外，各地还有一些综合性体育法规和有关体育场馆、体育产业和市场等法规、规章和规范性文件，与全民健身密切相关。这些地方性立法，在推进各地根据实际情况，有特色地开展全民健身工作中，发挥了重要的作用。

新中国成立 70 年来，伴随着共和国的成长，在经济社会的迅速发展和法治建设的日益加强中，特别是在改革开放的深刻洗礼和新时代的伟大进程中，我国群众体育和全民健身事业获得来自时代需求的强劲推动，从国家提倡到国家保障再到国家战略，不断地在现代治理的法治化轨道上奋力前行。然而，我国体育改革与体育法治仍存在的某些困境甚至相对滞后，决定了全民健身的依法治理还仅仅是开始，任重而道远。面对迈向体育强国和建设健康中国的美好愿景，担当提高全民族身体素质和实现人民对健康幸福追求的神圣使命，我国全民健身事业还需要有更大的发展和更加全面的改革与创新，加快建成较为完善的全民健身法治体系，更好地为新时代全民健身事业的新发展保驾护航。

参考文献

［1］中国人民政治协商会议：《共同纲领》，https：//www. pkulaw. com/chl/a68d9aa-bcfce0b2ebdfb. html？keyword。

［2］傅砚农：《中国体育通史》（第五卷），人民体育出版社，2008，第 7 ~ 9 页。

［3］国家体委政策研究室：《体育运动文件选编（1949 ~ 1981）》，人民体育出版社，1982。

［4］周叶中主编《宪法（第三版）》，高等教育出版社，2011，第 73 页。

［5］《中华人民共和国宪法（1954 年）》，http：//www. npc. gov. cn/wxzl/wxzl/2000 -

12/26/content_ 4264. htm。

［6］郝勤：《体育史》，人民体育出版社，2006，第 377 页。

［7］国务院新闻办公室：《中国的法治建设》，http：//www. gov. cn/zwgk/2008 - 02/28/content_ 904648. htm。

［8］于善旭：《论我国全民健身的宪法地位》，《体育科学》2019 年第 2 期，第 3 ~ 14 页。

［9］马宣建：《从奥运战略到协调发展战略》，《哈尔滨体育学院学报》1990 年第 3 期，第 5 ~ 9 页。

［10］于善旭：《我国全民健身事业发展的法治之路》，《天津体育学院学报》2006 年第 2 期，第 99 ~ 102 页。

［11］中共中央宣传部等：《关于学习宣传和贯彻执行体育法的联合通知》，《中国体育报》1995 年 9 月 22 日。

［12］评论员：《体育——公民的权利》，《新体育》1995 年第 10 期，第 3 页。

［13］黄世席：《国际体育运动中的人权问题研究》，《天津体育学院学报》2003 年第 3 期，第 21 ~ 24 页。

［14］刘鹏：《在 2010 年全国体育局长会议上的讲话》，《体育工作情况》2010 年第 4 ~ 5 期，第 2 ~ 18 页。

［15］李中文、薛原：《为健康中国夯实体育之基本》，《中国体育报》2017 年 8 月 8 日。

B.4
新中国成立70年来我国体育
社会组织发展回顾与展望

韩 慧　郑家鲲*

摘　要： 通过梳理新中国成立以来我国体育社会组织的更迭脉络，审
视我国体育社会组织发展的现实状况，进而发现问题并提出
体育社会组织未来的发展方向、路径和举措。研究认为，经
过70年的砥砺奋进，我国体育社会组织在总体上呈现出稳中
向好的发展趋势，但同时仍存在不少因素阻碍其进一步优化，
主要表现为社会、政治、制度环境的制约以及自身生长逻辑
的限制。实现新时代体育社会组织更高质量的发展，必须将
其置于中国现代化转型逻辑和趋势中加以考察，从政府、体
育社会组织、政社合作治理三方面共同推进。

关键词： 新中国成立70年　体育社会组织　社会组织

　　新中国成立至今的70年里，伴随着国家宏观环境的深刻变化，我国不
同层级、不同类型的体育社会组织，包括体育社团、体育民办非企业单位、
体育基金会和草根体育组织都有了一定程度的成长与发展，尤其是党的十八
大以来，得益于宏观环境的持续优化，体育社会组织规模和力量空前壮大，
辐射力和影响力也显著增强，在推进体育事业发展、推动社会建设和服务广

　　* 韩慧，上海体育学院在读博士研究生，研究方向：体育社会组织与体育治理；郑家鲲，上海
体育学院教授，教育学博士，博士生导师，研究方向：全民健身与社会发展。

大人民群众健身需求等方面发挥了积极作用。进入新时代，站在新的历史起点上，党的十九大报告在"五位一体"现代化建设、化解新时代主要矛盾和全面提升社会治理水平等方面都赋予了体育社会组织新的任务与使命。[①] 作为回应，必须重新谋划新时代我国体育社会组织发展之路，实现体育社会组织的跨越升级，落实党和政府的重大期望。正如习近平总书记所言："弄清楚我们从哪儿来、往哪儿去，很多问题才能看得深、把得准。"[②] 为此，实现这一跨越不能理想化建构，必须要以历史和现实为镜，在准确辨别我国体育社会组织新时代发展方位的基础上，寻绎体育社会组织未来发展方向。

一 新中国成立以来我国体育社会组织的发展历程

关于新中国成立以来体育社会组织发展历程的阶段划分，至今还未达成共识。从学界来看，存在"三阶段论"、"四阶段论"及"五阶段论"等不同的观点。本文在前人研究的基础上，结合新中国成立70年来社会发展与体育社会组织转型的重要节点，包括1978年开始的改革开放、1992年市场经济体制改革的确立、2004年社会管理创新的提出以及2013年实施的社会治理改革，将体育社会组织发展历程划分为初生萌发期（1949～1977年）、复苏崛起期（1978～1991年）、规范管理期（1992～2003年）、培育增能期（2004～2012年）、主体萌芽期（2013年至今）五个阶段。

（一）初生萌发期（1949～1977年）：呈现行政化、单一化发展样态

新中国成立初期，百废待兴，为减轻国民经济恢复与建设负担，党和

---

① 黄晓勇：《中国社会组织报告（2018）》，社会科学文献出版社，2018。
② 《习近平：只有回看走过的路、比较别人的路、远眺前行的路，弄清楚我们从哪儿来、往哪儿去，很多问题才能看得深、把得准》，人民网，http://bbs1.people.com.cn/post/1/1/2/165950390.html，2018-4-4。

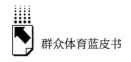

政府把目光投向社会组织的建设中来。这一时期，国家通过"破旧"和"立新"两个不同层面的实践，完成了对体育社会组织快速而有效的整合。

1. 体育社会组织的"破旧"

主要表现为对民间结社进行大规模的重新甄别和清理整合，依法取缔和注销了诸多反革命、封建和宗教色彩浓厚的体育社会组织，如"秘宗会"、"神武会"等。在这一过程中，政务院分别于1950年和1953年制定并颁布了《社会团体登记暂行办法》和《社会团体登记暂行办法实施细则》，对社会团体的注册以及种类进行了规定，并按照相关要求，对符合政治、社会生活基本需要的人民团体进行了依法登记，对不符合时代发展需要的社会团体进行注销，净化了体育社团队伍。①

2. 体育社会组织的"立新"

为了进一步满足国家建设的需要，政府推动建立了最初一批主要的体育社会组织。一是建立以体育总会为主线的体育社会组织构架。1952年6月，中华全国体育总会在"中华全国体育总会筹委会"的基础上建立起来，随后各省、市、县分会相继设立。借助这一体系，新中国初期的体育建设方针政策得到了较好的贯彻执行。二是建立行业体育协会。为了推动职工体育活动的深入开展，1952~1957年，邮电、金融、煤矿、公安、铁路和水利等6个行业相继建立了行业体育协会。三是建立体育运动项目协会。基于提高竞技体育水平、利于国际交往等因素的考虑，政府有选择地在1956年成立了15个全国性的奥运会项目体育协会，在1954~1964年的10年间分四批成立了8个全国性的非奥运会项目体育协会，随后各地方分会和基层体协也先后建立。②

"文化大革命"中，体育社会组织受到了极大影响，基本陷入瘫痪状态。不过，总体而言，经过前期一系列的改造、调整和重组，体育社会组织

---

① 刘春：《当代中国会组发展史研究》，中国社会科学院研究生院博士学位论文，2013。

② 卢元镇：《论中国体育社团》，《北京体育大学学报》1996年第1期，第1~7页。

发展已初具规模，并带有鲜明的时代烙印。一是组织的外形化。主要是指社会组织仅仅是形式上的，而实质上是作为变相的政府组织而存在。① 从生发机制来看，各种体育社团的孕育与萌发，基本上是在党、政府或相关部门指导下，有计划、按指标创建的，其发展也主要依靠政府"自上而下"地推动。从运作模式来看，组织的内部结构与党政机关同构化。以中华全国体育总会为例，在新中国成立之初，是被赋予实质职能的一个政府与群众相结合的组织，然而在1952年中国体育委员会建立后，中华全国体育总会被编入，在此后的发展中职能逐步缩减，成为"体制内"组织，这也是双重管理的最初孕育和发端。② 二是组织目标从属于政治需要。这一时期体育社会组织是国家政治动员、推动外交和振奋国威的重要工具。其主要价值在于对内协助国家国防与生产服务筹备，对外与各国际组织保持交往，并通过组织参与国际体育比赛，提升国际形象。三是组织形式的单一化。1949年后一直到改革开放前，体育社会组织只有自上而下成立的体育社团这一种形态。

（二）复苏崛起期（1978～1991年）：展现游离化、分散化发展格局

1978年党的十一届三中全会做出把党和国家的工作中心转移到"经济建设"上来，实行改革开放的历史性决策。改革开放使我国社会发展获得了更多的空间与资源，并催生了公民的结社意识和结社行为，为我国体育社会组织的恢复与发展带来了契机与动力。这一时期体育社会组织发展主要经历两个阶段。

1. 体育社会组织的勃兴

改革开放初期，深受当时经济改革进程、政治气氛等因素影响，国家对

---

① 唐文玉：《社会组织公共性的生长困境及其超越》，《上海行政学院学报》2016年第1期，第105～110页。
② 王凯珍、汪流、黄亚玲等：《全国性体育社团改革与发展研究——基于学理层面的思考》，《天津体育学院学报》2010年第1期，第6～9页。

社团的管理较为松散，加之"文化大革命"多年抑制的结社需求被释放，社会团体大量涌现。据统计，仅1979年一年，新成立的国家级体育社团的数量就达到14个。① 进入80年代，人民群众日益增长的体育需求与计划经济体制下所形成的体育体制的矛盾愈加突出，体育领域开始了对"大政府，小社会"发展模式的反思。1986年《国家体委关于体育体制改革的决定（草案）》正式下发，以此为标志，国家开始了借助社会力量办体育的探索。这一改革风向使得各类体育社会组织在这一时期迅速崛起。一是体育基金会异军突起。1986年四川省率先成立了第一家体育基金会——四川发展职工体育基金会，此后北京围棋基金会、中华全国体育基金会等相继成立。② 二是行业体协数量迅速增长。从1989年的统计数字看，行业体协由1982年的2个发展到14个体协和7个体协筹备组，全国基层体协数量达4000多个，这与当时我国群众体育开展以单位制为主是分不开的。③ 三是大量草根体育组织自发成立，如钓鱼协会、大秧歌协会、气功协会等各类项目协会及武馆、体育活动站等。④

2. 体育社会组织的初步规范

在这一阶段的中后期，我国社会组织在改革中得到全面复苏。至1989年初，全国性社会团体由改革开放前的近百个，发展到1600多个，增长了16倍；地方性社会团体也由6000多个，发展到20多万个，增长了近33倍。⑤ 面对社会团体数量的急剧扩张，国家也及时地进行了政策调整，开始了对社会组织的初步规范管理。首先是管理机构的设立。1988年，民政部成立了"社会团体管理司"，专门负责社会团体的登记工作。其次是管理制

---

① 黄亚玲：《中国体育社团的发展——历史进程、使命与改革》，《北京体育大学学报》2004年第2期，第155～157页。
② 戴红磊：《中国体育社会组织治理研究》，大连理工大学博士学位论文，2016。
③ 杨桦、王凯珍、熊晓正等：《改革开放以来我国群众体育的发展演进与思考》，《北京体育大学学报》2005年第6期，第721～726页。
④ 陈静霜：《中国体育社团发展的困惑、外部成因及未来趋势》，《体育学刊》2014年第3期，第40～43页。
⑤ 周永平：《现阶段我国民间组织发展的制度环境分析》，中共中央党校硕士学位论文，2007。

度的出台。1988~1989年，国务院适时颁布了《基金会管理办法》《社会团体登记管理条例》等涉及体育社会组织的重要法规，确立了"归口登记、双重负责、分级管理"的基本原则。再次是清理整顿。受八九政治风波的影响，我国于1990年开始了历时一年的整顿工作，在一定程度上抑制了体育社会组织的无序状况和自由化倾向。①

这一历史时期，我国体育社会组织彰显出如下特质：一是组织生成出现分野。改革开放的进程好比一把利剑，刺破了政府总揽全局的局面，社会领域有了一定的生长空间。自此，以非政府性、非营利性为特征的草根体育组织开始"自下而上"萌生与发展起来，突破了"自上而下"建立社团的单一逻辑，出现体制内生与社会自发育的分野。二是组织类型的丰富。改革开放之前，我国体育社会组织种类相对单一，主要是高度行政化的体育社团。而这之后，体育基金会作为一种新的组织形式经历了从无到有、从点到面的迅速发展，打破了体育社团的一统局面，再加上样态各异的草根体育组织，组织类型实现从"一元"向"多元"的转变。三是组织管理的分散。20世纪80年代，国家对体育社会组织管理徘徊于放开与控制之间，学者们将这一现象形容为"分散管理"或者"游离型监管"。在这一监管模式下，国家对社会组织的制度化管理一直处于较低水平，这也在有意无意间造成了体育社会组织的井喷式增长。

（三）规范管理期（1992~2003年）：纳入规范化、管制化发展轨道

1992年中共十四大提出了市场经济体制改革的总目标，明确了"小政府、大社会"的改革路线。按照这一基本思路，体育领域也开始了社会化的进一步探索。这一时期的改革部署及一系列具体发展措施，加上前一阶段的分散管理，造成了当时体育社会组织发展过热的局面。基于这一形势，国

---

① 陈鹏：《中国社会治理40年：回顾与前瞻》，《北京师范大学学报（社会科学版）》2018年第6期，第12~27页。

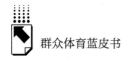

家采取了多项措施，加大对体育社会组织的控制力度。

1. 体育社会组织的改革发展

一是以协会实体化为目标进行自上而下的改革。1993 年，国家体委下发了《关于深化体育改革的意见》，设计了以"项目管理中心"作为过渡分步推进的改革模式。以此为蓝本，体育社团社会化、实体化改革全面推进。至 1997 年底，运动项目管理中心化改革基本完成，国家体委所属的运动项目全部划归中心管理，至此"中心＋协会"的体育社团治理结构正式形成。① 二是自下而上的路径，主要表现为培育草根体育组织，扩大体育基金会的合法空间等。这一时期体育社会组织发展的另一个重要方面就是民办体育俱乐部、民办体育学校等体育类民办非企业单位的出现及发展壮大，至2003 年底登记在册的体育类民办非企业单位数量达 2682 个。② 此外，随着"单位制"的瓦解及"社区"居住制的建立，以社区为基础的体育社会组织逐渐开始出现，并日益成为社区体育活动开展的主力军。③

2. 体育社会组织的严格管控

至 1996 年 6 月，全国性社团增加到 1800 多个，地方性社团接近 20 万个。④ 数量庞大、良莠不齐的组织团体给我国政治、经济、社会稳定带来严重隐患。为引导社会组织走上健康规范的发展之路，保障市场化改革的顺利推行，国家开始对体育社会组织实施严密管理和全面控制。一是成立新的登记管理机关。1998 年 6 月，国务院在原社会团体管理局基础上批准成立了民政部民间组织管理局，地方的社会团体管理部门也适时进行了改组，从机构设置上加强了对社会组织的管理。二是确立双重管理制度。1998 年国务

① 陆小聪、吴永金：《体育与民情：国家与社会视角下近代中国体育进程的再思考——兼论对体育社会组织改革的反思》，《体育科学》2016 年第 9 期，第 3～9 页。
② 汪流、王凯珍：《我国体育类民办非企业单位发展研究》，《北京体育大学学报》2010 年第 8 期，第 23～26 页。
③ 刘明生：《公共服务背景下城市社会体育组织发展模式研究——以上海市为例》，上海体育学院博士学位论文，2010。
④ 康宗基：《改革开放以来我国民间组织管理体制的回顾与展望》，《理论导刊》2010 年第 8 期，第 4～6 页。

院重新修订并出台了《社会团体登记管理条例》，在此基础上，2001 年 9 月国家体育总局颁布实施了《全国性体育社团管理暂行办法》，明确了登记管理机关和业务主管部门的双重管理责任；至此，以严格管控为目的的双重管理体制正式确立。① 除此之外，为进一步强化对社会组织的管控，国家在 90年代中后期对体育社会组织进行了两次清理整顿，这期间一些管理与自律机制不完善的组织以及非法的气功类社会团体等被大规模注销和取缔。② 自此，体育社会组织的发展也从前一时期在缺乏制度约束下的结社高潮，转入一个以规范管理为特征的发展低潮。

管窥这一阶段我国体育社会组织发展的现实镜像，其折射出以下重要特征。一是组织类型架构进一步完善。市场经济体制改革启动后，各种形式的体育类民办非企业单位快速发展起来。加之前一阶段分化出的"体育基金会""体育社团""草根体育组织"等，进而形成了较为完善的组织架构体系，为其后的分类管理奠定了基础。二是组织发展有了一定自主化取向。随着国家通过改革主动让权给体育社会组织，一些体育社会组织开始有了相对自主的发展空间，特别是社区草根体育组织逐渐兴起，使得这一时期的体育社会组织发展走向更多自主性的明显转向。诚如邓国胜先生所认为的："如果说在 1995 年之前中国社会组织缺乏独立性、自主性尚属事实的话，那么在 1995 年之后这种看法则有失偏颇。"③ 三是组织管理的常规化和制度化。构建相应的制度框架对体育社会组织进行规范管理，是中国体育社会组织发展之初便缺失的环节。与前一阶段相比，国家在这一时期的社会组织管理逻辑已经发生了某种根本性的转变，表现为逐渐摒弃了以政治动员为主，大规模、变动性、偶发性特征明显的"运动式"管理，更注重通过常规化的法律和行政科层机构来实施治理。

---

① 冯晓丽、董国珍：《从身份认同到规制、规范：我国民间体育组织评估政策变迁》，《成都体育学院学报》2010 年第 10 期，第 47～51 页。
② 陈丛刊、魏文：《我国体育社会组织治理方式分析与启示》，《体育文化导刊》2018 年第 4期，第 10～14 页。
③ 张紧跟：《NGO 的双向嵌入与自主性扩展：以南海义工联为例》，《重庆社会主义学院学报》2014 年第 4 期，第 86～94 页。

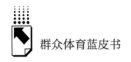

（四）培育增能期（2004～2012年）：步入稳定化、结构化发展阶段

党的十六大以后，中共中央提出了加强和创新社会管理的理念及建设服务型政府的任务。在实现这一目标过程中，作为社会管理与提供公共服务的重要载体，体育社会组织在应对公共管理危机与弥补公共物品提供不足方面的重要作用逐步被国家所认识。党和政府对体育社会组织的态度也从被动应对到主动推动。

1. 全国性政策改革的有力推动

一是宏观制度安排的有效引领。2006年国家体育总局印发的《体育事业"十一五"规划》、2009年颁布实施的《全民健身条例》以及2011年国务院颁布实施的《全民健身计划（2011～2015年）》等政策条文都对各类体育社会组织的培育发展做了专门部署，使体育社会组织建设成为体育部门的一项法定工作。二是扶持保障机制的创新。除在省和地级以上市实施扶持发展专项计划外，国家还多方探索"孵化基地"培育模式，为新生组织提供免费办公场地设施、小额补助、人员培训等服务。三是税收优惠政策的不断升级。2008年1月《企业所得税法》颁布实施，把慈善免税额度从3%提高到12%；2009年《关于非营利组织企业所得税免税收入问题的通知》等文件相继出台，从法律层面切实保障了体育社会组织的税收优惠待遇。[①]

2. 地方探索和试点的创新驱动

响应中央号召，基层政府也通过各式各样的政策变革，促进体育社会组织发展。主要包括：①探索改革双重管理模式，降低"准入门槛"。北京、上海、广州、深圳等地自2005年以来就尝试使用宽松的"备案"制，就此出现了深圳"一元登记"、北京"新二元登记"和上海"三元登记"等管理模式。②积极试点政府购买公共体育服务，扩大组织发展空间。上海市从

---

① 黄建：《民主政治视域下中国非政府组织发展研究》，中共中央党校博士学位论文，2014。

2006 年开始政府向社会组织购买公共服务的改革全面铺开，仅这一年，该市黄浦区、浦东新区用于向社会组织购买公共服务的资金就分别达 2219 万元和 2282 万元。③探索政社分离，提高体育社会组织自主性。如北京重点构建"枢纽型"体育社会组织，希冀通过"以社管社"的方式构建新型政社关系。④创新社会组织党工委，提高社会组织的政治地位。2009 年广东省在全国率先成立社会组织党工委，实现了社会组织党建工作新突破。①

在中央到地方各级政府的鼓励与支持下，我国体育社会组织蓬勃发展。截至 2012 年末，法人登记的体育类社会组织数量达到 23590 个。② 除规模不断扩大外，这一时期体育社会组织发展还呈现出较为显著的"结构优化"特征。首先，组织内部结构不断优化。这一时期，我国体育社会组织已逐渐走出了起步阶段，开始进入一个相对成熟和稳步发展的新阶段。不仅在种类和总量上有较大的增长，而且内部结构的合理性、内部机制运作的有效性以及透明化程度都在不断提高，初步形成了具有结构化形态的正式组织。其次，组织影响力逐渐增强。伴随政府职能的进一步转变，体育社会组织被寄望在协助政府回应新的社会服务和问题方面发挥重要作用。政府的需求为组织创造了良好的机遇，体育社会组织进而"借势"发展为一种普遍社会现象和社会力量，为今后参与体育治理打下了基础。再次，组织监管体系不断完善。在体育社会组织快速发展的同时，国家也与时俱进，在规范组织发展方面不断推出新举措。2005 年，在借鉴国外管理经验的基础上，我国正式建立了社会组织信息披露制度。2007 年民政部正式下发《民政部关于推进民间组织评估工作的指导意见》等文件，社会组织评估工作开始启动。这些积极的探索，进一步丰富和完善了体育社会组织监管体系，有力地促进了组织向良好形态发展。

---

① 葛道顺：《中国社会组织发展：从社会主体到国家意识——公民社会组织发展及其对意识形态构建的影响》，《江苏社会科学》2010 年第 3 期，第 19 ~ 28 页。

② 宋浩：《我国体育公共服务多元主体合作供给的困境与出路》，《广州体育学院学报》2018 年第 6 期，第 30 ~ 32 页。

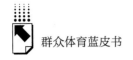

（五）主体萌芽期（2013年至今）：开启主体化、本质化发展征程

党的十八届三中全会提出了"创新社会治理体制、激发社会组织活力"的命题，为这一时期体育领域的全面深化改革指明了方向、划定了路线，即进一步加大体育社会组织培育和改革力度，充分发挥体育社会组织在体育治理中的积极作用。为此，体育行政部门开始有意识地加快职能转变，并全方位地采取多种手段措施来推动体育社会组织能力建设，使其逐步成长为体育治理的重要主体。

1. 托底性资助

主要是指中央或地方政府对体育社会组织培育发展的直接或者间接财政资助。一是直接资助。最具典型、标志意义的案例是"中央财政支持社会组织参与社会服务项目"，该项目自2012年起开始实施，每年已安排专项资金2亿元，用于支持社会组织发展。① 二是扩建公益孵化基地。在政府出资兴建下，我国社会组织孵化器以每年15%以上的速度持续增长。2012年，我国社会组织孵化器仅有50个，但到了2017年底，全国社会组织孵化器数量已达1400余家。②

2. 分权式改革

十八大以后，体育行政部门不断推进"授权"方式变革，将部分权力下放、转移给体育社会组织，使其更好地履行治理任务。一是双重管理体制的松动。2013年《国务院机构改革和职能转变方案》规定四类社会组织可以向民政部门直接申请登记，加速了体育社会组织去行政化进程，对于政、社关系重塑有着里程碑式的意义。二是推进行业协会脱钩。自2012年理顺关系的框架正式确立以后，国务院先后印发了《行业协会商会与行政机关

---

① 彭善民：《财政扶持政策与社会组织发展》，《社会科学》2017年第2期，第72~79页。
② 苏晓慧、杨艳花：《近十年来我国社会组织发展及演变趋势研究》，《新西部》2018年第27期，第22~23页。

脱钩总体方案》和《中国足球协会调整改革方案》等改革文件，并以足协、篮协改革为突破口，稳步推进全国性单项体育协会脱钩工作。① 截至2018年，改革脱钩试点协会三批共28家已完成22家；地方层面上，各级体育协会也正依照机构、职能、资产财务、人员管理、党建外事等"五分离"的方式与体育行政部门逐步脱钩。②

3. 项目制治理

2013年国务院颁布了《关于政府向社会力量购买服务的指导意见》，政府向社会组织购买服务就此在全国铺开。在具体的政策落实上，北京、上海、广州等20余省市相继出台相关的实施意见、办法或指导目录，并开始逐步探索使用财政资金、体育彩票公益金等向体育社会组织购买服务。随着各地实践的不断推进，政府购买公共服务已成为体育社会组织获取经费的一个重要途径。③

在这一系列举措下，我国体育社会组织发展进入新阶段，并呈现出新的特点。一是基层组织数量快速增长。这与在成立环节放开审批是分不开的。降低社会服务、公益组织的注册要求，扫除了多年来困扰基层体育组织的登记障碍，较大程度地催发了这些组织的积极性，促使大批社区体育组织、农村体育组织等纷纷成立。二是政社关系的重新表达。与以往对社会组织采取双重管理、限制竞争等单一控制逻辑不同，体育的治理转向使得国家主动或被动地从一些社会领域中逐渐撤离，并以互动、协商的方式与体育社会组织进行合作。以"治理"取代"管理"，标志着新时期国家权力机关与体育社会组织的关系开始出现新形态。三是组织监管的精细化。这一阶段，在持续完善年检、评估等监管手段的基础上，国家权力机关继续不断探索并建立起新的制度体系，包括社会组织统一代码制度、黑名单制度、抽检制度、社会组织信用信息管理制度与奖励惩戒制度体系等，且不同程度地从西方引入第

---

① 张伟：《我国体育治理结构分析》，《体育学刊》2017年第4期，第22～30页。
② 杨桦：《体育改革：成就、问题与突破》，《体育科学》2019年第1期，第5～11页。
③ 敬义嘉：《控制与赋权：中国政府的社会组织发展策略》，《学海》2016年第1期，第22～33页。

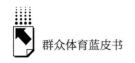
三方评估、审计机制、社会问责等新工具新方法来实现对体育社会组织的精细化监管。[①]

二 体育社会组织发展现实审思

只有系统、深入地分析当前体育社会组织发展所处的状态及其面临的各类环境，全方位了解组织建设发展所面临的形势与挑战，才能为新时期体育社会组织发展定向提供时代坐标和科学依据。

（一）体育社会组织发展的环境辨析

1. 社会环境：治理语境下组织地位和作用渐显，但仍游离于正式治理网络外

党的十八大以来，社会治理成为我国社会建设与发展的关键词与方法论。作为治理主体之一的社会组织，其发展也紧密嵌入社会治理创新的宏观脉络中。随着改革的不断深入，体育社会组织在体育事务治理中的重要作用日益彰显。一方面，体育社会组织在开展各种群众健身活动中的表现十分抢眼，每年全国由各类体育社团组织的健身活动达数万次，直接参与的群众达数亿人次。[②] 另一方面，在提供公共体育服务上，体育社会组织也展现出较强的供给效能。例如，2014 年上海市 26 家单项体育协会承办了市民体育大联赛，在近一年的时间里成功举办了 3810 场比赛，吸引了 147 万多名市民参加。[③] 此外，在其他一些领域，如体育场馆拆迁、退役运动员安置等方面，体育社会组织也发挥着积极的建言功能。[④] 不过整体来看，体育社会组

---

① 李健、成鸿庚、贾孟媛：《间断均衡视角下的政社关系变迁：基于 1950～2017 年我国社会组织政策考察》，《中国行政管理》2018 年第 12 期，第 66～70 页。

② 刘国勇、裴立新：《中国体育社会组织发展报告（2016）》，社会科学文献出版社，2016。

③ 赵蕊、程华、戴健：《体育社团在政府购买公共体育服务中的作用及优化路径研究》，《武汉体育学院学报》2016 年第 5 期，第 26～30 页。

④ 郇昌店、张伟：《社会体育组织参与体育治理的效应与实现路径》，《西安体育学院学报》2017 年第 1 期，第 9～13 页。

织在现下治理格局中仍未摆脱虚化和边缘化处境。

（1）治理角色虚化。毋庸置疑，体育社会组织近年确实有了较大发展，但相对于我国逾13亿的总人口以及4.34亿的体育人口，组织数量缺口还较大。就正式登记的体育类社会组织而言，每万人拥有量仅为0.3个。① 而在现有为数不多的体育社会组织中，真正能够参与到治理实践中的更是少之又少。据管理部门的说法，基层体育社会组织有三分之一是名存实亡的，另外三分之一则处于休整状态，而真正能够有效开展活动的大概也只有三分之一。② 也正因此，体育社会组织被民政部评为数量最少、活力最弱、作用最差的社会组织之一。③

（2）治理角色边缘化。在我国现有体育治理主体结构下，政府仍占据主导地位，体育社会组织只能担当"分忧解愁"或者"拾遗补缺"的补充性、工具性角色，在这样的情境下，组织在社会治理中的优势和功能势必难以得到充分发掘与培育，其主体地位自然被弱化。加之现下体育社会组织与市场、公民之间理念、资源互动还较为不足，因而也被自觉不自觉地摆到了社会的边缘。

当下我国体育领域的治理与理论意义上的"合作治理"还相去甚远，体育社会组织主体力量发育不足，参与空间有限，导致其仍"悬浮"于正式的治理网络之外。这不仅阻碍了体育社会组织发展，也造成了体育治理的低效化。

2. 政治环境：国家宏观"鼓励"信号明确，但微观"控制"未见削弱

当前，我国体育社会组织发展的政治环境呈现出前所未有的开放性和包容性。就党与政府宏观政治路线和方略而言，自党的十六届六中全会提出"健全社会组织"以来，中央政府先后提出了建设"政社分开、权责明确、

---

① 汪文奇、金涛、冯岩：《新时代体育社会组织参与体育治理的机遇、困境与策略行动》，《武汉体育学院学报》2018年第11期，第12～17页。

② 司幸伟、冯霞：《需求侧视角下我国体育社会组织发展特征及改革路径研究》，《南京体育学院学报》2017年第5期，第40～44页。

③ 汪流：《草根体育组织与政府关系向度研究》，《西安体育学院学报》2014年第1期，第6～11页。

依法自治的现代社会组织体制"（十八大）、"激发社会组织活力"（十八届三中全会）以及"打造共建共治共享的社会治理格局"（十九大）等政治话语，并公开大力宣传，明确释放发展社会组织的信号。与之相应，官方政策文件中对社会组织的定调也变得越来越积极，一系列支持社会组织发展的制度措施持续出台。这些安排无疑反映了一个重要趋势：国家对体育社会组织的发展策略正朝着更为宽松、更进一步赋权的方向转变。然而从实践逻辑来看，受思想观念以及认知局限的制约，加之缺乏信任，强制管控仍在体育社会组织发展中占据主导地位。只不过与之前相比较，随着体育社会组织日益正式化以及"政社"关系的时代性变化，政府的管制手段也变得"隐形化"和"柔性化"，主要表现为：

（1）通过"嵌入式控制"来影响组织治理机制。包括结构嵌入，比较典型的是社会组织党建的全覆盖，从而在政治上加强对体育社会组织的控制；[①] 以及非正式关系嵌入，即扶持"体制内"成员进入组织担任领导职务，进而增强在两者互动中的影响力。[②]

（2）通过"选择性发展"来加强对组织的控制。一是筛选与政府目标相契合的社会组织进行资助。二是在发展合作关系上，倾向于与有"官方"背景的组织进行合作。以常州市体育局购买全民健身赛事活动为例，2017年共有35家中标单位，其中24家单位属于体制内组织（市、区级体育协会），其余的除8家企业外，仅有3家单位是草根性质的体育组织。[③] 三是规制体育社会组织的发育形态与类别结构。表现为基本只支持和发展那些以公共服务职能为主的组织，而对于维权型、公共利益表达型的体育社会组织则进行限制。

可见，在对待体育社会组织的问题上，政府往往处于矛盾之中，呈现出

---

① 纪莺莺：《从"双向嵌入"到"双向赋权"：以N市社区社会组织为例——兼论当代中国国家与社会关系的重构》，《浙江学刊》2017年第1期，第49~56页。

② 武敏娟、孙高茹、解亚萍：《从嵌入型监管谈政府与社会组织发展新格局——以陕西省为例》，《中外企业家》2016年第16期，第200~201页。

③ 《2017政府购买公共体育服务项目揭晓》，常州市体育局，http://tyj.changzhou.gov.cn/html/tyj/2017/FLQFCNIO_0516/13272.html，2018-4-4。

发展与控制的"动态博弈"。这种"一手软、一手硬"的发展策略，带来的直接后果就是体育社会组织的自主性越发弱化，组织活力、能力在严格的管控下被抑制。

3. 制度环境：法治化进程不断加快，但制度生态制约仍然显著

十八大以后，随着社会组织重要性的不断提升以及法治成为治国理政的基本方式，社会组织法治建设被再次提上日程，政策法规频繁出台。资料显示，2013～2017年，我国颁布实施的有关社会组织改革发展的法律文件达105份。① 而在中央明晰统一与密集安排下，体育行政部门和各地政府也逐渐意识到加快体育社会组织制度建设的紧迫性，关于公共体育服务、体育社会组织发展的法规和配套政策也不断出台，为我国体育社会组织健康有序发展奠定了法律基础。但也应认识到，当前我国体育社会组织法律机制仍不完善，制约了体育社会组织的深化发展。

（1）顶层制度设计与实际执行存在较严重的"脱耦"现象。近年来，通过多次重大改革创新，我国社会组织宏观政策的先进性已非常明确，但同时这些政策的模糊性蕴含也较为显著。这种不协调的存在，使体育社会组织制度落实陷入一种"两难困局"。一是中央权威与地方灵活性间的较劲。国家层面一直未能形成明确、清晰的体育社会组织发展战略和改革预期，导致"对下"压力不足，地方政府和职能部门会根据自己的治理逻辑有所取舍地执行政策，进而以行政过程替换法治过程，致使政策失效或变形。二是总体支配与治理技术的脱节。现有制度中存在较多宣示性、原则性的概述，精细化、可操作、有针对性的制度举措不多；其结果是体育社会组织发展虽被日益重视，却普遍处于一种"无法可依"的状态。

（2）中观制度要素供给与体育社会组织行动需求不相匹配。第一，内隐性政策多，专门性政策少。我国体育社会组织政策多嵌套于社会组织政策中，专门政策数量不多；体育领域的组织模式具有鲜明的行业特征和逻辑，

---

① 王家宏、蔡朋龙：《国家治理视域下全国性单项运动协会改革与发展的现实审视与推进策略》，《成都体育学院学报》2018年第6期，第9～17页。

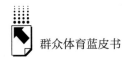
政策适用性不高会对体育社会组织发展产生较大影响。第二，规制性政策多，诱致性政策少。纵观目前体育社会组织相关法规，更多是"管理法"，而不是"权利法"，多侧重于政府如何对组织进行监管，对其发展保障重视不够。第三，低阶位政策多，权威性政策少。现今我国体育社会组织政策文本几乎全部以行政法规、意见、办法甚至更低层次的形式存在，而以体育社会组织为对象的立法性文件几乎不存在，造成组织法人地位不明晰，合法权益难以获得庇护和保障。

（3）微观配套机制的演化速度与体育社会组织改革策略不同步。首先，登记管理制度的"破"与"立"对接不足。鉴于体育社会组织的公益性、服务型特征，绝大部分组织都可以直接依法登记，因此旧的登记制度已基本完成其历史使命。然而在降低登记门槛后，新的监管体系却迟迟未能建立，部分地区已经出现登记机关与原主管部门之间职权、职责不清造成体育社会组织监管"真空"问题。其次，购买服务制度的"转"与"管"衔接不力。目前我国虽已建立起了一套以《政府采购法》为首的政府购买公共服务制度体系，但尚无完备的规章制度对体育领域的购买内容、组织资质认定、流程、评估标准等进行细化，导致"体制内购买"、"形式化购买"、"非竞争性购买"等异象层出不穷。再次，行业协会改革的"放"与"扶"连接不畅。行业体育协会现下的"脱钩"仅仅是依靠行政命令的强制性斩断，而对于协会在新的模式下如何运行，既缺乏顶层设计，也缺乏制度化的支持，继而导致单项协会陷入了生存危机。调研结果显示，脱钩之后由于没有相关制度支撑，组织运行发展寸步难行，很多体育协会反映，"在与行政机关的人员协调沟通方面花费了大量的时间与精力"，这有可能导致协会为获得合法地位，再次呈现出向政府积极靠拢的姿态，使得改革陷入"悖论"。

（二）体育社会组织自身发展形态透视

1. 组织增长提速加快，但"内卷化"效应突出

党的十八大以来，通过探索"政社分离"、"政府购买服务"、"协会实体化"等改革路径，体育社会组织发展进入了新一轮高峰期。从近10年我

国社会组织发展情况可以看出（见图1），2012年之前组织发展态势比较平稳，2012年之后，社会组织数量增长趋势极为显著。其中，体育社会组织的增长速度尤为突出，2012~2017年短短五年时间，我国法人登记体育社会组织规模从2.3万个增长至4.8万多个，年均增幅超过10%，远高于同期全国社会组织约4%的增速。① 与此同时，草根体育组织数量已超过百万，绝对数量还在不断增长；网络体育组织数量超过80万个，并呈快速发展之势。②

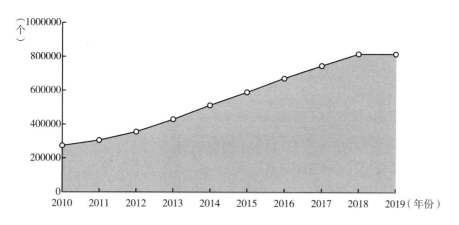

图1 2010~2019年我国社会组织发展趋势

目前虽出现蓬勃态势，但遗憾的是，由于自身建设还存在诸多问题，大量体育社会组织陷入了"有增长、无发展"的内卷化困境。首先，在治理结构上，既缺乏以制度为准绳的"硬法"治理，又缺乏以使命感、道德感为支撑的"软法"治理。其次，专业优势并不突出甚至存在缺陷。当前我国体育社会组织普遍缺乏具有志愿服务精神与专业技能的职业人员的参与，从而呈现出比较明显的"业余主义"现象。再次，动员能力不足。一方面

① 司幸伟、冯霞：《需求侧视角下我国体育社会组织发展特征及改革路径研究》，《南京体育学院学报》2017年第5期，第40~44页。
② 王凯：《新时代体育治理体系与治理能力现代化建设的政府责任——基于元治理理论和体育改革实践的分析》，《体育科学》2019年第1期，第12~19页。

表现为动员和整合社会资源的能力不足，另一方面则表现为大量的体育社会组织现下还停留于"自娱自乐"层次，难以成为公共服务和体育治理的有力承担者。

2. 组织生态逐步优化，但"偏向性生长"特征显著

经过多维度的改革，体育社会组织生态结构在许多方面都得到了显著优化，在纵向架构上初步形成了市级（枢纽组织、专业社团、俱乐部）、区级（枢纽组织、专业社团、俱乐部）、街道（社区俱乐部）、居委会（健身团队）一纵到底的组织架构，在横向层面形成了覆盖社区居民、企业白领、学校学生、机关职员等不同人群的组织结构以及涵盖常规项目、传统项目、时尚项目、创新项目等不同类型的项目结构。类别多样、结构合理、覆盖广泛的体育社会组织体系正在形成之中。

然由于起步较晚，中间还经过停滞和反复，组织发育至今还较为稚嫩，因而不可避免地存在某种成长上的"偏差"。一是在地域差异上，西部地区的体育社会组织发展程度远远落后于东部地区；经济发达地区，如北京、上海、广州、深圳等地的体育社会组织发展规模较大，经济欠发达的边陲地区则发展相对落后；同时，各个地区的城镇体育社会组织无论是在数量还是质量上都远超农村社会。二是类型分布不均。至2016年底，体育类社会团体和民办非企业单位的数量已分别达35876万个和11069万个，然而体育基金会数量仅为335个。[1] 三是官办与民办组织发展失衡。行政色彩浓厚的官办组织有着得天独厚的优势，掌握着丰富的有形资源（资金、政策）和无形资源（关系、人脉），普遍发展良好，在新时期也将获得更多机遇；而自下而上建立的草根组织至今仍面临着严峻的生存危机，更遑论在未来的竞争中具备优势。

3. 组织自主性逐步生成，但公共性依然较为缺乏

我国的体育社会组织是适应国家发展需要而建立起来的，因而自诞

---

① 卢文云：《改革开放40年我国群众体育发展回顾与前瞻》，《上海体育学院学报》2018年第5期，第22～29页。

生伊始，就欠缺自主运作的能力和意识。近年来，借助各种有利条件体育社会组织得到了长足发展，其自主意识和自我发展能力也开始逐步显露。首先表现为许多体育社会组织都致力于加强市场化运作，让经费来源不再局限于政府资助或购买服务。如上海、广东、江苏等地的社会体育俱乐部和青少年体育俱乐部普遍建立了有偿服务制度，通过技能培训、举办夏令营或是寻求与企业合作等方式来筹措资金。其次表现为采用各种灵活策略，树立组织主人翁形象。这些策略性行动包括推荐领袖或骨干进入政府机关担任职务提高话语权，或是形成战略联盟开展集体行动影响政府政策等。

就理论意义而言，社会组织自身的发展冲动衍生出的自主性会推动其公共性的成长。然而从实际来看，我国体育社会组织的公共性，即在维护组织成员利益、参与公共治理的过程中所表现出的善的行为与理念依然缺乏。[1]一方面，自上而下的官办组织，由于直接脱胎于政府，在治理结构上多追求"向上负责"，在治理目标上多以行政目标来取代公众偏好和社会诉求，因而往往会偏离公益性价值轨道。另·方面，草根体育组织虽在形式上完全符合社会组织的逻辑原理，即具有"民间性"、"自治性"、"公益性"等特性。但在当前国家垄断体育资源的背景下，现实中的草根组织往往会在公共性与政治性之间不断摇摆，致使其公共性的生产处于一种不确定和弱持续状态。

三　未来走向

当前和今后一个时期，体育社会组织的改革发展任务艰巨繁重。体育社会组织的发展离不开政府的引导、扶持与保障，离不开自身的转型发展，而体育社会组织要想保持其优势与活力，则离不开在政社分开框架下的合作治

---

[1]　谢洪伟、黄亚玲、蒋宏宇等：《试论非营利体育组织的社会责任》，《成都体育学院学报》2011年第8期，第9～13页。

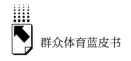

理。因此开拓我国社会体育组织新时代发展之路，必须从政府、体育社会组织、政社合作治理三方面共同推进。

（一）政府取向："理念—服务—机制"整体谋划

我国体育社会组织的发育还很稚嫩，其成长在很大程度上取决于政府部门的推动与支持。在新时代，政府要展现新担当，在新征程上做出新的战略考量，为体育社会组织发展创造良好的条件。

1. 理念革新：为体育社会组织成长创造广阔空间

（1）强化价值认知。体育行政官员要加强学习，充分认识到体育社会组织在缓解公共体育服务供需矛盾、推动群众体育事业的发展中的积极作用；充分意识到体育社会组织的成长与成熟并不意味着政府权力的弱化，反而意味着在处理体育事务时多了一个重要合作伙伴，故培育和发展体育社会组织意义重大。

（2）调整观念姿态。在全民健身意识大觉醒和健康中国崛起的新时代，体育工作的复杂性、跨界性、融合性将全面凸显，仅凭政府的一己之力势必难以实现对体育问题的有效治理，需要体育社会组织的协同参与。为此，体育行政部门要逐步摒弃传统的"管理主义"思维，进一步树立"大体育"的治理观念，重构政府与社会体育组织之间的权力关系，充分调动和发挥体育社会组织的功能与潜力。

（3）提升信任厚度。一方面，行政官员要真正理解体育社会组织的内涵与功能，深刻认识体育社会组织的"安全阀"作用，破除"社会组织恐惧症"。另一方面，政府需要以更加开放的心态，主动加强与体育社会组织的互动与协商，通过沟通交流化解矛盾与误解，塑造信任关系，增进合作与互惠。

2. 服务升级：为体育社会组织发展提供良好土壤

（1）健全完善资助体系。首先要在财政资助、税收优惠、体育社会组织人才队伍建设等方面逐步建立常态化、稳定的投入与保障机制，做好基础性工作。在这一方面，有研究表明，与体育社会组织相比，政府的扶持更倾向于教育、医疗、文化类社会组织。因此还需加紧设立体育社会组织专项发展基金。如广东省体育局基于培育社会体育组织的目标，制定实施了《广东省扶持体育社会组织发展专项资金管理办法（试行）》，专门资助符合条件的公益性体育社会组织。① 其次还需重视创新和建立有效的激励机制，最大限度地动员社会资源支持体育社会组织发展。例如新加坡政府专门制订了社会赞助搭配计划，社会每向社会组织捐助1新元，政府就搭配3新元，有效地撬动了社会资本。② 此外，在保障体育社会组织数量和种类稳步增长的同时，还应就已掌握组织数量和布局，宏观调适公共资源的供给与分配，推动政策和资金向基层下移，向薄弱的项目转移，向发展较为落后的地区倾斜，进而实现均衡化发展。

（2）强化优化政策供给。在立法供给层面，应尽快启动体育社会组织基本法的论证工作，对其法律性质、地位、权责等做出规定，赋予体育社会组织最基本的合法形式。其次，进一步加强体育社会组织专门法建设，出台与体育社会组织发展规律适切性更高的政策，保证体育社会组织更加科学、可持续地发展。此外，在立法过程中还需要重视：一是要注重开门立法，大量吸收体育社会组织方面的专家、相关从业人员、社会公众的意见建议，使之真正契合体育社会组织实际利益诉求；二是要走出便于政府管理的政策取向，实现由"管理法"向"促进法"和"保障法"的转变；三是要注意配套政策的制定与完善，在纵向层次上明确各级政府应履行的体育社会组织培育发展责任，在横向层次上加强体育社会组织建设所需的具体制度设计，从而使中央部署与基层治理、宏观指向与微观操作相互衔接。

（3）培育社会公益土壤。我国正在充分发育的社会才是体育社会组织生长的不竭源泉。为此，首先必须加强宣传教育，推动国民对体育锻炼的价值认知，并展示出参与体育社会组织与健身和健康的密切联系，提升公众参

---

① 汪文奇、金涛：《新时代我国体育治理格局的转型改造：由"强政府弱社会"转向"强政府强社会"》，《武汉体育学院学报》2018年第7期，第12～18页。
② 王其源、孙莉莉：《新加坡基层社会组织的生成机制及其启示》，《重庆工商大学学报（社会科学版）》2019年第2期，第89～93页。

与体育社会组织的意识与热情。其次还要催发公共精神成长，让社会公众从思想上认识到体育社会组织发展作为事关自身体育权益实现的重要事项，应当积极地关注、参与、反馈，并从精神和行动上给予体育社会组织更多的支持。再次则要进一步培育企业社会责任感，积极鼓励和引导社会企业更多地参与和支持体育社会组织建设事业。

3. 机制优化：为体育社会组织改革攻坚保驾护航

（1）建立完备的体育社会组织综合监管机制。在后双重管理体制时代，必须从"事前、事中、事后"全过程入手，加强体育社会组织综合监管。一要加强登记监管。对此应加快对《全国性体育社会团体管理暂行办法》和《体育类民办非企业单位登记审查与管理暂行办法》等体育类专门条例的修订工作，为体育社会组织登记工作提供指导。二要完善事中监督。切实构建起登记部门、业务主管单位及公安、财政、税务等相关部门各司其职的协同监管机制，并积极强化配套制度建设，包括征信管理制度、信息公开制度、守信激励制度等，规范体育社会组织运行过程。三是强化事后问责。建立健全追究问责机制及退出惩戒机制，一旦发现不合格或不能提供服务的"僵尸"组织，快速上报、予以取缔；而对一些严重违反国家有关法律法规的体育社会组织，则依法严厉惩处。如2018年2月，北京市民政局取缔了包括"中国体育企业家俱乐部"在内的一批非法体育社会组织，对于依法管理体育社会组织起到了重要示范作用。[1]

（2）政府向体育社会组织购买服务规范定型。当前我国政府向体育社会组织购买公共体育服务中暴露出的很多问题，几乎都是由政府权力运行不规范造成的。因此，建立和完善购买服务制度，规范权力运行就成为重中之重。对此，应以《政府采购法》为基础，结合公共体育服务的特点，补充制定专门的政策法规。在横向层面对购买公共体育服务的范围、承接主体资质、购买方式等内容进行规定，在纵向层面对转移、承接、评估、认证、问

---

① 陈丛刊：《体育社会组织治理的价值诉求、多元主体与路径建构》，《哈尔滨体育学院学报》2019年第1期，第12～17页。

责等各个环节和流程进行细化，压缩"暗箱操作"的空间。除此之外，还应将各地向体育社会组织购买公共体育服务实践中探索出的优秀方案以制度的形式表现，使有效经验得以拓展应用。

（3）完善体制机制保障行业协会改革持续深入。在后"脱钩"时代，对于体育行业协会去行政化之后面临的生存危机，体育行政部门应在总结"脱钩"试点经验的基础上，进一步完善激励机制和配套措施，保障单项协会的法人地位及调动和获取资源的权利，降低脱钩成本与风险，防止"走形式"及"回潮"的发生；其次，还需注重研究制定具有针对性的培育与扶持方案，通过一定的培育过程，逐步提升体育协会的自我管理能力、业务发展能力、资金筹措能力，使之真正成为自治的独立法人。除此之外，"分离"不等于"背离"，需逐步建立起符合体育行业协会实际的监管体系，督促协会加快监事会制度建设，并引导不同的协会通过互通有无、创建枢纽型组织或联盟等方式，实现业内自律。

（二）体育社会组织脉向："结构—能力—价值"全面进化

在新时期，体育社会组织应致力于不断加强自身建设，使之具备一系列能够支撑其生存与发展的能力，进而为更好地满足人民需求、构建现代化的体育治理体系、推进现代化事业提供强大助力。

1. 结构整合：着眼于形成法治与德治弥合的自治形态

（1）组织制度建设。体育社会组织应尽快健全法人治理机制，推动会员大会、理事会、监事会的成立，并充分发挥其决策、控制和监督作用；其次还要完善以章程为核心的财务、人事、岗位、绩效管理、对外宣传等制度，逐步实现组织各项事务运行的规范化、程序化。此外从事体育活动通常伴随着一定的风险，体育社会组织应当尽快建立起风险防范机制，采取制度化的措施来应对或化解为社会公众提供体育服务的过程中潜在的风险。

（2）组织软法构建。体育社会组织制度建设不能只立足于人的理性，还要尊重人的非理性，将激情和信念作为一种重要的元素纳入自身建设当中。一是要明确体育社会组织的发展意志、核心价值观和发展目标，并以此

来整合组织成员意识形态，最大限度地凝聚共识，促进参与和合作；二是要注重将诚信、正义等传统美德引入组织治理过程，使之潜移默化成为组织成员的行为准则与信仰，从而形成高水平的组织自律。

2. 能力发展：立足于推进国家治理体系和能力现代化

（1）强化专业服务能力。体育社会组织要以专业化人才队伍建设为基础，并以"专业的人做专业的事"，在全民健身活动开展、体育赛事组织、体育健身指导、市民健康教育与体质监测等方面做精、做细、做强，实现服务能力由泛化向专业化的转变，不断为公众输送优质、高效的公共体育服务，满足人民日益增长的多元体育需求。

（2）提升社会整合能力。体育治理的各类主体包括体育行政部门、体育企业、体育参与者等，在社会动员、资源协调、服务供给、信息获取等方面都有着自身的优势与不足。体育社会组织作为治理网络结构中的枢纽，应进一步提升和发挥其协调、整合能力，为不同治理主体之间的信息整合、资源互补、协商合作搭建平台，促成系统性、协作式、互动式协同治理模式的形成。

（3）拓展民主协商能力。体育社会组织作为政府与社会之间的桥梁与纽带，是实现"上传下达"的最理想的组织形式。为此，党的十九大报告提出将社会组织协商纳入社会主义协商民主体系。体育社会组织在新的历史条件下要知责任、善作为，于上要主动参与国家公共体育政策的制定过程，将民众的真实体育诉求传达给决策者，进而促进体育决策的科学化、民主化；于下要充分发挥其政策倡导功能，积极向社会大众解释和宣传合理的公共体育政策，使之充分发挥其效应。

3. 价值追求：服务于满足人民群众对美好生活的向往

（1）属性回归。体育社会组织是非营利性、非政府性的组织，是人民体育利益的代言人和执行者。在新时期的体育工作中，体育社会组织要弃离"对上负责"的运作逻辑，回归"对下负责"的价值属性，牢固树立"以人民为中心"的价值理念，将促进人民健康和增进人民福祉作为出发点和落脚点，保障和实现公民的体育权益。

（2）定位提升。随着人们多元化体育需求的快速增长，以及全民健身运动的广泛开展，民众对体育社会组织的发展提出了新的更高要求。体育社会组织必须承担起更广泛的社会责任，突破自娱性、联谊性的价值定位，走向辐射更多群体、惠及更多人群的公共性、公益性价值追求，根据公众体育需求的动态变化不断创新手段方法和组织形式，为民众提供更加多元化、个性化、差异化的体育活动服务，全面提升人民群众的健康水平和生活品质。

（3）触角延伸。维护弱势群体利益、促进社会公平正义是体育社会组织的基本职责之一。体育社会组织要采取多种途径实现社会的普遍体育权利，在体育机会供给、体育资源配备、体育健身指导等方面进一步向弱势群体覆盖，向民族地区、边疆地区和贫困地区延伸，向乡镇、农村和基层社区拓展，使全社会公民无论民族、地域、阶层、年龄、性别的差异，都能享受到基本的公共体育服务和健康服务，满足全体人民对美好生活的向往。

（三）合作治理路向："善治—法治—慧治"协同推进

应当明确，在国家治理现代化进程中，体育社会组织参与体育治理既是未来发展的历史方向，也是组织走向未来的现实手段。党的十九大报告明确提出了"提高社会治理社会化、法治化、智能化、专业化水平"的要求与目标，为体育社会组织参与体育治理确立了蓝图，即朝着善治、法治、慧治的方向不断推进。

1. 善治：构建新时代政社合作新格局，扩大体育社会组织体育治理参与

（1）政府层面：加快权力收缩与重心调整，实现从"主导"向"负责"转变。党的十九大报告在继承以往社会治理体制论断的基础上，进一步做了调整，将"政府主导"改为"政府负责"。这意味着政府在新时期的体育治理工作中除了要快速而主动地做好体育行政事项的清理和体育职能转变工作，更要注重履行好"负责人"的角色，积极引导体育社会组织参与到体育事务治理中来。在这一过程中，政府要重视运用向体育社会组织购买公共体育服务、深度参与公共决策等一系列政策杠杆，进一步吸纳体育社会组织融入体育治理结构，通过治理实践，不断提升体育社会组织的协作意

识、主人翁意识及参与治理的能力，从而由政府的"伙计"转变为强大的自治主体。与此同时，还可依据体育社会组织的利益诉求设置激励机制，对参与治理绩效良好的组织以奖励、补助的方式予以表彰，激励其不断有所突破；或是建立更为严格的评估制度，并与相关补助和政策支持挂钩，以倒逼机制督促体育社会组织更加积极有效地参与政社合作共治。政府作为"责任主体"并不意味着就一定是实施主体，可指导建立枢纽性、联合性的第三方管理部门，承接其对体育社会组织的业务指导、组织联合、服务管理等工作。以上海市社区体育协会为例，作为一个体育社会组织联合体，自2014年成立以来，就承担了上海市体育局对社区体育健身俱乐部的行业管理工作。五年来，上海市社区体育协会在其服务社区体育俱乐部发展过程中，一方面能够精准、直接地将俱乐部参与治理面临的困境与行动需求反映到市体育局，另一方面通过组织俱乐部之间的交流活动及开展俱乐部培训工作，很好地解决了体育社会组织治理能力培育问题，从而有效发挥了上海市社区体育健身俱乐部的整体效应。这一枢纽式管理模式在当下我国体育社会组织数量众多、小型分散的情况下，是值得研究与借鉴的。

（2）组织层面：加快意识调适与角色转型，实现治理主体地位的自我强化。体育社会组织一要充分认识到有"为"才有"位"，除了要积极发展体育专业技能和治理能力，建立组织核心竞争力，还要在治理过程中充分展示其对公众体育服务需求的准确理解、动态把握和及时回应的显著优势，实现职能的有效替代。二要树立主体观念和意识，明确认识到自身在体育治理中无可替代的角色和地位，突破自我"工具主义"的发展策略，积极主动地为民众提供公共体育服务和反映群众体育诉求，由"被动"参与变为"主动"参与；并且尽可能利用当前市场化、社会化发展契机，从社会上汲取更多资源，实现自给自足，摆脱外部干预。三要提升社会感召力和公信力。积极通过私人关系、媒体宣传、公众呼吁或集体行动等正式和非正式手段展现体育社会组织的社会性、公益性和自治性等特征，增加知名度和树立好形象；同时处理好与政府、市场、媒体、社会公众之间的关系，不断向其展示组织的体育治理能力，进一步获得治理环境下各类主体的实质认可。

（3）合作层面：加快建立和完善协商机制，实现政社之间的合力共转。理性协商是治理成功进行的关键机制，通过协商的方式，不仅可以保证各治理主体在主观意识与客观行动上的协调一致，也可使体育决策责任分散、风险共担，更加科学化，更加贴近人民的真实需求。因此，在新的发展阶段，政府与体育社会组织之间应当尽快建构起相互平等、对话协商的合作机制，通过传达沟通、诉求表达、博弈谈判等动态协调方式推动体育治理目标的达成。在这方面，政府需进一步放宽对体育社会组织公共言论生产功能的限制和约束，让其进入决策环境进行公共体育利益表达，进而逐步实现"政府负责、社会协同、公众参与"的现代化治理范式。

2.法治：健全合作治理法律法规体系，保障体育社会组织体育治理参与

（1）规则强化：确立体育社会组织在体育治理中的"合法地位"。必须要以法律的形式明确赋予体育社会组织治理主体身份，确立体育社会组织在体育治理中平等、独立、自主的主体地位，从而以体育社会组织的法理权威抵御政府的不当行政干预，实现权利制约权力。同时，在此基础上，还需进一步制定和完善体育社会组织参与体育治理的配套法规，对体育社会组织的工作方式和工作机制做出方向性指导和制度性安排，保障其治理行为的合法性与正义性。

（2）契约复位：划清政府部门与体育社会组织的权力边界。通过立法清晰地界定政府和体育社会组织在体育治理中的地位、关系以及行为边界，以契约来规范体育社会组织与体育行政部门的分工与合作，使其各司其职、各尽其责。西方发达国家体育善治均是以此为保障和依托而实现的。如英国政府与民间组织签订的《政府与志愿组织和社区组织关系框架协议》、澳大利亚的"全国性协议——携手合作"以及加拿大的《志愿与政府部门协议》等都明确了政府和体育社会组织间的职责关系。① 其次，法治是程序之治，仅有良善的体育治理规则是不够的，好经也会被念歪，为此还需建立一套较

---

① 郑振宇：《部分国家政府与体育社会组织关系的研究》，《首都体育学院学报》2018 年第 2 期，第 142 ~ 144 页。

为完善的体育治理程序规则，强化程序正义，减少政府行政、执法的随意性，使合作治理机制得到进一步的固化与保障。

（3）制度界定：明确体育社会组织适当治理范围与限度。随着新时期体育社会组织的发展，其参与体育治理的广度和深度必定会有大幅提升，涉足的领域也必定会更加多样化、扩大化。为防止体育社会组织在涉足新领域时"触雷"，与政府发生碰撞，以及更好地激发体育社会组织活力，应尽快推动建立体育治理领域的"负面清单"制度，即政府以清单方式明确列出禁止和限制体育社会组织参与治理的行业、领域和业务等，清单以外则由体育社会组织自由发挥，政府无权任意干预。

3. 慧治：加强合作治理技术方法支撑，优化体育社会组织体育治理参与

（1）治理技术现代化。实现治理现代化必定要以现代化的科学技术做支撑。为此，必须积极将现代先进技术，包括计算机技术、无线通信技术、信息化管理技术等引入体育治理中，为政、社的信息共享和互动参与提供更加便捷有效的方式，为治理政策和方案的制定提供更加科学合理的依据。

（2）治理工具多样化。除传统媒体外，互联网、微信、微博等新型媒介具有影响力大、辐射面广、互动性强等特点，应广泛、灵活地应用这些工具来推介体育社会组织治理开展的典型事件来为其塑造良好形象。在这方面，一个典型的案例是徐州暴走团的慧治。徐州暴走团自媒体大篇幅报道以来，一直被贴上扰民、影响交通的标签，尤其是一名暴走者的突然死亡，更是为其蒙上了一层阴影。在各方高度关注下，徐州市政府在肯定暴走运动的基础上，提炼出暴走的优点并将之更名为"健步走"，通过多方媒体的宣传推动，扭转了暴走运动的负面形象。①

（3）治理目标精准化。体育治理的面越大，治理不好就容易放空，为此体育治理工作必须抓准、抓细、抓紧、抓实。在这方面，国际奥委会提出了体育对实现可持续发展的重要使命，包括：①促进健康和预防疾病；②实

---

① 郇昌店、张伟：《群众性体育活动的草根动员与政府治理转型》，《体育科学》2018年第12期，第11~18页。

现素质教育；③促进性别平等；④借助体育促进城市可持续发展和人居环境改善；⑤以体育推进和平；⑥通过体育发展人力资本和挖掘人的潜力。① 这一框架已被许多国家采纳为体育治理的行动指南，未来我国也可尝试将该框架引入作为体育社会组织治理参与的目标导向，进一步提高其治理水平和治理效应。

参考文献

［1］黄晓勇：《中国社会组织报告（2018）》，社会科学文献出版社，2018。

［2］《习近平：只有回看走过的路、比较别人的路、远眺前行的路，弄清楚我们从哪儿来、往哪儿去，很多问题才能看得深、把得准》，人民网，http：//bbs1. people. com. cn/post/1/1/2/165950390. html，2018 – 4 – 4。

［3］刘春：《当代中国会组发展史研究》，中国社会科学院研究生院博士学位论文，2013。

［4］卢元镇：《论中国体育社团》，《北京体育大学学报》1996 年第 1 期，第 1～7 页。

［5］唐文玉：《社会组织公共性的生长困境及其超越》，《上海行政学院学报》2016 年第 1 期，第 105～110 页。

［6］王凯珍、汪流、黄亚玲等：《全国性体育社团改革与发展研究——基于学理层面的思考》，《天津体育学院学报》2010 年第 1 期，第 6～9 页。

［7］黄亚玲：《中国体育社团的发展——历史进程、使命与改革》，《北京体育大学学报》2004 年第 2 期，第 155～157 页。

［8］戴红磊：《中国体育社会组织治理研究》，大连理工大学博士学位论文，2016。

［9］杨桦、王凯珍、熊晓正等：《改革开放以来我国群众体育的发展演进与思考》，《北京体育大学学报》2005 年第 6 期，第 721～726 页。

［10］陈静霜：《中国体育社团发展的困惑、外部成因及未来趋势》，《体育学刊》2014 年第 3 期，第 40～43 页。

［11］周永平：《现阶段我国民间组织发展的制度环境分析》，中共中央党校硕士学位论文，2007。

---

① 黄河、陈林会、刘东升等：《基层体育治理的学理基础、现实图景与应对策略》，《体育科学》2018 年第 2 期，第 22～29 页。

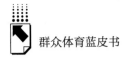

［12］陈鹏：《中国社会治理40年：回顾与前瞻》，《北京师范大学学报（社会科学版）》2018年第6期，第12~27页。

［13］陆小聪、吴永金：《体育与民情：国家与社会视角下近代中国体育进程的再思考——兼论对体育社会组织改革的反思》，《体育科学》2016年第9期，第3~9页。

［14］汪流、王凯珍：《我国体育类民办非企业单位发展研究》，《北京体育大学学报》2010年第8期，第23~26页。

［15］刘明生：《公共服务背景下城市社会体育组织发展模式研究——以上海市为例》，上海体育学院博士学位论文，2010。

［16］康宗基：《改革开放以来我国民间组织管理体制的回顾与展望》，《理论导刊》2010年第8期，第4~6页。

［17］冯晓丽、董国珍：《从身份认同到规制、规范：我国民间体育组织评估政策变迁》，《成都体育学院学报》2010年第10期，第47~51页。

［18］陈丛刊、魏文：《我国体育社会组织治理方式分析与启示》，《体育文化导刊》2018年第4期，第10~14页。

［19］张紧跟：《NGO的双向嵌入与自主性扩展：以南海义工联为例》，《重庆社会主义学院学报》2014年第4期，第86~94页。

［20］黄建：《民主政治视域下中国非政府组织发展研究》，中共中央党校博士学位论文，2014。

［21］葛道顺：《中国社会组织发展：从社会主体到国家意识——公民社会组织发展及其对意识形态构建的影响》，《江苏社会科学》2010年第3期，第19~28页。

B.5

新中国成立70年来我国群众性
冰雪运动发展回顾与展望

张瑞林　王先亮*

摘　要： 回顾新中国成立70年以来我国群众性冰雪运动发展历程，揭示群众性冰雪运动发展规律与特征，展望未来群众性冰雪运动发展趋势。本文在史料分析、田野调查、市场调研和权威资料解读的基础上，研究分析了我国群众性冰雪运动发展历程、发展现状和未来趋势。研究得出：我国冰雪运动历经自由化发展、探索发展和快速发展三个历史阶段。当前群众性冰雪运动发展进入新时代，场地设施处于快速增长期，场地数量实现了快速增长，场地布局较为广泛，场地类型日益丰富。冰雪运动参与者数量在不断增长，但人均冰雪运动参与次数和冰雪运动渗透率偏低，处于滑雪运动发展的初级阶段。冰雪运动内容呼应了冬奥会的热点，群众参与冰雪运动的项目出现从单一到分化并日益多元的趋势。冰雪运动呈现出融入全民健身、与冬奥会交相呼应、普及有待强化的显著特征。未来，应协同治理大力推行冰雪运动普及，转型发展推进冰雪运动融入生活，加强保障继续推动冰雪运动场地建设，产业强体推进冰雪运动服务升级，人才兴体强化冰雪运动人才培养。

---

* 张瑞林，吉林体育学院教授，教育学博士，博士研究生导师，研究方向：体育管理与体育教育；王先亮，济南大学副教授，管理学博士，硕士研究生导师，研究方向：体育管理与体育产业。

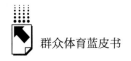
关键词： 新中国　新时代　群众性冰雪运动

追溯历史，中国冰雪运动具有深厚的文化和深远的传承，历史上的"冰嬉"可以追溯到宋代①；面对现实，自新中国成立70年以来，冰雪运动揭开了崭新的篇章，群众冰雪运动融入了现代元素并走向世界，尤其是冬奥会的承办将推动我国冰雪运动掀起新的高潮。为了尽可能真实刻绘新中国成立以来我国群众性冰雪运动全貌，本研究立足史料分析、田野调查、市场调研，并结合《中国冰雪旅游发展报告（2018）》《中国冰雪产业发展研究报告（2018）》《中国滑雪产业白皮书（2018年度报告）》等有关资料②，回顾群众性冰雪运动的发展历程，分析群众性冰雪运动时代特征，探索未来冰雪运动的发展趋势。

一　追溯：新中国成立70年来群众冰雪运动历程

新中国成立以来，我国群众性冰雪运动历经3个发展阶段③。第一阶段为自由化发展阶段（1949~1980年），该阶段具有自由化、松散性特征，在新中国百废待兴的历史条件下，参加冰雪运动受到区域、资源和气象条件的限制，群众性冰雪运动活动主要在东北地区和华北地区开展。参与形式主要分两类：一类是民族民间冰雪运动，人们利用身边的冰雪资源，开展堆雪人、打雪仗、打爬犁、溜冰滑冰，很多少数民族也开展了丰富的冰雪运动，如满族结合民族特色开展的抽冰嘎、雪爬犁、坐冰车等。另一类是学校冰雪

---

① 韩丹：《论我国古代滑冰的鼎盛时代：说清代的"冰嬉"》，《冰雪运动》1998年第1期，第70~72页。
② 伍斌、魏庆华：《中国冰雪产业白皮书（2018年度报告）》，2018；中国旅游研究院：《中国冰雪旅游发展报告（2018）》，2018；国际数据集团、华腾冰雪：《中国冰雪产业发展研究报告（2018）》，2018。
③ 赵永哲、孙宏伟：《多媒体课件在滑雪教学中的应用》，《冰雪运动》2006年第1期，第89~90页。

运动的开展，东北地区进入冬季体育课堂，学校拥有浇冰场传统，滑冰成为学生们的必修课。该阶段群众性冰雪运动发展相对松散，以民族民间自发开展为主要形式。第二阶段为探索发展阶段（1980~2000年），该阶段冰雪运动受到社会更多的关注，冰雪运动项目向规范化发展，标志性事件为1980年中国第一次参加冬奥会，虽然没有获得奖牌，但让更多的国人意识到冰雪运动的国际化。其间，1996年哈尔滨市承办了第三届亚洲冬季运动会，也开启了标准化滑雪场、滑冰馆建设的先河。受国际、国内冰雪运动赛事等影响，群众参与冰雪运动越来越广泛，参与人数增多，参与地区扩展到东北、华北之外的更多地区，参与项目的规范化程度也逐渐提升。第三阶段为快速发展阶段（2000年至今），进入21世纪经济社会发展翻天覆地，良好的经济基础和社会氛围促进了群众性冰雪运动的开展，冰雪运动场地逐渐增多，冰雪运动消费成为热点，冰雪运动成为人们健身、休闲、娱乐的重要选择。尤其是2015年北京冬奥会申办成功以来，群众性冰雪运动发展再次换挡提速。

二 现状：群众性冰雪运动进入新时代

进入新时代，群众性冰雪运动也迎来前所未有的发展机遇，"健康中国"促进群众体育活动深入开展，美好生活促成冰雪运动时尚需求，冬奥会点燃冰雪运动热情。第一，"健康中国"国家战略引领冰雪运动发展。2016年10月25日，中共中央、国务院印发了《"健康中国2030"规划纲要》，推行"健康中国"国家战略；2019年6月24日，国务院印发《关于实施健康中国行动的意见》，明确提出健康中国行动的具体方案；党和国家高度重视全民健康，专门制定"健康中国"国家战略和行动计划，促进健康关口前移，倡导全民养成健康生活方式，全面实施全民健身，冰雪运动是全民健身和群众体育的重要内容，促进冰雪运动开展是健康中国的题中应有之义；在宏观层面"健康中国"国家战略的引领下，冰雪运动获得了良好的发展环境与发展机遇。第二，社会主要矛盾转化激发冰雪运动潜力。进入

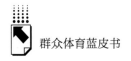

中国特色社会主义新时代，社会主要矛盾已经转化为人民日益增长的美好生活需要和不平衡不充分的发展之间的矛盾，美好生活诠释了社会公众需求的多样化，冰雪运动作为高层次的社会消费需求，是美好生活的重要构成内容，参加冰雪运动成为社会消费热点和时尚体育运动①。第三，冬奥会提供了冰雪运动发展契机。2015 年 7 月 31 日，北京、张家口获得 2022 年冬奥会承办权，国家不仅重视举办冬奥会，更重视冰雪运动的普及工作，提出"3亿人参与冰雪运动"的目标，群众掀起了参与冰雪运动的高潮。"健康中国"国家战略的引领，社会主要矛盾转化的需求，冬奥会举办的契机，最终促成了冰雪运动进入了"冬奥时刻"、进入了"中国新时代"。

（一）冰雪运动场地：步入奥运周期

冰雪运动场地是冰雪运动的主要设施和冰雪运动开展的物质条件保障。我国冰雪运动场地建设肇始于 1996 年第三届亚洲冬季运动会，哈尔滨开启了中国冰雪场地建设的先河，1996 年全国共有滑雪场地 9 个，滑冰馆 3 座②。

从滑雪场地数量分析，我国滑雪场地实现了快速增长。1996 年全国滑雪场地 9 个，2000 年全国滑雪场地 50 个，2010 年全国滑雪场地 270 个，2015 年全国滑雪场地 568 个，2016 年全国滑雪场地 646 个，2017 年全国滑雪场地 703 个，2018 年全国滑雪场地达到 742 个。2000 年以来，全国滑雪场地数量快速增长，年均滑雪场地增长速度达到 16%，其中，2000 年滑雪场增长速度较快，其原因在于滑雪场基数偏少；2015 年又出现了一次较大幅度的增长，增长速度达到了 23.5%，其原因在于冬奥会带动的滑雪场地建设高潮。目前冬奥会比赛场馆设施建设，已经进入冲刺阶段，2020 年北京冬奥会滑雪场地基本建设完成。全国滑雪场地的具体数据，如图 1 所示。

---

① 张瑞林：《我国冰雪体育产业商业模式建构与产业结构优化》，《体育科学》2016 年第 5 期，第 18～23、53 页。
② 张瑞林：《基于北京冬奥会视域下我国冰雪运动发展研究》，《吉林体育学院学报》2016 年第 1 期，第 1～4 页。

图1　我国滑雪场数量及增长速度

资料来源：《中国滑雪产业白皮书（2018年度报告）》。

从滑雪场地布局分析，我国滑雪场地分布较广。截至2018年，全国有28个省（区、市）建有滑雪场地，主要分布在东北地区、华北地区和西北地区，其中，滑雪场地数量排在全国前10位的省份分别是：黑龙江124个、山东65个、新疆60个、河北59个、山西48个、河南43个、吉林43个、内蒙古42个、辽宁38个、陕西34个。

从滑雪场地质量分析，我国滑雪场地质量参差不齐。构成滑雪场地质量的指标主要包括雪道面积、垂直落差、滑雪设施的完善程度等①，从数量上看，我国滑雪场地数量达到700多个，滑雪场地发达的美国有500个、加拿大有700多个，与国外相比我国滑雪场地数量规模看似较大，但是雪道长度和场地质量明显落后，排名前50的世界滑雪胜地，83%集中在阿尔卑斯山，13%集中于北美洲，而我国数量庞大的滑雪场地中缺乏高质量的滑雪场。2018年，我国滑雪场雪道面积达到了3500万平方米，超过30万平方米的滑雪场有29家；垂直落差超过300米的滑雪场26家，垂直落差小于100米的滑雪场576家；有架空索道的滑雪场有250家，占33.7%；拥有压雪车541台，每

① 荣玥芳、崔育新、刘德明：《冬奥会建设经验对哈尔滨市的启示》，《城市规划学刊》2005年第6期，第87～92页。

个滑雪场不足 1 台；拥有造雪机 7410 台，每个滑雪场平均接近 10 台。

从滑雪场地类型分析，我国滑雪场地类型丰富。从室内外滑雪场地分类看，2018 年全国室内滑雪馆 26 家，占总量的 3.5%，室内滑雪馆以人工造雪为主，多分布在我国南部和东部地区；户外滑雪场为 716 个，占 96.5%。按照滑雪运动目的划分为旅游体验型、城郊学习型和目的地度假型，我国滑雪场地中三种类型的比例分别为 75%、22% 和 3%，滑雪场地以较低层次的旅游体验型为主，综合度假型滑雪场地数量偏少。旅游体验型场地多以冰雪运动旅游为主，参与人群主要是体验滑雪运动，配套设施、场地质量基本满足滑雪者初级性需求，滑雪者多为一次性滑雪体验，属于较低层次的滑雪场地；城郊学习型滑雪场质量高于旅游体验型滑雪场，滑雪者主要为滑雪学习、滑雪技能培训的人群，属于中间层次的滑雪场地；目的地度假型滑雪场是综合性滑雪场，配套设施完善，场地质量较高，具有独特的冰雪运动特色，吸引着全世界的滑雪爱好者，属于最高层次的滑雪场地，如万科松花湖滑雪场、北大壶滑雪场等①。

从滑冰场地数量分析，滑冰场馆规模偏小。根据全国体育场地普查中对滑冰场地调查的类型，滑冰场主要包括室内冰球场、室内速滑场、室内冰壶场、室外人工冰球场、室外人工速滑场和室外人工冰壶场。根据《中国冰雪产业发展研究报告（2018）》，2018 年，全国滑冰场馆数量达到 334 家，比 2017 年增长 29%，通过商场体育综合体连锁经营的模式占比较高，连锁经营、品牌发展成为滑冰场馆运用的主要模式，主营业务为花样滑冰、冰球培训、滑冰散客，典型企业主要为冠军、欧悦、浩泰、飞扬、陈露、世纪星、全明星、缤纷万象、喜悦天地、华星辉煌、铭星冰雪、启迪宏奥、追风等十几家具有代表性的知名冰场连锁品牌。

从未来发展分析，根据《全国冰雪场地设施建设规划（2016～2022年）》，到 2022 年，全国滑冰馆数量不少于 650 座；滑雪场数量达到 800 座，

---

① 卢长宝、于然海、段奕君：《体育产业与旅游产业对接的长效机制》，《体育科学》2011 年第 9 期，第 27～33 页。

雪道面积达到10000万平方米。根据目前我国滑雪、滑冰场地的情况分析，滑冰馆建设任务较为艰巨，数量亟待增加；滑雪场数量较多，但滑雪质量偏低，目的地度假型滑雪场偏少，滑雪场雪道面积偏小，重视滑雪场数量增加的同时更应注重雪道面积、垂直落差和设施配备等。

总体来看，我国冰雪运动场地设施处于快速增长期，进入冬奥会场馆建设的冲刺阶段，冬奥会举办带动了冰雪运动场馆的建设。滑雪场地数量实现了快速增长，滑雪场地广泛分布于全国28个省份，场地类型日益丰富，但是滑雪场质量有待提升，雪道面积亟待增加，亟须加强目的地度假型滑雪场建设。滑冰场馆数量偏少，连锁经营、品牌发展成为滑冰场馆未来主要经营模式。

（二）冰雪运动人群：涌现奥运热潮

冰雪运动人群常称为滑雪者，滑雪者常用的统计指标为滑雪总人次和滑雪者数量，其中，滑雪总人次意指每年度或滑雪年度参加冰雪全部人次总数，是所有滑雪者参与滑雪总次数的指标；滑雪者数量为某一地区年度或滑雪年度参与滑雪的个体总数，是参与者总人数的描述指标。滑雪总人次和滑雪者数量，常用来描述一个国家滑雪人群参与情况，分析不同地区滑雪人群参与情况，描述分布在不同地区滑雪客源情况，描述滑雪场吸引客源情况等。

近5年来，我国滑雪总人次和滑雪者数量实现了快速增长，2014～2018年滑雪总人次分别为1250万人次、1510万人次、1750万人次、1970万人次和2113万人次，其中，2015滑雪年度滑雪总人次增长速度最快，达到了21%。2014年～2018年滑雪者数量分别为805万人、960万人、1133万人、1210万人和1320万人，其中，2015滑雪年度滑雪者数量增长最多，增长速度达到19%（如表1所示）。另外，滑雪者分析中常用人均滑雪次数描述初次体验者比例，常用滑雪渗透率描述一个国家滑雪者占国民总数的比例，2014～2018年我国年度人均滑雪次数分别为1.55次、1.57次、1.54次、1.63次、1.60次，平均为1.6次左右，总体处于偏低的水平；以2018年为例，当年度滑雪渗透率为 0.95%（以 2018 年度全国总人口为 13.9008 亿人计算），而同期瑞士、瑞典等滑雪发达国家滑雪渗透率在 4% 以上（数据源于《中国冰雪旅游发展报告（2018）》）。基于对人均滑雪次数和滑雪渗透率的分析，我国滑雪者大部分属于初次滑雪体验者，处于滑雪运动发展的初级阶段。

表 1　近 5 年我国滑雪总人次和滑雪者数量

	2014 年	2015 年	2016 年	2017 年	2018 年
滑雪总人次（万人次）	1250	1510	1750	1970	2113
人次增长速度（%）	—	21	16	13	7
滑雪者数量（万人）	805	960	1133	1210	1320
数量增长速度（%）	—	19	18	7	9
人均滑雪次数（次）	1.55	1.57	1.54	1.63	1.60

资料来源：《中国滑雪产业白皮书（2018 年度报告）》。

从滑雪场滑雪人次分布看，2018 年度排在前十名的省份依次为黑龙江、河北、吉林、北京、山西、浙江、内蒙古、新疆、山东、河南，年度滑雪人次分别为 221 万、210 万、184.4 万、176 万、115.5 万、100 万、97.8 万、96 万、94 万、93.4 万，黑龙江省和吉林省由于得天独厚的自然环境条件分别位居第一和第三，河北省和北京市借助于冬奥会的影响力分别位居第二和第四（如图 2 所示）。此外，从滑雪的客源城市分析，滑雪者数量居全国前十位的依次为北京、西安、沈阳、天津、乌鲁木齐、大连、济南、青岛、深圳和上海。

滑冰运动人群的统计数据缺乏，根据相关资料分析，我国滑冰场馆数量较少（仅有 300 多个）、专业运动型冰场居多（尤其是在东北地区，黑龙江省专业运动型冰场占 63%、吉林省专业运动型冰场占 70%），滑冰场馆数量少容纳的滑冰人群较少，专业运动型冰场居多，主要供专业运动员运动训练使用，因此，判断我国滑冰人群数量远少于滑雪者数量。同时，根据市场调研分析结果，滑冰者群体主要为滑冰技能培训、滑冰休闲娱乐、滑冰体验、

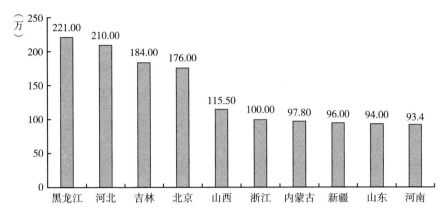

图2 滑雪人次分布

滑冰技能培训以青少年为主，青少年以学习技能和培养综合素质为主要目的，多在专业运动型场馆进行；滑冰体验和休闲娱乐以成年人群为主，多在商业综合体中的滑冰场所开展。

总之，在冬奥会效应的影响下，我国滑雪者数量和滑雪总人次在不断增长，人均滑雪次数和滑雪渗透率偏低，我国滑雪者大部分属于初次滑雪体验者，处于滑雪运动发展的初级阶段。滑冰人群统计数据缺乏，冰上运动参与者多以花样滑冰、滑冰培训和休闲娱乐为主。

（三）冰雪运动内容：呼应奥运热点

群众冰雪运动内容主要包括两个方面，一方面是群众参与冰雪运动的项目，另一方面是冰雪运动的服务内容。

2022年北京冬奥会共设置7个大项15个分项，具体包括短道速滑、速度滑冰、冰球、冰壶、花样滑冰、高山滑雪、跳台滑雪、越野滑雪、自由式滑雪、北欧两项、单板滑雪、雪车、钢架雪车、雪橇和冬季两项。我国群众参与冰雪运动的项目出现从单一到分化并日益多元的趋势，初始滑雪市场以嬉雪、体验为主，多参与初级双板滑雪，从我国初级型滑雪场较多的数据也可以反映出这一特点；中期自由式滑雪、单板滑雪、雪橇等项目逐渐增多；当前来看，越野滑雪、单板滑雪、双板滑雪、跳台滑雪等出现了越来越多的消费群体，以滑雪单板和双板销售量对比可以反映这一趋势，2018年全国单板销售数量达到38000副，而同期双板销售量仅为15000副。冰上运动项目表现出了类似的发展轨迹，初期滑冰人群中主要以滑冰技能培训为主，中期花样滑冰等备受青睐，当前滑冰消费中花样滑冰、冰球培训、速度滑冰体验、滑冰休闲等项目广受社会大众的欢迎。这一发展趋势，反映出随着冬奥会的成功申办以及筹办，冬奥会的知识、项目、文化在社会大众中广为传播，激发起群众参与、体验不同冰雪运动的热情，人们对冬奥会雪上和冰上运动项目等喜好范围越来越广泛，对不同运动项目的消费需求出现了分化和多样化。

从参与冰雪运动项目的形式分析，社会大众参与冰雪运动的形式多种多样。第一，按照参与群体不同划分，亲子型参与群体多以单个家庭或几个家庭共同参与为主，成员之间具有亲密的关系；散客型参与者以个体或多人为主要参与者，分散参加冰雪运动项目；专业型参与者以技术水平较高的个体为主，大部分通过冰雪运动协会、俱乐部等形式参加活动，具有较高的组织性。第二，按照参与区域的不同划分，主要分为境内参与者和境外参与者，境内参与者主要指在境内参加冰雪运动的群体，前面已经分析了境内参与者的特征，在此不再赘述；境外参与者以出境参加冰雪运动为主，或是参加专业赛事，或是进行冰雪休闲度假，根据中国滑雪产业白皮书数据，北京、天津和上海是境外参与群体的主要客源城市，境外滑雪时间多为6~8天，滑雪目的地以日本为主，其次是欧美国家，包括法国、瑞士、瑞典、加拿大、美国等。第三，按照参与活动形式划分，可以分为体验型参与、活动型参与、比赛型参与、习惯性参与，体验型参与者当前是我国冰雪运动的主要群体，其目的以感受冰雪运动项目和体验冰雪运动的乐趣为主；活动型参与，是指通过参加冰雪运动相关推广活动、宣传活动、公益项目、技能培训、体验课程等，其目的具有多元性；比赛型参与，是指群众通过参加群众性或团体性体育赛事的方式参加冰雪运动；习惯性参与是较高的参与方式，是冰雪运动爱好者经常性参加冰雪运动的行为。伴随举办冬奥会进程的深入，举办了越来越多的冰雪运动推广活动，在丰富群众参与冰雪运动方式和促进冰雪运动普及方面发挥了重要作用，影响力较大的活动包括3亿人参与冰雪运动、百万青少年上冰雪、冰雪运动进校园、全民冰雪运动会、全国滑雪场联盟成立、北京"冰雪大篷车"活动、张家口"雪上运动培训联盟"、"冬奥有我"北京市青少年体育文化夏令营、2019年国际雪联中国北京滑轮世界杯大众组赛事等。

从冰雪运动的服务内容分析，我国冰雪运动服务内容主要包括滑雪指导、滑雪技能培训、滑雪配套服务、滑雪设备销售、滑冰培训、滑冰指导、滑冰配套服务、滑冰设备销售服务、冰雪运动组织、冰雪旅游服务、冰雪赛事观赏等。我国冰雪运动服务起步相对较晚，服务内容正在逐步完善中，当前冰雪运动服务相对简单，缺乏高水平、高素质的冰雪运动服务人才。尤其是与冰雪运动服务发达国家已经进入场景化服务的现状相比，服务设施、服务内容、场景化建设等明显不足。其中有两个问题值得关注：第一，在滑雪、滑冰设备生产制造方面，低端设备重复制造和高端设备依赖进口的问题仍然存在，我国拥有的滑冰、滑雪发明专利数量在增多，但知识产权和装备品牌仍然不足[1]。令人欣喜的是，部分领域的冰雪设备制造，我国出现了突破，如山东嘉祥滑雪手套成为世界知名的供应商，占据了世界滑雪手套较大的份额，在国内市场的占有率达62.58%，出口占比达到行业的76.38%，并且注重科技创新制定了地方性滑雪手套标准[2]；再如"黑龙冰刀"三起三落，通过政策利好、科技创新又迎来了新生[3]。第二，冰雪赛事、冰雪职业赛事不仅是竞技体育，更是群众性冰雪体育活动的重要参与途径，也是引领群众冰雪运动的重要导向。但遗憾的是，我国冰雪赛事活动、冰雪职业联赛的体系尚未建立起来，近年来我国举办了全国大学生滑雪挑战赛、国际雪联中国北京滑轮世界杯、花样滑冰俱乐部联赛等系列赛事，但总体来看，我国

①　王之娟：《滑冰产业专利现状和趋势》，《中国发明与专利》2019年第4期，第63~68页。
②　张盖伦：《山东嘉祥：小手套"织"出大产业》，《发明与创新（大科技）》2015年第11期，第32~33页。
③　吴巍、张良祥、朱顺等：《从"黑龙冰刀"的重生探讨品牌的保护与创新》，《冰雪运动》2017年第2期，第78~81页。

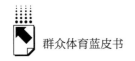

冰雪运动赛事活动仍然相对较少，缺乏高水平冰雪职业赛事，群众观赏和参与高水平冰雪赛事的机会有限。同时，冰雪职业赛事发展潜力巨大，如美国职业冰球联盟，年度进场观众数量达到 2150 万人次，每赛季比赛场次 1230 场次，并且产生了每年几十亿美元的可观收入①。

总之，我国冰雪运动的内容呼应了冬奥会的热点，群众参与冰雪运动的项目出现从单一到分化并日益多元的趋势，参与冰雪运动项目的形式分为体验型参与、活动型参与、比赛型参与、习惯性参与，以冬奥会为主题的冰雪运动系列活动深入开展。国内冰雪运动服务起步相对较晚，服务内容正在逐步完善，服务设施、服务内容、场景化建设等明显不足，同时冰雪装备服务和冰雪赛事有待加强。

（四）冰雪运动特征：体现奥运时尚

在冬奥会效应的影响下，我国群众性冰雪运动呈现出显著的奥运时尚特征，冰雪运动融入全民健身，冰雪运动与冬奥会相呼应，冰雪运动普及有待强化，总体来看我国冰雪运动特征有喜有忧、喜大于忧。

1. 冰雪运动融入全民健身

冰雪运动趣味性高、普及性强，深受广大青少年、成年人等不同群体的广泛爱好，在经济社会快速发展的基础上，体验和参加冰雪运动项目成为社会生活的时尚，近年来冰雪运动成为人们健身、休闲、娱乐的重要运动项目，成为全民健身热点领域②。冰雪运动健身功能显著，其独有的身体协调、身心融合、增强肌肉力量、提升灵敏素质等健身功能，对于促进人体健康、养成健康生活方式意义重大③，因此，冰雪运动成为全民健身的重要手段。扩大经常性参加体育运动的人口是推进全民健身的核心与关键，冰雪运动在北方寒冷地区是冬季人们健身的主要手段，同时，在北冰南展西扩等体

---

① 江小涓：《职业体育与经济增长：比赛、快乐与 GDP》，《体育科学》2018 年第 6 期，第 3～13 页。

② 姚瑶：《弘扬冰雪体育文化 助力"全民健身"战略》，《中国体育报》2019 年 6 月 17 日。

③ 吴迪：《让"冰雪热"为"健康中国"加油》，《工人日报》2018 年 1 月 4 日。

育战略的影响下，冰雪运动也成为我国其他地区人们健身的重要手段，冰雪运动的健身功能和趣味性元素，吸引更多的社会大众经常性参加体育活动，成为扩大体育人口、促进全民健身的有效路径。我国冰雪资源丰富，既有东北地区天然冰雪优势资源，又有西南地区、西北地区独特的冰雪风貌，不同地区冰雪运动的开展各具特色，并且赋予冰雪运动"中国文化"的标签，将民族文化、区域文化、民俗文化和武术文化等融入冰雪运动之中，让冰雪运动更具文化魅力。

2. 冰雪运动与冬奥相呼应

在健康中国建设、美好生活需求以及全民健身国家战略的综合效应下，发展冰雪运动是历史选择的必然，而冬奥会的申办、承办和举办为冰雪运动提供了前所未有的发展契机，赋予中国冰雪运动发展冬奥的印记。冬奥会与冰雪运动普及并驾齐驱，办奥理念促进冰雪运动普及。习近平总书记在考察北京冬奥会、冬残奥会筹办工作中，指出要落实"绿色、共享、开放、廉洁"的办奥理念，显示出普及冰雪运动和举办奥运会之间的关系，绿色、廉洁举办奥运会是为了通过举办奥运会为社会提供更好的冰雪运动环境，既包括生态环保的冰雪运动场地设施，也包括公平公正的冰雪运动文化，促进群众冰雪运动开展；共享和开放举办奥运会的理念，旨在让奥运举办的效应，惠及广大人民群众，而发展冰雪运动是实现共享和开放理念的重要途径。奥运举措促进冰雪运动普及，2019年3月31日，中共中央办公厅、国务院办公厅印发了《关于以2022年北京冬奥会为契机大力发展冰雪运动的意见》，三亿人参与冰雪运动的目标进一步明确，系统提出了普及冰雪运动、打造冰雪运动文化、发展冰雪运动产业的具体措施，特别要求健全群众冰雪组织、建设群众冰雪设施、丰富群众冰雪活动、加强冰雪运动宣传、广泛开展青少年冰雪运动、举办青少年冰雪赛事和发展校园冰雪运动等，指明了通过冬奥会发展群众性冰雪运动的方向和路径。奥运活动促进冰雪运动普及，为营造良好的冬奥会举办氛围，2022年北京奥组委以及北京、河北等相关省市举办了"我与冬奥""冬奥有我"等系列活动，系列活动的开展普及了冬奥知识和冰雪运动项目，宣传了冰雪运动的文

化，传授了冰雪运动技能，形成了良好的社会氛围，为冰雪运动普及提供了支撑条件。

3. 冰雪运动普及有待强化

外部环境与发展机遇难得，我国冰雪运动快速发展，但依然存在三个突出的问题：冰雪运动普及有待强化、冰雪运动保障亟须加强、冰雪运动服务亟待升级。冰雪运动普及有待强化：国内滑雪人次已经突破2000万大关，但是冰雪运动者数量仍然偏少、比例偏低，突出表现为冰雪运动参与者数量少、冰雪运动渗透率低、体验型冰雪运动者居多，综合判断我国是巨大的冰雪运动初级市场，但也是冰雪运动潜力市场和冰雪运动增长快速的市场。冰雪运动保障亟须加强：冰雪运动场地建设进入提质增效阶段，冰雪场地数量不足、场地质量较低、场地类型不丰富，仍然困扰着冰雪运动的普及，加强冰雪运动保障条件建设引领和促进冰雪运动普及是不二选择。冰雪运动服务亟待升级：冰雪运动服务是普及冰雪运动和满足人们美好生活需求的供给侧，有效和高质量的冰雪运动服务供给是普及冰雪运动的关键，但是当前我国冰雪运动服务水平较低，服务内容不完善，缺乏高质量的服务载体，科技创新能力偏低，现代化的冰雪服务体系尚未建成。

总之，我国冰雪运动奥运特征显著，冰雪运动融入全民健身成为"健康中国"建设的重要手段，冰雪运动与冬奥相呼应、相互促进，同时冰雪运动存在的普及有待强化、保障亟须加强、服务亟待升级的问题也不容忽视。

三 展望：群众性冰雪运动发展新趋势

新中国成立70年以来，党和国家高度重视群众性冰雪运动，并将冰雪运动开展作为经济社会、区域一体化发展的重要举措，在此契机下冬奥会驱动冰雪运动在我国快速发展，未来一个时期内，冰雪运动呈现出与冬奥会协同发展的趋势，要重点开展以下工作。

（一）协同治理大力推进冰雪运动普及

由于我国冰雪运动发展具有显著的初级市场特征和明显的公众效益，政府等公共部门适度参与必不可少。因此，普及冰雪运动过程中，必须要树立协同治理理念，形成政府引导、企业主导、社会参与的发展格局。发挥政府引导作用，利用国家政策、部门规章、规划计划等，科学规划冰雪运动发展，建立财政、税收、土地、创新等政策措施，大力开展冰雪运动公共服务，激发社会各界参与冬奥会、融入冰雪运动的活力；并且特别注重将冰雪运动纳入健康中国、全民健身等国家战略体系，进一步提高冰雪运动的地位和作用。形成企业主导冰雪体育发展的合理定位，支持企业投资发展冰雪运动，广泛开展冰雪运动场地建设、健身指导、体育旅游等活动，形成冰雪运动普及和推广的市场机制。积极推动社会参与冰雪运动，加强冰雪体育组织、冰雪运动俱乐部等社会组织建设，加强冰雪运动指导员队伍建设，引导社会大众参与冰雪运动。政府、企业和社会协同治理普及冰雪运动是冰雪运动发达国家的通行做法，也无疑将成为我国普及和推广冰雪运动的重要理念和方法，协同发力、广泛参与、共同推进将成为我国冰雪运动发展的重要方向。

（二）转型发展推进冰雪运动融入生活

当前我国发展冰雪运动的关键在于提升参与人口、构建冰雪运动的群众基础。第一，促进冰雪运动向人们的生活方式转型，将冰雪运动融入社会大众的生活，通过广泛宣传、举办活动、公益指导、公益培训、免费体验等培育措施，吸引更多的人群参与到冰雪运动中，体验冰雪运动的乐趣，发挥冰雪运动的多重功能，逐渐将参加冰雪运动转化为人们的日常生活方式，将冰雪运动打造成社会美好生活的重要内容。第二，促进大众由体验冰雪运动向爱好冰雪运动转型，加强冰雪运动市场分析、冰雪运动体验跟踪、冰雪运动习惯养成，促进社会大众多次甚至经常参与冰雪运动，培养冰雪运动的爱好者，促进冰雪运动体验者向爱好者转型，促进我国由冰雪运动初级市场向成熟市场转型。第三，加强青少年冰雪运动开展，继续深入开展百万青少年上冰雪、冰雪

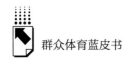

运动进校园等活动，开展冰雪运动冬令营、夏令营等品牌性活动，培训建设冰雪运动体育教师、青少年培训教师队伍，将青少年培养成冰雪运动的生力军。

（三）加强保障继续推动冰雪运动场地建设

继续推动冰雪运动场地建设，有力保障冰雪运动开展。第一，注重冰雪运动场数量扩大的同时，更加注重冰雪运动场地质量的提升。根据社会冰雪运动需求，进一步建设一批滑雪场地和滑冰场地，适度围绕群众喜好的冰壶、冰球等运动项目建设冰雪运动场地。关注冰雪运动场地质量提升，注重滑雪场垂直落差、架空索道等配套设施建设，注重冰上运动项目场地的规范和配套服务，利用冬奥会场馆建设打造一批高质量冰雪运动场地，推动冰雪运动场地进入世界滑雪胜地、滑冰胜地。第二，促进冰雪运动场地升级换代，紧跟国家冰雪运动场地发展趋势，打造综合型、度假型滑雪场，建设滑冰体育综合体，逐步改善我国体验型和学习型场地偏多的类型结构，未来目的地度假型冰雪运动场地将更受关注。

（四）产业强体推进冰雪运动服务升级

大力发展冰雪运动产业，完善冰雪运动产品和服务体系，促进我国由冰雪初级市场向成熟市场升级。一是培育冰雪运动企业主体，一方面鼓励自主性冰雪运动企业的发展和品牌塑造，支持冰雪运动装备制造和冰雪运动服务企业专业化发展；另一方面，鼓励知名企业和知名体育品牌发展冰雪运动产业。二是丰富冰雪运动产品和服务，在冰雪运动体验、休闲和娱乐等初级性服务的基础上，积极推出冰雪运动指导、冰雪运动团建、冰雪技能培训、冰雪体育旅游等类型多样的产品，丰富冰雪运动产业的供给侧。三是促进冰雪运动服务升级换代，大力开展综合性度假式冰雪运动服务，系统开展冰雪运动服务场景化升级。四是积极发展冰雪运动装备制造业，鼓励科技创新、专利申报、标准研制，鼓励国内体育用品制造企业研发冰雪运动装备和跨国并购，建设冰雪运动装备制造的民族品牌。五是大力开发冰雪运动赛事市场，积极申办承办国际性冰雪运动赛事，建立中国冰雪职业赛事体系。

（五）人才兴体强化冰雪运动人才培养

以人才兴体为支撑，强化冰雪运动人才培养。鼓励和支持高等院校结合学校特色与优势，开设冰雪运动专业，培养高素质复合型冰雪运动人才，核心在于培养高技能冰雪人才和经营管理冰雪人才。建设冰雪运动人才职业资格体系，加强冰雪运动工作人员职业能力培训和培养，全面实施冰雪运动职业资格制度，确保持证上岗、持证经营。加强冰雪运动社会体育指导员队伍建设，在社会体育指导员队伍中专门培养一批冰雪运动指导员，从事冰雪运动社会体育指导工作。

回顾分析新中国成立70年以来群众性冰雪运动的发展，群众性冰雪运动快速发展并步入新时代，冰雪运动场地建设步入奥运周期，冰雪运动人群涌现奥运热潮，冰雪运动内容呼应奥运热点，冰雪运动特征体现奥运时尚，普及和发展冰雪运动将成为健康中国和全民健身国家战略以及办好冬奥会的重要组成内容；展望未来，我们应围绕冰雪运动趋势，协同治理大力推行冰雪运动普及，转型发展推进冰雪运动融入生活，加强保障继续推动冰雪运动场地建设，产业强体推进冰雪运动服务升级，人才兴体强化冰雪运动人才培养。

参考文献

［1］韩丹：《论我国古代滑冰的鼎盛时代：说清代的"冰嬉"》，《冰雪运动》1998年第1期，第70~72页。

［2］伍斌、魏庆华：《中国冰雪产业白皮书（2018年度报告）》，2018。

［3］中国旅游研究院：《中国冰雪旅游发展报告（2018）》，2018。

［4］国际数据集团、华腾冰雪：《中国冰雪产业发展研究报告（2018）》，2018。

［5］赵永哲、孙宏伟：《多媒体课件在滑雪教学中的应用》，《冰雪运动》2006年第1期，第89~90页。

［6］南相华：《信息技术在冰上体育教学中的应用》，《冰雪运动》2006年第3期，第98~99页。

［7］余莉萍、任海：《冬季奥运会开展环境教育的现实诉求、历史基础与价值前

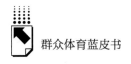
瞻》,《北京体育大学学报》2018年第3期,第87~94页。

[8] 刘大鹏、王海、唐云松:《文化自信视域下我国滑雪运动发展历史及其文化传承》,《冰雪运动》2018年第2期,第75~79页。

[9] 孔垂玥:《中美冰雪运动历史、现状及发展对比研究》,《运动》2017年第22期,第9、13页。

[10] 马伶:《冬奥会项目设置的历史演进研究》,首都体育学院硕士学位论文,2017。

[11] 刘佳男、孙柏枫:《满族冰雪运动的历史渊源与演进》,《中国学校体育(高等教育)》2016年第1期,第39~46页。

[12] 刘洋、王邵励:《中国冰雪运动的历史轨迹与发展机遇:基于"挑战—应战"理论》,《中国学校体育(高等教育)》2015年第2期,第27~30页。

[13] 阚军常、张宏宇、王紫娟:《我国冬季传统体育的历史与传承》,《冰雪运动》2011年第1期,第69~72、83页。

[14] 张瑞林:《我国冰雪体育产业商业模式建构与产业结构优化》,《体育科学》2016年第5期,第18~23、53页。

[15] 张瑞林:《基于北京冬奥会视域下我国冰雪运动发展研究》,《吉林体育学院学报》2016年第1期,第1~4页。

[16] 荣玥芳、崔育新、刘德明:《冬奥会建设经验对哈尔滨市的启示》,《城市规划学刊》2005年第6期,第87~92页。

[17] 易剑东:《中国冰雪产业的春天来了》,中视体育,http://news.hexun.com/2016-01-21/181944721.html。

[18] 王诚民、郭晗、姜雨:《申办冬奥会对我国冰雪运动发展的影响》,《体育文化导刊》2014年第11期,第53~56页。

[19] 卢长宝、于然海、段奕君:《体育产业与旅游产业对接的长效机制》,《体育科学》2011年第9期,第27~33页。

改革创新篇

Reform and Innovation

B.6

新时代全民健身公共服务
体系建设的理论与实践

戴健 史小强 *

摘　要： 近年来，随着全民健身领域的研究者和实践者进行大量深入
细致的工作，我国覆盖城乡、比较健全的全民健身公共服务
体系初步形成。但中国特色社会主义进入新时代后，怎样研
判新时代全民健身公共服务体系的主要特征和基本内容，怎
样弄清我国目前全民健身公共服务体系存在的问题和不足，
怎样有的放矢、对症下药，提出更有针对性、更符合国情发
展的对策措施，逐渐成为我国社会普遍关注和理论研究的热
点问题。基于此，笔者从对"全民健身公共服务"本源概念

＊ 戴健，上海体育学院教授，教育学博士，博士生导师，研究方向：公共体育服务、体育产业
管理；史小强，教育学博士，讲师，研究方向：群众体育评估、体育管理。

的认知以及全民健身公共服务体系建设的实践出发，提出了新时代全民健身公共服务体系建设的战略建议：第一，树立"以人民为中心"的新型政务理念；第二，完善"统一规划、统一标准、统一建设"的新型顶层设计；第三，架构"共建共治共享"的新型组织体系和运行机制；第四，加强"智能化、数据化"的新型供需平台建设；第五，强化"群众监督、群众满意"的绩效考核机制。

关键词： 群众体育　全民健身　公共服务

"全民健身"概念首次被提出的时间是 1987 年[①]，直到 2011 年时任国家体育总局局长刘鹏在当年全国群众体育工作会议中提出要构建完善的"全民健身公共服务体系"[②]。由此"全民健身公共服务体系"一词被正式纳入党和国家公共服务事业总体布局和群众体育理论之中，构建"全民健身公共服务体系"成为我国群众体育事业战略规划中的一项重要任务。

2015 年 12 月 23 日，国务院新闻办公室举行发布会，时任国家体育总局局长刘鹏在介绍《全民健身计划（2011～2015 年）》实施效果总体评估情况时指出，"十二五"期间，党和政府高度重视全民健身事业工作，各级政府和体育主管部门围绕《全民健身计划（2011～2015 年）》中提出的"形成覆盖城乡比较健全的全民健身公共服务体系"这一总体目标持续发力，政府主导、部门协同、全社会共同参与的全民健身工作格局基本形

---

① 马宣建：《从奥运战略到协调发展战略》，《哈尔滨体育学院学报》1990 年第 3 期，第 5～9 页。

② 《起航 2011——精心开局 扎实起步 在新起点上取得群众体育工作新突破 刘鹏局长在 2011 年全国群众体育工作会议上的讲话》，《新体育·社会体育指导员》2011 年第 2 期。

成，基本公共体育服务水平得到提升①。可见，"全民健身公共服务体系"的概念再次被中央官方肯定并一直沿用至今。

党的十九大以来，党中央、国务院对于全民健身公共服务事业的重视程度前所未有，习近平总书记亲自谋划和推动体育事业发展，把全民健身上升为国家战略，把体育作为实现中国梦的重要内容，把全民健身作为人民追求幸福生活的重要举措。"广泛开展全民健身活动、加快推进体育强国建设"成为群众体育事业在中国特色社会主义进入新时代后的新的使命和任务②。几年来，在全国群体战线的共同努力下，全民健身蓬勃发展，全民健身作为体育产业发展和扩大消费的基础，其社会价值和综合作用得以更加充分的彰显。《全民健身计划》实施效果明显，公共体育服务体系建设速度加快，全民健身意识极大增强，城乡居民身体素质有所提高。

然而，与当前经济社会发展水平和人民群众日益增长的健康、健身需求相比，与构建符合我国国情、新时代特征的现代全民健身公共服务体系的目标相比，目前全民健身公共服务体系建设水平仍需提高。当前，全民健身领域的"十四五"规划谋划在即，先期研究全民健身公共服务体系的发展具有重要的政策意义和实践价值。因此，我们必须站在新的历史起点上，深入思考中国特色社会主义新时代为什么要建立健全全民健身公共服务体系、什么是新时代的全民健身公共服务体系、怎样不断健全完善新时代全民健身公共服务体系，并最终使人民群众在全民健身公共服务领域有更实在、更丰富的安全感、归属感、满足感、获得感、成就感、荣誉感。

---

① 国务院办公厅：《〈全民健身计划（2011～2015年）〉实施效果评估报告》，http：//www. gov. cn/guowuyuan/vom/2015 - 12/24/content_ 5027197. htm，2015 - 12 - 24。

② 习近平：《决胜全面建成小康社会 夺取新时代中国特色社会主义伟大胜利》，http： // sports. people. com. cn/n1/2017/1018/c22155 - 29594985. html，2017 - 10 - 18。

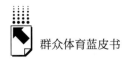

一 使命呼唤：新时代全民健身公共服务 体系建设的背景意义

（一）新时代：健全全民健身公共服务体系面临新形势

中国特色社会主义进入新时代，我国社会主要矛盾已经转化为人民日益增长的美好生活需要和不平衡不充分的发展之间的矛盾。反映到全民健身方面，就是人民群众日益增长的多元化、个性化、复杂化的体育需求与全民健身公共服务有效供给不充分不平衡之间的矛盾。如何更好地充分满足广大人民群众对健身健康的需要和对美好生活的追求，实现均衡发展，是未来全民健身公共服务工作努力的方向，也是时代赋予我们的历史使命。

新时代全民健身公共服务工作的意义和作用远远超出体育范畴，它不是体育部门一家的工作，而是一项综合性工作，涉及众多部门，需要统筹协调。强化各级政府、各个部门的责任，调动政府、市场、社会以及公民个体的积极性，推动全民健身公共服务工作更广泛、更深入地开展起来，才能实现健身、健康更高质量、更有效率、更加公平、更可持续的发展，提升人民的幸福感。

（二）新时代：健全全民健身公共服务体系蕴含新意义

首先，它是学习和贯彻习近平总书记关于体育工作重要指示的根本遵循。习近平总书记对我国体育工作高度重视，特别提出把推动全民健身作为满足人民群众追求美好生活的重要举措。例如"落实全民健身国家战略，不断提高人民健康水平"、"全民健身计划就是全民幸福计划"以及"全民健身是全体人民增强体魄、健康生活的基础和保障，人民身体健康是全面建成小康社会的重要内涵，是每一个人成长和实现幸福生活的重要基础"。可见，习近平总书记把全民健身工作摆到了关乎国家前途命运、民族复兴的高度，指明了全民健身工作在党和国家事业发展全局中的战略定位。

其次，全民健身公共服务的发展与实践迫切呼唤理论创新和指导。理论建设的生命力在于创新，创新是理论建设的永恒主题。理论创新的过程就是发现问题、筛选问题、研究问题、解决问题的过程。① 新时代我国全民健身公共服务面临的新形势新任务迫切需要推进理论创新。党的十八大以来，我国全民健身事业不断砥砺前行，在实践上鲜明表现为全民健身事业的创新实践取得了不少新成就的同时，依然存在一些老问题、出现了一些新问题。例如，明确了"以人民为中心"的群众体育工作思路的同时，学术界对于我国体育领域的公共服务现象的指称问题还没有达成共识；在完善了"六个身边"工程服务体系的同时依然存在相应的绩效评估指标没有与时俱进，反映全民健身公共服务改革动态的指标尚未纳入新的评估体系中；居民健身意识不断增强的同时科学健身素养短板明显等问题。从理论的价值维度看，对上述实践突破和存在的问题加强研究阐释、作出崭新概括，正是全民健身公共服务理论工作者面临的新形势与紧迫任务。

最后，人民需求的不断升级和细化倒逼全民健身公共服务创新发展。当前，我国不同地域、不同人群、不同部门之间全民健身公共服务绩效不均衡等问题，仍是制约我国群众体育发展的瓶颈。无论是全民健身公共服务的供给方式还是公众对于全民健身公共服务质量的预期和感知，都发生了前所未有的变化。国家有关部门主动适应这些新变化，提出要从改进供给方式、完善绩效评估制度、创新工作机制等方面推动全民健身公共服务治理的新实践②。现在我国中等收入人群已经达到了 4 亿人，恩格尔系数达到了 29.3，比 2012 年下降了 3.7 个百分点③。按照国际组织的分析，我国的恩格尔系数已经达到了富足国家的标准。在这个背景下，人民群众对健身和健康的要求

① 习近平：《在哲学社会科学工作座谈会上的讲话》，http://cpc.people.com.cn/n1/2016/0519/c64094-28361550.html，2016-05-17。

② 史小强：《地方政府全民健身公共服务绩效：评估模型构建、实证分析与提升路径》，上海体育学院博士学位论文，2017。

③ 赵勇：《在 2018 年全国群众体育工作电视电话会议上的讲话》，http://ydyjk.whsu.edu.cn/info/1069/1721.htm，2018-04-20。

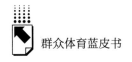

确实是前所未有的。广大群众对于全民健身公共服务的期盼呈现出一种井喷式的增长，而我们现在还远远满足不了老百姓的这些要求，身边的设施还太少，科学健身的指导还鞭长莫及、很不到位。

二 理论发展：新时代全民健身公共服务体系建设的基本内涵

正确理解新时代全民健身公共服务体系的概念，是新时代全民健身公共服务体系建设的重要前提和逻辑起点。正确阐释新时代全民健身公共服务体系必须严谨解读全民健身公共服务和公共服务体系的基本概念，并在此基础上透析新时代全民健身公共服务体系的新概念与新特征。

（一）新时代：全民健身公共服务体系建设的新概念

要明确新时代全民健身公共服务体系的概念，就要正确地理解它所直接包含的一个下位概念——全民健身公共服务，厘清它的基本概念将有助于我们更好地把握全民健身公共服务体系的涵义。现有"全民健身公共服务"概念的提出并不是空穴来风，它是由强调群众体育的"全民性"和"普遍性"的"全民健身"独立概念，逐渐过渡到注重群众体育的"服务性"和"保障性"的"全民健身+服务"结合概念，直到最终形成了关注群众体育的"公益性"和"公平性"的"全民健身+公共服务"复合概念，并最终得到了学界的认可[①]。

基本公共服务体系是指由各种保障公民生存、发展和追求幸福的基本公共服务组成的完整体系，其目标是人人都能均等地享有基本公共服务[②]。目前，学界对于"全民健身公共服务"覆盖的范围讨论众说纷纭、莫衷一是。但基本已经达成共识，即"全民健身公共服务"与"基本公共服务"应该

---

① 史小强：《地方政府全民健身公共服务绩效：评估模型构建、实证分析与提升路径》，上海体育学院博士学位论文，2017。

② 陈海威：《中国基本公共服务体系研究》，《科学社会主义》2007年第3期，第98~100页。

是一个包含所属的关系，认为"全民健身公共服务"的上位概念是"基本公共服务"①，全民健身公共服务是国家整体基本公共服务的一个重要组成部分，与其他领域的一般基本公共服务的关系既相互协调又互为补充。

近年来，学术界对于我国体育领域的公共服务现象的指称问题进行了诸多探讨，主要集中在"公共体育服务"、"体育公共服务"和"全民健身公共服务"三个概念之间的辨析、认识和使用上。官方文件中，三个概念都被认可和使用过。越来越多的学者认为"全民健身公共服务"应该仅仅指向体育领域中"群众体育"的公共服务内容，而不应该包括竞技体育和体育产业领域的公共服务要素（如制度、政策等）。而竞技体育和体育产业领域的公共服务要素则是"公共体育服务"或"体育公共服务"中不可缺少的组成部分。从某种意义上讲，"公共体育服务"或"体育公共服务"的内涵和外延应该比"全民健身公共服务"更加宽泛，指向领域更加丰富②。

新时代赋予我国全民健身公共服务体系建设新的内涵。据此，本文将以学者对全民健身公共服务体系的定义为框架基础，在习近平新时代中国特色社会主义思想以及习近平关于全民健身工作的一系列重要指示的指导下，深刻领会其丰富内涵，回应新的时代诉求，将新时代全民健身公共服务体系定义为："以习近平新时代中国特色社会主义思想为指导，以建设健康中国和推进全民健身国家战略为契机，以保障人民健身基本权益和满足社会公众美好健康生活需要为根本出发点和落脚点，以优化供给模式、提升服务绩效和完善保障机制为基本内容的一系列价值理念、社会共识、制度规范的总和。"

---

① 房斌：《全民健身公共服务体系构建的发展路径及对未来发展趋势的探究》，《体育与科学》2011 年第 5 期，第 44～48 页；王莉、孟亚峥、黄亚玲等：《全民健身公共服务体系构成与标准化研究》，《北京体育大学学报》2015 年第 3 期，第 1～7 页；刘志成：《我国城市社区全民健身公共服务体系构建研究》，《体育与科学》2012 年第 7 期，第 75～80 页。

② 史小强：《地方政府全民健身公共服务绩效：评估模型构建、实证分析与提升路径》，上海体育学院博士学位论文，2017。

（二）新时代：全民健身公共服务体系建设的新内容

全民健身公共服务体系要有自身鲜明的特色，我们不能照搬套用，而是顺应发展潮流，既要注重借鉴国外先进经验，又要注重与我国国情、民情和体情的结合，构建具有中国特色、具备时代特征的先进全民健身公共服务体系。我们认为，新时代全民健身公共服务体系需要从理念层面、制度层面、主体层面、内容层面和行为层面出发，建设健全统一的、多元的、动态的、综合性的完整体系。其中，理念是全民健身公共服务体系制度、主体、行为和内容的内化；制度是理念的外在依托，是主体、行为和内容的根本遵循；主体是理念和制度的执行者，行为和内容则是理念与制度层面的具体实践，是检验理念和制度是否在实践中得到贯彻和落实的判断依据。简单来讲，具体包括以下几个方面。

1. 理念层面：新时代全民健身公共服务建设基于"以人民为中心"的思想价值体系

先进正确的思想是任何事物向前发展的基础和保障。新时代全民健身公共服务体系的建设首先需要正确的思想引领，这样才能保证前进的方向和最终取得成效。习近平总书记心系人民，从价值、内容、实践三个方面科学缜密地构建了"以人民为中心"的发展思想①。新时代全民健身公共服务体系作为国家基本公共服务体系的重要组成部分，也必须坚持发展为了人民、发展依靠人民、发展成果由人民共享的根本理念，让全体人民在共建共享发展中有更多获得感。

首先，新时代全民健身公共服务体系的建设要坚持发展为了人民。聚焦于我国当前全民健身公共服务体系发展相对滞后的现状，习近平总书记多次强调全民健身的重要意义："群众体育是体育强国建设的根本，离开了根本，体育强国无从谈起。"他强调要从解决人民群众最关心最直接最现实的体

---

① 何艳玲、李志军：《论习近平"以人民为中心"发展思想构建的三重维度》，《湖湘论坛》2017年第3期，第5~10页。

育健身利益问题入手，增强政府职责，提高全民健身公共服务共建能力和共享水平，落实到具体实践，则需要以健康中国国家战略深化全民健身等工作。

其次，新时代全民健身公共服务体系的建设要坚持发展依靠人民。基于对当前我国政治、经济、社会和文化发展状况的理性审视，习近平总书记还将"人民主体"这一思想贯彻落实到国家建设各个方面全面深化改革的全过程，提出了"创新社会治理"的新理念，着重将"简政放权"作为改革的核心内容，并一再强调："该政府管的事一定要管好、管到位，该放的权一定要放足、放到位。"[1] 在该思想的指导下，全民健身公共服务领域也进行了大量的简政放权的治理实践探索，以"维护百姓体育健身权利"为主要出发点和落脚点，鼓励更多社会体育组织和公民个人参与到全民健身公共产品和服务的生产和供给过程当中，想方设法将体育主管部门不能做、不愿做的事情承接下来，释放了社会和市场活力，提升了全民健身公共服务的供给效率和供给质量。

最后，新时代全民健身公共服务体系的建设要坚持发展成果由人民共享。在以全民健康推进全面小康的部署中，习近平总书记进一步强调要把重点难点聚焦在农村、少数民族地区，"以农村和基层为重点，推动健康领域基本公共服务均等化……实现全民健康覆盖，促进社会公平"，深刻阐明了新形势下推进全民健身公共服务工作应当努力的方向，即实现全民健身公共服务指向所有公民，努力实现不让一个人掉队、惠及全民的共享发展目标。

2. 制度层面：新时代全民健身公共服务建设基于"标准化均等化"的政策法规体系

从宏观层面来讲，完善的新时代全民健身公共服务政策制度体系必须形成一个涵盖全面、主次分明的系统。所谓涵盖全面，是指全民健身公共服务政策法规的调整范围涵盖全民健身公共服务全过程。囊括全民健身公共服务

---

[1] 《习近平：该管的事一定要管好 该放的权一定要放足》，http://www.cnstock.com/v_index/sin_kx/201405/3038253.htm。

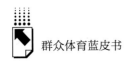

的工作、活动和行为全面实现制度化、规范化、程序化。所谓主次分明，是指全民健身公共服务政策制度体系就是以"标准化"、"均等化"为核心，以准则、办法、细则、规定等内容为主干，以决议、决定、意见、通知等全民健身公共服务其他规范性文件为配套措施的统一集合。

从中观层面来讲，要完善以"三大内容"为基本框架的全民健身公共服务政策制度体系，即在《全民健身条例》总体制度引领下，分为全民健身公共服务组织政策制度、全民健身公共服务内容政策制度、全民健身公共服务监督保障政策制度三大板块，形成主体、行为、监督保障三位一体的制度格局。

从微观层面来讲，不同领域的全民健身公共服务要功能清晰、左右联动，不重叠不冲突；不同位阶的全民健身公共服务政策制度要层次分明、上下配套，不越位不抵触；不同类型的全民健身公共服务政策制度要各就各位、相互匹配，实体性、程序性、保障性规范不缺位不脱节。

3. 主体层面：新时代全民健身公共服务建设基于"共建共治共享"的组织管理体系

组织环境理论认为，在一个组织系统中，组织本身之外，其余可以影响组织运行的因素都是组织体系的关键内容。这些要素是多元的、复杂的，是综合的，是根据环境不断变化着的。全民健身公共服务组织管理体系是否科学有序、完善合理，最终取决于其内部结构和外在要素是否吻合。新时代全民健身公共服务组织管理体系应该包括组织结构和运行机制两个子体系。

首先，新时代全民健身公共服务组织管理体系的结构是由政府、私人企业、科研院校、各类社会体育组织甚至社会公众等全民健身公共服务主体组成，通过开发和利用各种最新技术手段（包括大数据、计算机网络和通信设备），采用多种市场化服务方式，为全民健身公共服务产品的生产前、生产过程中、生产后提供各类人力、财力、物力和信息资源，最终推动我国全民健身公共服务高质量发展，是按照一定运行制度所组成的有机体系。

其次，新时代全民健身公共服务的运行机制包括分工机制、协同合作机制以及利益分配机制。《"十三五"推进基本公共服务均等化规划》提出要创新公共服务供给，培育多元供给主体，提出"紧扣增进民生福祉，加快推进社会事业改革，吸引社会力量参与，扩大基本公共服务有效供给，提高服务质量和水平"①。其中，"加快事业单位分类"、"积极引导社会力量参与"和"大力发展社会组织"等任务要求，为新时代全民健身公共服务组织体系的不断完善和发展指明了方向。

分工机制确保不同服务主体之间有明确的职能分工、清晰的职责范围。新时代政府在全民健身公共服务过程中更多扮演的角色是组织推动和监督管理者，主要目的在于为全民健身公共服务发展提供科学有效的制度保障。科研院校的职能可以通过构建全民健身智库，将科研成果以信息发布的方式传递给社会大众，结合全民健身公共服务工作所需人才的专业特点，为社会输送大批全民健身公共服务管理人才。社会体育组织是除政府和私人体育企业之外全民健身公共服务资源得到真正有效配置的"第三只手"，可以借助自身优势从事培训、调查、分析、咨询和评估等工作，解决一些政府和市场难以解决的百姓健身难问题，精准对接社区不同群体需求，提高全民健身公共服务质量。

协同合作机制是新时代全民健身公共服务实现"共建共治共享"组织管理的关键部分。全民健身公共服务协同合作机制就是要求在各利益相关者之间建立全过程、全领域的高效沟通渠道，降低协调沟通所产生的交易费用，团结各方关系。当前，我国已经逐渐形成了党委领导、政府主导、体育主管部门牵头、各部门齐抓共管的工作格局。中央、地方两级党委、政府高度重视全民健身公共服务工作发展领导机制建设，始终把全民健身公共服务工作作为健康中国、体育强国建设和促进经济社会和谐发展、提高百姓幸福生活水平的重要内容。其次，还有力推动全民健身公共服务综合治理体制的形成，不断强化全民健身公共服务联动机制。国家相关责任部门主动适应新

---

① 《国务院关于印发"十三五"推进基本公共服务均等化规划的通知》，http：//www.gov.cn/zhengce/content/2017－03/01/content_ 5172013. htm，2017－01－23。

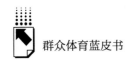
变化，构建了从上到下齐抓共管的工作机制。国务院建立了由 29 个部委组成的全民健身工作部际联席会议制度，据统计，截至 2018 年 3 月，全国已有 28 个省（区、市）328 个市 1723 个县建立了由政府牵头的全民健身领导协调机制①。

4. 内容层面：新时代全民健身公共服务建设基于"六个身边"工程的服务产品体系

从内容上看，新时代全民健身公共服务依然包括物质性全民健身公共服务和非物质性全民健身公共服务两大部分②。但在 2017 年 4 月 11 日，为了适应社会发展趋势，满足人民新的健身需求，国家体育总局局长苟仲文在全国群众体育工作电视电话会议中指出，体育战线牢牢把握群众体育"六个身边"工程，推动建立覆盖面广、功能完善的全民健身公共服务体系，不断提高全民健身公共服务均等化水平，确保到 2020 年实现人人享有基本体育健身服务的目标③。在原"三个身边"工程基础上提出了全民健身"六个身边"工程，其中包括完善群众身边的体育健身组织、建设群众身边的体育健身设施、丰富群众身边的体育健身活动、支持群众身边的体育健身赛事、加强群众身边的体育健身指导、弘扬群众身边的体育健身文化等内容。

以弘扬群众身边的体育健身文化为例，各地体育部门和卫生部门还联合建立健全体医结合协调发展机制，促进科学健身指导，实现全民健康。在群众身边的体育文化弘扬方面，首要任务是讲好群众身边的健身故事。目前，我国已经开展了全民健身征文及精彩图片征集等活动，拍摄全民健身影视作品，创造全民健身音乐、诗歌等文化作品，对全民健身参与者、全民健身志愿者、社会体育指导员、社会体育组织工作者等先进典型进行宣传，树立推

① 王莉、孟亚峥、黄亚玲等：《全民健身公共服务体系构成与标准化研究》，《北京体育大学学报》2015 年第 3 期，第 1~7 页。
② 王莉、孟亚峥、黄亚玲等：《全民健身公共服务体系构成与标准化研究》，《北京体育大学学报》2015 年第 3 期，第 1~7 页。
③ 苟仲文：《在 2018 年全国群众体育工作电视电话会议上的讲话》，http://www.sport.gov.cn/n14366/c797474/content.html，2018 - 04 - 20。

广基层健身榜样，传播群众健身好声音，传播社会正能量。推出了一批有代表性的健身健康品牌人物、品牌故事、品牌项目，使之成为讲好中国故事、传播中国声音、提升国家形象和影响力的最佳渠道，使全民健身成为小康社会民生工作的国家名片。

因此，"六个身边"工程已经成为新时代全民健身公共服务体系建设的重要抓手，成为新时代"以人民为中心"的体育发展的重要载体和核心服务产品，成为提升群众体育发展质量的重要保障、推进全民健身战略的重要支撑、实现"健康中国"战略的重要举措、弘扬中国体育文化的重要途径。①

5. 行为层面：新时代全民健身公共服务建设基于"公平正义、人民满意"的绩效评估体系

新时代全民健身公共服务绩效评估体系包括确定绩效评估的目的、确定有关评估范围、实施绩效评估的准备工作、设立评估机构、选择和确定评估主体、绩效评估的实施程序和环节、反馈和控制及相关要素构成的有机整体。体育工作绩效考核遵循着"为何评估—谁来评估—评估什么 如何评估—评估何用"的基本逻辑框架②。根据此种逻辑主线分析，本文构建了新时代全民健身公共服务绩效评估体系框架，其中又包括绩效评估的价值体系、主体体系、内容体系和方法体系。

价值取向影响和制约着地方政府绩效评估，构成地方政府绩效评估体系的深层结构，是地方政府绩效评估之魂③。绩效评估的价值体系是新时代全民健身公共服务绩效评估体系的重要子内容，全民健身公共服务绩效评估的方法选择、指标内容确定、结果运用等内容都要受到价值取向的制约。

---

① 郭修金：《新时代、新使命、新举措——论国家体育总局领导关于全民健身"六个身边"工程系列讲话》，《中国群众体育发展报告（2018）》，社会科学文献出版社，2018，第66~81页。

② 王凯、殷宝林、王正伦等：《公共服务视域政府体育工作绩效"异体评估"研究》，《体育科学》2011年第9期，第34~40页。

③ 彭国甫：《价值取向是地方政府绩效评估的深层结构》，《中国行政管理》2004年第7期，第76页。

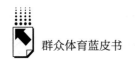

新时代全民健身公共服务绩效评估价值是以新公共服务理论倡导的"公众本位"为根本，以治理理论和新公共管理理论倡导的"有限政府"为基础，以委托代理理论和绩效管理理论倡导的"效益标准"和"公平有效"为保证。

确定绩效评估的主体体系是新时代全民健身公共服务绩效评估工作的开始，解决的是由谁来评估的问题。尽管对于新时代全民健身公共服务绩效评估的实践和研究还不是太多，但现有的绩效评估主体构成深受国家宏观的政治经济环境影响，主要包括三个子评估系统，即政府内部评估系统、社会公众评估系统以及专门的评估机构系统。

绩效评估的内容体系主要是围绕"六个身边"工程的开展情况而形成，在了解各省（区、市）体育部门和其他相关部门评估过程中遇到的问题的基础上，研学《全民健身计划（2016～2020年）》文件，研判其发展现状和特征，遴选评估的核心指标，并制定了《核心指标数据汇总表》，并形成群体司《关于开展〈全民健身计划2016～2020年〉实施效果评估的通知》下发各省（区、市），由此为后续新周期的《全民健身计划（2021～2025年)》的研制工作奠定基础。

绩效评估的方法体系是指由各种彼此独立而又互相联系的社会科学方法所组成的有机统一体。数理统计学的思想和方法体系是指导我们认识新时代全民健身公共服务绩效的强大武器，运用统计学的方法来研究政府绩效评估问题由来已久，在体育工作绩效评估领域，具体到全民健身领域的绩效评估还必须借鉴现有的政府绩效评估方法，加以完善和改进，充分发挥统计学分析特别是在定量分析方面的优长。目前，国内外政府绩效评估中涉及的一些典型的统计方法主要有基于投入产出比的效率评估和基于感知效果和期望值比的满意度评估。由于具体的全民健身公共服务项目的特殊性，不同的项目或者活动的评估应该采用不同的分析方法，在绩效评估过程中没有最好的评估方法，只有最适合的评估方法，所以无论是学者还是行政人员，在研究和实践中，都应遵循"具体问题具体分析"的哲学原则选择绩效评估方法。

三　战略思考：新时代全民健身公共服务体系建设的路径选择

新时代全民健身公共服务体系是一项系统工程，必须深入贯彻习近平新时代中国特色社会主义思想，在新时代的新起点、新征程上，构建满足人民群众对美好生活需要的全民健身公共服务体系要以"人民满意"为工作导向，按照兜底线、织密网、建机制的要求，加快建成覆盖全民、城乡统筹、权责清晰、保障适度、可持续的多层次全民健身公共服务体系。具体而言，当前我国全民健身公共服务体系构建还没有完全立足我国全民健身的具体实际和独特的体育文化背景，出现了很多盲目照搬和复制其他公共服务（文化、卫生、养老等领域）体系建设的做法。因此，当下有必要从人们对于全民健身公共服务的认知逻辑思维出发，阐述全民健身公共服务体系框架的基本原则和要求，并最终勾勒出新时代全民健身公共服务体系建设的总体框架。

（一）新时代全民健身公共服务体系建设的基本原则

第一，要秉持中国特色。我国全民健身公共服务理论研究起步较晚，在我国全民健身公共服务理论发展过程中，不能也没有必要照搬国外做法。而是要充分发挥中国特色社会主义制度优越性，继承中华优秀传统文化，去粗取精、去伪存真，不断健全中国特色社会主义新时代的全民健身公共服务体系。在健全新时代全民健身公共服务体系时，要继续坚持党委领导、政府负责、各部门齐抓共管。中央、地方两级党委、政府高度重视全民健身公共服务工作发展领导机制建设，始终把全民健身公共服务工作作为健康中国、体育强国建设和促进经济社会和谐发展、提高百姓幸福生活水平的重要内容。

第二，要体现时代特征。新时代全民健身公共服务体系建设是总结"十三五"和面向"十四五"时期不断完善我国基本公共服务体系当中举足轻重的新内容和新战略。这个时期是我国由全面建成小康社会向全面建设社会主义现代化国家努力奋进的战略机遇期，百姓对生活出现新的期盼。除经济政治稳定繁荣发展之外，"健康"成为新的国家发展政策规划当中的高频词语。"全民健身"作为非医疗改善健康的主要方式，是预防疾病、提高社会公众健康水平的主要手段之一。因此，新时期对我国全民健身公共服务体系的建设也提出了新的要求，必须宏观把握当前国家战略发展的总目标和总要求，不断赋予全民健身公共服务体系建设新的时代内涵。

第三，要胸怀国际视野。未来一个时期，如何创新符合我国国情、体情并能与世界大众体育发展相对接、相融合、可持续的服务内容、服务模式，是新时代我国全民健身公共服务体系建设的重要任务。目前我国全民健身公共服务发展刚刚起步，不可否认地仍与国际上很多发达国家和地区存在不同程度的差距。因此，我们在构建新时代全民健身公共服务体系的时候，一定要针对我国全民健身公共服务体系构建过程中的具体问题进行具体分析，从现有理论成果和工作实践中发现新问题，寻找新方案。

第四，要坚持需求导向。要始终把实现人民群众的利益作为新时代我国全民健身公共服务体系建设的根本出发点和落脚点，以人民群众最迫切的现实需求为导向，把人民群众满意程度作为重要考核标准，确保新时代我国全民健身公共服务体系建设不偏离服务于民的根本目标。而可持续性和公平性是首先必须考虑的问题，它们是当前改革和创新我国全民健身公共服务体系的重中之重[1]。

（二）新时代全民健身公共服务体系建设的战略建议

1. 树立"以人民为中心"的新型政务理念

习近平总书记指出："让老百姓过上好日子是我们一切工作的出发点和

---

[1] 史小强：《地方政府全民健身公共服务绩效：评估模型构建、实证分析与提升路径》，上海体育学院博士学位论文，2017。

落脚点。"① 发展的目的是使人民群众得到实惠，生活得到改善，权益得到保障，不断满足人民日益增长的物质和文化需要，实现人的全面发展。如果发展不能回应人民对幸福的期待，不能让群众得到实际利益，这样的发展就会失去意义。全民健身公共服务面向的是人民最直接、最贴近的体育健身权益问题，进一步深入推进全民健身领域供给侧改革适应社会主要矛盾的转化，就不可避免地成为新时代我国改善民生福祉的重要途径。为此，我们只有从积极维护和发展最广大人民群众切身根本利益出发，不断满足人民群众不断增长的健身需求，让广大人民群众享有健身的机会，通过人人健身，实现人人健康、人人幸福。

其一，要加速建立"以人民为中心"的全民健身公共服务需求表达和评价机制。要做到工作重心下移、以基层社区体育服务为依托，为精准满足社区居民个性化、多元化健康服务需求夯实基础。目前，社区体育服务由辖区体育主管部门管理，而日常事务则由居民委员会负责。服务工作内容的脱节，使得不同片区、不同站点的居民体育健身需求无法准确反馈，而且需求反馈缺乏横纵向对比机制，这些使各街道、各社区体育服务中心在开展服务的过程中，出现了发展参差不齐的现象，没有充分体现出辖区老年人健身的真正需求。要充分认识社区体育服务是全民健身公共服务链条的关键一环。社区体育服务作为全民健身公共服务的"最后一公里"，关乎居民的身体锻炼和参与运动的基本权益，体现着基层政府体育服务效能和治理水平的高低。

其二，要实施"均等化、差异化"的新型发展战略，在建设健康中国的道路上不让任何一个人掉队。首先，要明确制度障碍是实现全民健身公共服务均等化最大的"拦路虎"。其次，建立财政投入的长效保障机制是实现全民健身公共服务均等化的根本保证。最后，新时代全民健身公共服务的差异化发展战略要补后发地区、补重点人群。在经济下行压力加大的情况下，

① 《习近平系列重要讲话读本：让老百姓过上好日子——关于改善民生和创新社会治理》，http：//opinion. people. com. cn/n/2014/0710/c1003 - 25264271. html，2014。

未来要继续鼓励和引导全民健身公共服务资源向城镇和农村延伸，着力补齐农村和城镇低收入人群、妇女、儿童、老年人、残疾人等群体在全民健身公共服务方面的短板。

2. 完善"统一规划、统一标准、统一建设"的新型顶层设计

首先，中央层级的全民健身公共服务主管和负责部门，例如国务院以及国家体育总局负责群体工作的职能单位，要着眼于全民健身国家战略的总体要求，强调全民健身事业在国家"五位一体"和小康社会建设中的重要作用，要统筹协调全国层面的全民健身公共服务工作，要从宏观层面研究解决全民健身公共服务工作当中存在的核心问题，制定统一行动规划和重点事项，进一步建立健全和完善全民健身公共服务部际联席会议制度，各有关单位要按照制度规定的职责，狠抓落实，深入研究与全民健身公共服务发展有关的问题，制定相关配套政策措施。

其次，地方政府全民健身公共服务职能部门要与中央政府全民健身公共服务实现决策协同。地方政府应当抓紧设立专门的协调机构或安排专门的协调工作责任人，确保能够及时传达中央政府全民健身公共服务政策信息，准确反馈地方政府全民健身公共服务的问题和需求，在不同层级的全民健身公共服务职能部门建立及时畅通的信息交流渠道，保证全民健身公共服务决策信息共享。[1]

3. 架构"共建共治共享"的新型组织体系和运行机制

大健康理念下的健康促进工程需要全民健身公共服务的介入，但目前我国全民健身公共服务一站式统筹管理体系尚未建立，如何协调各部门对健康资源的管理，调配各自力量，最大限度地、高效地实现促进居民健康、提升他们生活质量的无缝服务，实现合力，是当前最主要的问题。全民健身公共服务和社区医疗卫生服务是推动健康中国的共同动力，这一点早就在体育界和卫生界达成共识。但现实情况是，目前体育机构与社区卫生部门相互间沟

---

[1] 史小强：《地方政府全民健身公共服务绩效：评估模型构建、实证分析与提升路径》，上海体育学院博士学位论文，2017。

通依然不足，缺乏对话机制，彼此甚至互设壁垒，卫生部门主导居民健康生活方式的现象依然存在。

从组织体系看，要构建以政府为主导，体育、卫生、医疗、民政、财政、公安等相关部门协作，社会体育组织广泛参与的组织体系，相互之间共享有价值的资源和政策建议，包括每一种政策提出的组织环境要公开透明等。

从运行机制看，目前全民健身公共服务的总体方针是政府牵头、部门合作、社会参与，但落实到街道社区层面的健身服务要更加细化。如进一步明确服务规则，即建立相关的职业伦理与道德守则；社区体育指导员要轮流出班，接受开放式预约的私人订制式服务；此外，还要积极调动社区的各种企事业单位，充分利用各种社区体育俱乐部等公益组织共同为居民提供社区健身服务。

4. 加强"智能化、数据化"的新型供需平台建设

新时代背景下，须以互联网为基础，通过其便捷、有效的互动开展政府治理创新，推进全民健身公共服务供需平台建设，通过互联和在线推动大数据生成，实现供需精准匹配。

首先，要借助尽可能多的大数据和互联网络资源，投资改善现有全民健身公共服务信息技术基础设施。进一步更新全民健身公共服务信息技术硬件设施，打造高速、安全、便捷的新一代信息基础设施，并按照不同地区、不同人群设计开发适合地方政府全民健身公共服务实际情况的信息技术基础设施。要积极推动电信网络、计算机网络和有线电视网络的融合发展，通过运用新技术实现全民健身公共服务不同业务领域的融合。做好现有信息技术基础设施的深化升级工作，避免信息技术基础设施的重复建设，提升信息技术基础设施"存量"的服务效率。

其次，建立和完善地方政府全民健身公共服务信息数据共享平台，不断优化信息技术基础设施的网络支撑环境。部门业务系统数据资源是部门数据的重要来源，就全民健身公共服务领域来看，目前各地政府都有自己独立的市民体质监测数据系统、学校体育场地设施数据系统、体育指导员注册数据

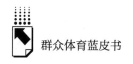

系统等，部门业务数据系统的使用大多集中于不同的职能部门。①

5. 强化"群众监督、群众满意"的绩效考核机制

从监督的角度看，现有的全民健身公共服务监督以内部监督为主，偏重于自上而下的监督，具有明显的滞后性和被动性，难以发挥有效作用。对此，要以质量和效率为标准，内抓绩效评估、外抓社会满意度，由国家体育总局有关部门牵头，会同标准化行政主管部门，研究制定实施全民健身公共服务的设施建设、设备配备、人员配备、经费投入、服务规范、工作流程、评价标准、运行程序等具体标准，推动城乡、区域之间标准衔接，也可以在部分有条件的省市开展试点工作。

同时，应更加注重过程评价与结果评价，短期评价与长远效果评价，社会效益评价与经济效益、法治效益评价相结合，探索建立评价指标体系，发挥专业评价机构、社会第三方组织、行业自律组织、专家和公众广泛参与的效果评价途径，并建立全民健身公共服务社会满意度定期调查制度、评价结果公开制度。②

一直以来，全民健身公共服务体系建设就是一个庞大而复杂的系统工程。随着经济社会的转型，传统的全民健身公共服务体系也应随着时代变迁和环境变化进行创新变革。新时代全民健身公共服务体系应以满足人民群众的美好生活需要和健康需求为价值引领，以提升全民健身公共服务供给绩效为逻辑起点，核心目标在于全民健身公共服务的发展最终让人民满意。新时代全民健身公共服务体系建设的关键在于进一步研判新时代全民健身公共服务体系的主要特征，基于"以人民为中心"的思想价值体系、"标准化均等化"的政策法规体系、"共建共治共享"的组织管理体系、"六个身边"工程的服务产品体系以及"公平正义、人民满意"的绩效评估体系等构成要素，秉持中国特色、体现时代特征、胸怀国际视野和坚持需求导向等基本原

① 史小强：《地方政府全民健身公共服务绩效：评估模型构建、实证分析与提升路径》，上海体育学院博士学位论文，2017。

② 史小强：《地方政府全民健身公共服务绩效：评估模型构建、实证分析与提升路径》，上海体育学院博士学位论文，2017。

则，加强全民健身公共服务治理的多主体的合作性、机制运行的协同性、绩效评价的监督性和反馈性，加快推进新时代全民健身公共服务体系构成要素之间的互动和联系，进而全面提升新时代全民健身公共服务质量，增进百姓健康福祉。

参考文献

[1] 马宣建：《从奥运战略到协调发展战略》，《哈尔滨体育学院学报》1990 年第 3 期，第 5~9 页。

[2] 《起航 2011——精心开局 扎实起步 在新起点上取得群众体育工作新突破 刘鹏局长在 2011 年全国群众体育工作会议上的讲话》，《新体育·社会体育指导员》2011 年第 2 期。

[3] 国务院办公厅：《〈全民健身计划（2011~2015 年）〉实施效果评估报告》，http：//www. gov. cn/guowuyuan/vom/2015 - 12/24/content_ 5027197. htm，2015 - 12 - 24。

[4] 习近平：《决胜全面建成小康社会 夺取新时代中国特色社会主义伟大胜利》，http：//sports. people. com. cn/n1/2017/1018/c22155 - 29594985. html，2017 - 10 - 18。

[5] 习近平：《在哲学社会科学工作座谈会上的讲话》，http：//cpc. people. com. cn/n1/2016/0519/c64094 - 28361550. html，2016 - 05 - 17。

[6] 赵勇：《在 2018 年全国群众体育工作电视电话会议上的讲话》，http：//ydyjk. whsu. edu. cn/info/1069/1721. htm，2018 - 04 - 20。

[7] 陈海威：《中国基本公共服务体系研究》，《科学社会主义》2007 年第 3 期，第 98~100 页。

[8] 房斌：《全民健身公共服务体系构建的发展路径及对未来发展趋势的探究》，《体育与科学》2011 年第 5 期，第 44~48 页。

[9] 王莉、孟亚峥、黄亚玲等：《全民健身公共服务体系构成与标准化研究》，《北京体育大学学报》2015 年第 3 期，第 1~7 页。

[10] 刘志成：《我国城市社区全民健身公共服务体系构建研究》，《体育与科学》2012 年第 7 期，第 75~80 页。

[11] 何艳玲、李志军：《论习近平"以人民为中心"发展思想构建的三重维度》，《湖湘论坛》2017 年第 3 期，第 5~10 页。

[12] 《国务院关于印发"十三五"推进基本公共服务均等化规划的通知》，http：//

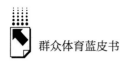

www. gov. cn/zhengce/content/2017 – 03/01/content_ 5172013. htm，2017 – 01 –
23。

［13］苟仲文：《在 2018 年全国群众体育工作电视电话会议上的讲话》，http：//
www. sport. gov. cn/n14366/c797474/content. html，2018 – 04 – 20。

［14］郭修金：《新时代、新使命、新举措——论国家体育总局领导关于全民健身
"六个身边"工程系列讲话》，《中国群众体育发展报告（2018）》，社会科学
文献出版社，2018，第 66 ~ 81 页。

［15］王凯、殷宝林、王正伦等：《公共服务视域政府体育工作绩效"异体评估"
研究》，《体育科学》2011 年第 9 期，第 34 ~ 40 页。

［16］彭国甫：《价值取向是地方政府绩效评估的深层结构》，《中国行政管理》
2004 年第 7 期，第 76 页。

［17］《习近平系列重要讲话读本：让老百姓过上好日子——关于改善民生和创新社
会治理》，http：//opinion. people. com. cn/n/2014/0710/c1003 – 25264271. html，
2014。

［18］史小强：《地方政府全民健身公共服务绩效：评估模型构建、实证分析与提升
路径》，上海体育学院博士学位论文，2017。

B.7
全民健身科学化的发展
现状与新时代展望

张叶涵*

摘　要： 科学化是我国全民健身工作始终坚持的发展基准和优化方向。全民健身工作发展 24 年来，全民健身科学化通过政策保障与机制建设，在科学研究与科技攻关、群体调查与体质监测、健身指导与运动处方等重点领域取得了一定成绩，也存在诸多问题。总结经验，分析不足，站在"人类进步、民族复兴、健康强国、科技兴邦"高度系统思考全民健身科学化，具有一定指导意义与实践价值。新时代，全民健身科学化是以科学理论指导全民健身发展、以科学机制保障全民健身推进、以科学供给丰富全民健身服务、以科学技术支撑全民健身创新的科学发展路径。在新的历史阶段，推进科学化建设在全民健身工作领域是全面深化改革的必然之路，是全要素生产率提升的根本途径，是以人民为中心的内在需求，是高质量发展的强力保障，是体育科技建设的必然体现。我们要不忘初心，牢记使命，开拓创新，与时俱进，借助科技发展，实现全民健身公共服务均等化、区域发展协同化、产业发展融合化、业态模式创新化、信息服务平台化、硬件服务智能化、培训指导个性化、体质监测精准化、监督评估动态化、科技研发共享化、人才培

---

* 张叶涵，上海体育学院讲师、管理学博士，研究方向：体育产业、战略管理。

养复合化的科学化目标。

关键词： 全民健身　群众体育　国民体质

党的十九大召开至今，是深入学习贯彻习近平新时代中国特色社会主义思想和党的十九大精神的重要阶段，是全面深化改革，决胜全面建成小康社会的关键阶段，也是全面贯彻各项事业"十三五"规划的冲刺阶段。面对新时代、新矛盾、新征程，我国全民健身工作进入"全民健身与全面健康融合发展"的攻坚期，以及应对"人民日益增长的美好生活需要和全民健身工作发展不平衡不充分的发展矛盾"改革的深水区。探索习近平新时代中国特色社会主义思想引领下的全民健身战略发展之路是历史必然，更是时代之需。自1995年《全民健身计划纲要》首次颁布以来，全民健身领域改革围绕解放和发展生产力这一根本任务，不断探索，勇于实践，形成了以人民为中心，科学技术是第一生产力的科学化发展道路。只有科学化才能够解放和增强体育事业和体育产业活力，促进和保障全民健身兼顾公平效率，引领和激发群众体育的创造性以及发挥和彰显科学社会主义的时代价值。

解放思想永无止境，生产力发展永无止境，科学化立足时代命题。新时代引领全民健身科学发展的新使命、新矛盾，提出全民健身科学发展的新要求、新篇章，开创全民健身科学发展的新征程。从"人类进步、民族复兴、健康强国、科技兴邦"的战略高度思考全民健身科学化工作的历史使命和时代意义，把科学、有效、公平地满足人民多元化、多层次的健身需求，有方向、有原则、有预见、有立场地促进人的全面发展，推进全民健身高质量发展作为工作的出发点和落脚点，是新时代全民健身科学化的重要准则和工作遵循。

面对全民健身事业发展中的不充分与不平衡问题，把握时代特点，直面时代课题，如何富有创造性、科学性地发展中国特色社会主义全民健身事业，既是承前启后的历史必然，又是继往开来的未来之需。

一 全民健身科学化的发展现状

截至 2019 年 6 月，我国全民健身工作从 1995 年正式颁布实施《全民健身计划纲要》以来，经历了 24 年的发展，全民健身科学化在探索与实践中逐步优化，不断完善，取得了丰硕的成绩，但也存在一定的问题。

（一）国家高度重视体育科技发展，政策保障全民健身科学化推进

自体育改革启程，全民健身工作筹划及实施以来，国家体育总局（原国家体委）和其他相关部委陆续出台包括《1981～1990 年体育科技发展计划纲要》《国家体委关于深化体育科技体制改革的意见》《关于加强直属体育学院科学技术工作的几点意见》《1991～2000 年体育科学技术发展规划》《国家体委关于进一步深化体育科技体制改革的意见》《关于进一步贯彻〈1991～2000 年体育科学技术发展规划〉的几点意见》《关于贯彻科教兴国战略，加速体育科技进步的意见》《全民健身计划科技工程》《2001～2010 年体育科技发展规划》《关于贯彻科教兴国战略，加速体育科技进步的意见》《国家体育总局关于进一步繁荣发展体育社会科学的意见》《体育科技、教育和反兴奋剂工作"十一五"规划》等一系列体育科技或全民健身科学发展的专门性政策予以支持与引导，凸显科技工作在体育改革中的重要性。

近年来，特别是党的十八大召开以及"十三五"开局后，科技创新在全民健身政策研制中被放置到更关键的位置。《全民健身计划（2011～2015 年）》强调基础科研和技术攻关，提出"充分发挥体育科研机构和院校的作用，加强全民健身科研工作，组织对重大理论和实践问题的科研攻关，研制推广体育健身新项目、新方法，提高全民健身科学化水平"①。《体育发展"十三五"规划》强调重点领域研发与应用，提出"以

---

① 《国务院关于印发全民健身计划（2011～2015 年）的通知》，http://www.gov.cn/zwgk/2011-02/24/content_1809557.htm。

运动促进健康、运动处方、科学健身指导与服务为重点，开展全民健身理论与方法的研究与应用"以及"以具有自主知识产权的装备器材、新型体育服务技术、互联网＋产品为重点，着力推动科技创新和成果转化"。①《全民健身计划（2016～2020年）》进一步丰富全民健身科技创新工作的内涵，强调了新兴技术与全民健身的有机结合；《关于加快发展体育产业促进体育消费的若干意见》中提出要"完善创新驱动政策"，《"健康中国2030"规划纲要》提出"推动健康科技创新"等要求，均从科技创新角度对新时代全民健身科学化发展方向给予明确指示。以上可见，全民健身科学化的内涵，伴随着全民健身不同时期的历史使命和责任担当而逐步扩展、逐渐丰富。

（二）政府主导多方参与科研攻关，全民健身创新科技成果丰富

国家体育总局始终高度重视全民健身领域体育科技的基础研究及应用研究，注重交叉学科发展，并加强全民健身科研基础条件建设。在实践探索中，与全民健身计划相配套的科技支撑系统逐步完善，兼顾全民健身领域的自主创新研发、科学交流与信息服务，科技孵化与成果转化等功能。国家层面，国家体育总局科教司肩负拟定体育科技等政策及发展规划，负责牵头全民健身科技工作、国民体质监测工作、科学健身指导服务工作及其他相关工作②，组织开展体育领域重大科技项目研究及成果验收、鉴定、转化、推广工作；国家体育总局体育科学研究所下设包含国民体质研究中心、科学健身与健康促进研究中心在内的科研系统，包含智慧体育创新研究中心、体医融合促进与创新研究中心等在内的创新系统，以及重点实验室和国民体质监测中心，以把握体育科技前沿领域和重点问题，开展基础研究与应用研究。国家体育总局加强与地方体育局、相关高校、企业共建，成立体育产业资源、体育产权交易平台，全民健身服务平台，体育社会科学、体

① 国家体育总局：《体育发展"十三五"规划》，http：//www. sport. gov. cn/n10503/c722960/content. html。
② 国家体育总局：《体育总局办公厅关于明确全民健身科学研究和指导相关工作职能部门的通知》，http：//www. sport. gov. cn/n16/n33193/n33208/n33508/n34222/7282193. html。

育产业重点研究基地，全国科学健身示范区、体质评价与运动机能监控重点实验室等。国家体育总局积极联合各方力量，促进中国特色全民健身智库体系建设，如上海体育学院公共体育服务发展研究中心，北京体育大学中国运动与健康研究院，广州体育学院全民健身研究中心，天津体育局、天津体育学院共建全民健身研究智库，河北省咏怀全民健身与全民健康发展研究院等。在实践的发展中，全民健身科研系统体系优化，成果丰富，数据库及系统、指南建设也初见成效，例如包括"国民体质与健康数据库"、"中国国民体质监测系统"、"全民健身关键技术研究与信息系统"在内的数据库及系统建设，以全民健身为主题的科研立项、著述、教材、论文、会议成果丰富。与此同时，从事全民健身科学研究和科技服务的科研队伍发展壮大，全民健身领域专家委员会为我国体育事业、体育产业发展贡献了杰出的力量。中国体育科学学会储备了一支长期、自愿和稳定的科技人员志愿服务队伍，开展"全民健身科学大讲堂"、"国民体质监测及咨询"、"科学健身志愿服务神州行"等活动，为开展科学指导全民健身活动做出努力①。

（三）科学调查体质测试健身指导，重点领域与时俱进优化发展

1997 年《全民健身计划科技工程》发布，指出全民健身科学技术系统的五个子系统，即理论子系统、管理子系统、硬件子系统、手段子系统、监测子系统②，初步构建了全民健身科学化发展的重点领域。实践角度，群众体育现状调查、国民体质监测、科学健身指导成为关键，根据《〈全民健身计划纲要〉实施十五年》白皮书，全民健身科学化的重点领域主要指：组织开展全民健身科学研究和科技服务；全民健身标准和方法的研究与推广；群众体育现状调查和国民体质监测③，这三项工作的目标、过程、内容、方

---

① 《中国体育科学学会储备全民健身科技人才》，国家体育总局网站，2013 年 4 月 23 日。
② 《全民健身计划科技工程》，《体育科学》1997 年第 2 期。
③ 国家体育总局：《〈全民健身计划纲要〉实施十五年》，http：//www. sport. gov. cn/n16/n1077/n297454/2662625. html。

法的科学性都在逐步提升。

群众体育现状调查工作：该项工作是由体育行政部门主导，以城乡居民参加体育锻炼状况为主要内容的全国范围的社会调查活动，旨在反映我国居民特定时间内参加体育锻炼的次数、每次锻炼的时间和强度、体育锻炼场所、锻炼动机特征、体育消费特征、体育锻炼信息渠道、体育锻炼障碍因素等，采用多阶段分层随机抽样的方法，以入户访问加问卷调查为主，已经完成 1997 年、2001 年、2008 年、2014 年四次调查，其中 2014 年为全民健身活动状况调查。四次调查的科学性提升，主要体现在调查体系与工作机制的逐步完整，调查问卷与抽样方式逐步完善，技术培训与工作执行逐步完备，数据汇总、清理、统计、录入、分析过程更为完全。例如 2001 年调查对象为 16 岁以上人口，2014 年为 6 岁以上人口；1997 年调查覆盖 9 省（区、市）的 54 个县（区），2008 年的调查覆盖了全国 31 个省（区、市）的 2249 个居（村）委会的 5 万余居民。从而保证了报告的详实准确，提升《全民健身计划》实施效果评估和研制科学性，也助力全民健身公共服务体系优化以及全面健身服务均等覆盖。

国民体质监测工作：该项工作是国家为系统掌握国民体质状况，以抽样调查的方式，按照国家颁布的国民体质监测指标，在全国范围内定期对监测对象进行统一测试，并对监测数据进行分析研究的工作[①]。1997 年，首次对全国 19 个省（区、市）18～60 岁的国民进行系统体质监测；2000 年首次建立全国 31 个省（区、市）的国民体质监测系统，覆盖 3～69 岁国民，并实现 5 年一次的常态化；2010 年，第三次国民监测还进行了 5.7% 的复测，不少地区还扩大监测样本，深化本地区的体质监测分析研究；2019 年正在展开的第五次监测，覆盖人群为 3～79 岁国民，建立了四级体质监测管理结构，强调了幼儿部分的监测，加强了对典型工种的专项调研。国民体质监测系统的科学化体现在内容、方法、硬件设施的逐步优化，包括对不同年龄，

---

① 国家体育总局：《体育总局关于开展第五次国民体质监测的通知》，http://www.gov.cn/xinwen/2019 - 02/02/content_ 5363384. htm。

不同健康人群的广泛覆盖，对典型工种、特殊人群的专项监测，对身心健康适应力"大健康"概念的全面监测，对仪器精度的优化提升，对监测指标体系和调查方法的逐步调整，对系统数据库的完善，对《全民健身计划》的评估研制支持，对健康中国推进的动态监控等。伴随"互联网＋"的发展，依托智能硬件和大数据技术的国民体质监测创新发展，例如：成都市国民体质监测中心以成都市体质监测与全民健身网站为依托，发布"体质健康全城约"App，推出体质监测网络预约、科学健身知识推送、个性化运动处方、健身课程指导服务等。

科学健身指导工作：该工作旨在研制、宣传和推广适应健康发展需要的具有科学依据的体育健身和体质评价标准。例如：《国家学生体质健康标准》从 2002 年[①]试行推出，2007 年正式实施，后依托学生体质健康网管理，2013 年起利用国家学生体质健康标准数据管理与分析系统进行报送，伴随历年的修订，该标准的测试项目、评分标准、等级评定、数据报送、指标发布等程序及内容逐步完善，2019 年最新开启的健康数据报送增加了视力指标；《国家体育锻炼标准》1975 年由国务院颁布实施，后多次修订，2013 年印发《国家体育锻炼标准施行办法》，并在各地举办该标准达标赛，2019 年，国家体育总局发布了各锻炼标准监测项目的展示视频；2017 年正式发布的《全民健身指南》，针对中国居民参加体育健身活动的实际情况与实测数据编制，提供体育健身活动效果、运动能力测评、体育健身活动原则及指导方案等内容，并配备了专业运动员示范动作视频。其他还包括适用于 20～59 岁身体健康人群的《〈普通人群体育锻炼标准〉施行办法》，适用于幼儿、成年人、老年人的《国民体质测定标准》，上海市首发的《青少年运动技能等级标准》。与此同时，国家体育总局还面向全国征集、整理多种健身方法，便于民众锻炼使用。为了保障科学健身指导，发挥社会体育指导员在全民健身活动中的作用，《社会体育指导员技术等级制度》《社会体育指导员管理办法》逐步

---

① 教育部、国家体育总局：《关于印发〈学生体质健康标准（试行方案）〉及〈《学生体质健康标准（试行方案）》实施办法〉的通知》，http：//old. moe. gov. cn//publicfiles/business/htmlfiles/moe/moe_ 27/200207/457. html。

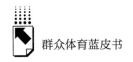

完善。各项标准、方法、手段与时俱进，科研标测，配套活动，科学指导，对我国全面健身工作的科学开展具有良好的指导意义。科学健身讲座、知识竞赛、赛事活动的展开，以及近年伴随技术的发展，各地采取利用全民健身服务平台的方式，在拓展全民健身科普渠道、加强健身标准的宣传方面，都取得了一定效果，例如无锡"科学健身示范区"集体质监测、器械训练、远程健身指导服务为一体的智慧健身馆等。

（四）政府购买公共服务逐步成熟，互联网+体育服务全民健身建设

公共服务方面，政府购买公共服务是政府职能转变，优化公共服务模式的创新方式。2013年国务院颁布《国务院办公厅关于政府向社会力量购买服务的指导意见》，提出到"2020年，在全国基本建立比较完善的政府向社会力量购买服务制度"[①]的目标要求，并通过购买主体、承接主体、购买内容、购买机制、资金管理、绩效管理等方面规范政府购买公共服务流程。多地出台了《关于购买公共体育服务的实施办法》或《政府向社会力量购买全民健身公共服务实施办法》等配套政策并积极实践，注重购买渠道多元化、购买流程规范化、购买模式多样化、购买评价完备化，对全民健身的宣传推广、活动组织承办、体育设施运营和管理、人才队伍培训与建设、国民体质监测与指导等服务效率和效果的提升发挥了积极的作用。

市场服务方面，随着体育消费观念的提升，业态的丰富，消费的升级，市场潜力逐步释放，全民健身上升为国家战略，吸引社会的广泛关注。互联网+体育服务模式发展，使体育产业与全民健身的生态呈现技术的链接、数据的转化、供需的对接。以互联网思维嵌入全民健身服务思维与体育产业商业模式，都在加速体育产业链的重构和完善，新型服务模式涌现，适应体育

---

① 《国务院办公厅关于政府向社会力量购买服务的指导意见》，http：//www.gov.cn/zwgk/2013 - 09/30/content_ 2498186. htm。

领域的"大众创业、万众创新"发展迅速，在倡导健康生活、优化健康方式、活化健康环境上发挥了重要的作用。

（五）全民健身科学化发展的不足与问题

取得成绩的同时，在全民健身科学化领域，也存在一定的问题：其一，全民健身自体改革创新能力尚需完善。全民健身科学化发展需要体育领域内在改革的动力与决心，需要公共服务与市场服务生态的开放式发展，需要以人为本的发展创新，需要科学机制的全方位保障，需要新时代的创新思维的全方位嵌入。只有这样才能从全民健身角度，推动全社会关心体育，参与体育，热爱体育。其二，全民健身科技政策体系建设仍需提升。新时代，全民健身科学化顶层设计亟待加强，全民健身领域科技发展缺乏针对性、专门性的中长期规划，缺乏体育＋科技高水平智库建设和专家团队的持续服务支持。其三，全民健身多元协同共享模式亟待优化。市场在资源配置中的决定性作用发挥不足，多方参与的激励机制尚需完善，资本、技术、人才等高级要素进入全民健身领域的吸引力不足。科技成果向服务产品转化能力需要加强。全民健身科学化重点领域民众知晓度低，影响了参与、执行与反馈。其四，全民健身科技人才梯队建设亟须加强。全民健身科学化发展在新时代需要交叉复合型人才培养体系的建立，"体育＋"、"互联网＋"跨界人才的紧缺，是目前影响全民健身科学化发展的最关键问题之一。

二　全民健身科学化的时代内涵

科学化是我国全民健身工作的长久坚持，新时代背景下，全民健身科学化是以新发展理念为指导的全民健身工作高质、高效、公平、持续科学发展的路径，是适应新常态、把握新常态、引领新常态下的全民健身体系建设的基本保障，是从体育角度关心人民获得感、确保人民安全感、提升人民幸福感的重要措施。全民健身的科学发展，是体现新发展理念的发展，是追求高质量的发展，是"创新成为第一动力、协调成为内生特点、绿色成为普遍

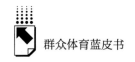
形态、开放成为必由之路、共享成为根本目的的发展"①。全民健身科学化，在新时代的基本内涵，是以科学理论指导全民健身发展、以科学机制保障全民健身推进、以科学供给丰富全民健身服务、以科学技术支撑全民健身创新。

（一）科学理论指导全民健身发展

提高全民健身科学化水平，首先要有科学的理论来指导全民健身工作的建设实践。理论的科学性，实质是对发展规律和逻辑的把握，是发展的，是动态的，是不断创新的。新时代，用科学理论指导全民健身工作，就是在全民健身领域以习近平新时代中国特色社会主义思想为指导，从政治和全局的高度，重视全民健身工作，推进理论创新、增强理论认同、保持理论清醒、瞄准科学目标、狠抓落实实践，实现理论创新和实践创新的良性互动。

习近平总书记高度重视体育工作，其对体育的重要论述、重要批示精神形成了指导新时代体育事业发展的系统、科学、完整的理论体系，为体育强国建设提供了系统完善的理论支持与根本遵循。党的十九大报告中提及"广泛开展全民健身活动，加快推进体育强国建设"②，意味着在新时代、新思想、新矛盾、新目标的今天，全民健身站在了新的战略高度和历史起点，将成为"健康梦、中国梦"的见证者、参与者和奉献者。发展全民健身，要在全民健身工作的目标、任务、战略、步骤、实施、保障等环节全面落实，融入科学理论的指导，要时刻牢记习近平总书记的全民健身寄语，更新体育理念，深化体育改革，建设体育强国，推动全民健身和全面健康深度融合，将全民健身发展融入"两个一百年"奋斗目标大格局中谋划。苟仲文局长在国家体育总局学习贯彻党的十九大精神干部大会上指出："要以习近平新时代中国特色社会主义思想为指导，全面深入推进中国特色体育强国建

① 《推进全民健身高质量发展，加快体育强省建设》，《新华日报》2018 年 8 月 8 日。

② 习近平：《决胜全面建成小康社会 夺取新时代中国特色社会主义伟大胜利——在中国共产党第十九次全国代表大会上的报告》，http：//www.hnsjct.gov.cn/sitesources/hnsjct/page_pc/xwtttiao/article1cc30034729346a89c0f8fe85f2eaa0a.html。

设。建设体育强国必须进一步加强党对体育事业的领导，必须坚持以人民为中心发展体育事业，要坚持从人民群众的愿望和需求出发，引领和带动人民群众共同参与体育事业发展，推动全民健身与全民健康深度融合。"① 一人健康是立身之本，人民健康是立国之基，只有从战略高度肯定科学发展的价值和意义，认清科学发展的本质和内涵，全民健身工作才能真正地科学化发展。

（二）科学机制保障全民健身推进

提高全民健身科学化水平，要有科学机制来保障全民健身工作的建设实践。新时代，全民健身建设肩负新的伟大使命，需要有新的建设机制与之相匹配，是科学性的重要体现。全民健身科学化，在机制建设层面主要把握党建统领机制、顶层设计机制、系统治理机制、共建共享机制四个方面的科学计划、科学领导、科学组织、科学协调和科学创新。

其一，党建统领机制。科学的全民健身党建统领机制，是发展社会主义民主政治的必然体现，是国家坚持党的全面领导、加强党的长期执政能力建设的必然结果，是中国特色社会主义政治发展道路在全面深化体育改革领域的必然要求，是推进体育领域民主政治制度化、规范化、程序化的必经之路，是坚持党的领导、人民当家作主、依法治国的有机统一。要将党建贯穿到全民健身建设的各个领域、各个方面，要将党建与全民健身工作发展、组织创新、文化建设、人才培养融合，以党建引领全民健身发展，构建全民健身基层党建联动体系、功能体系、标准体系、责任体系，共建共享，统筹协调，联系群众，面向一线。要科学配置党政部门及其内设机构权力，明确职责，理清关系，摸清问题，达到精干高效。

其二，顶层设计机制。科学的全民健身顶层设计机制是指全民健身的总体规划、战略部署、实施统筹、协调保障、测评监督的明确化、科学化、民

① 《国家体育总局召开传达学习贯彻党的十九大精神干部大会》，国家体育总局网站，http://www.gov.cn/xinwen/2017－10/27/content_5234810.htm。

生化。要遵循习近平总书记2016年1月提出的五个"搞清楚"制定全民健身工作方案，即"搞清楚现状是什么"、"搞清楚方向和目的是什么"、"搞清楚到底要干什么"、"搞清楚谁来干"和"搞清楚怎么办"①，用实事求是的态度和以人民为中心的发展思想来推动全民健身工作方案制定。全民健身发展的"宏观政策要稳，产业政策要准，微观政策要活，改革政策要实，社会政策要托底"②。例如：国务院制定发布的《全民健身计划（2016～2020年)》出台后，截至2017年3月，全国各地省、市、县三级体育主管部门共出台3000多份地方"实施计划"，从指导思想、发展目标、主要任务、保障措施、组织实施方面因地制宜、主动创新、符合实际、突出特色，有效保障了全民健身工作推进的科学性、合理性和有效性；2019年7月，全民健身行动作为《健康中国行动（2020～2030年)》的十五项行动的组成部分，强调"生命在于运动，运动需要科学"。该行动在阐述全民健身发展的不均衡不充分的现状基础上，以国家体育总局2014年全民健身活动状况调查结果为数据基准，以2020年和2030年为两个重要时间节点，首次在全民健身领域针对不同人群、不同环境、不同身体健康状况的国民分别给出身体活动指导建议，并按照结果性目标、个人和社会倡导性目标、政策工作目标指导个人、社会、政府的健身工作，从健身理念、健身方式、健身政策、健身指导等方面提出明确数字性指标，方案兼具落地性、指导性、科学性、针对性，用数字说话，用科学支撑，是构建科学健身体系的政策体现；2019年国家体育总局发布《关于开展第五次国民体质监测的通知》，为做好此次监测，总局专门制定了《第五次体质监测工作方案（幼儿、成年人、老年人部分)》，以更好地契合新时代的形势发展变化和群众健身需求。2020年，我国将迎来全民健身工作发展的新节点，在制定《体育发展"十四五"规划》《全民健身计划（2021～2025年)》以及其他政策中，要立意高远，体现新时代的发展理念，把握新形势，提出

---

① 《三个"五"——习近平供给侧改革的顶层设计》，新华网，http：//www.xinhuanet.com//politics/2016-12/16/c_ 1120126006. htm。

② 《习近平治国理政"100句话"之：宏观政策要稳、微观政策要活、社会政策要托底》，央广网，http：//politics. people. cn/n1/2016/0114/c1001-28054285. html。

新目标，分解新任务，应对新要求。

其三，系统治理机制。科学的全民健身系统治理机制指全民健身治理能力现代化的机制保障，简政放权、多元治理、民主决策、协同创新。从"全民健身管理"走向"全民健身治理"，是全民健身多元主体共同利益的科学发展趋势，要通过治理机制优化，固根本、稳预期、防风险、利长远。新时代，全民健身治理要走向现代化、智能化、专业化，包括全民健身公共服务权力运行的制度化、常态化，全民健身公共治理和制度安排决策的民主化、程序化，全民健身公共治理的法制化、规范化，评价全民健身治理效率的科学化，客观化，协调全民健身治理利益关系的公正化，公平化①，要注重联动融合、开放共治，民主法治、科技创新。其重点一是要强化政府主导、多方协同、全社会参与的全民健身服务组织架构建设；二是要加快推动体育社会组织建设，政社分开、权责分明，依法自治；三是要注重体育法制建设的系统性、整体性、配套性；四是要探索全方位、立体化、多角度的绩效评价机制，借助互联网思维和手段推动和完善政务公开下的新型绩效评估建设。2017 年国家体育总局发文探讨"如何提高全民健身现代治理能力"，文中指出，全民健身现代治理能力是指运用现代治理思维、现代治理方法和手段推动全民健身改革、完善全民健身制度、强化全民健身服务以有效解决全民健身发展过程中的各种问题、引领全民健身发展目标的实现、使全民健身事业保持可持续发展的能力。全民健身治理能力要随社会的发展进步不断优化提升，提升全民健身现代治理能力。并提出通过培育现代治理主体，更新治理理念，推动全民健身向科学治体、民主治体、依法治体方向发展，并构建体育文化为导向、全民健身为基础、体育产业和竞技体育为两翼的"一体两翼、协同发展"的方式，并且自上而下，多层次、多渠道、多主体共同发展，加强人才建设，实现全民健身治理现代化、科学化、体系化。② 新时代，也要利用互联网和信息技术，提

---

① 柳鸣毅：《国家体育治理体系和治理能力现代化的思考》，《国家治理》2016 年 6 月 23 日。

② 《如何提高全民健身现代治理能力》，国家体育总局网站，http：//www. sport. gov. cn/n316/n343/n1195/c789898/content. html。

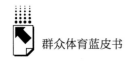
升社会治理的智能化水平。

其四，共建共享机制。科学的全民健身共建共享机制，从科学化角度讲，主要指以全民健身科学技术研发、推广、应用为根本，共建共享，系统谋划最大限度地挖掘全民健身科技的惠民效益，加快全民健身科技成果的转化。共建主要体现在充分利用现有科技资源，加速产业融合，推进全民健身相关产业发展，建设产业技术创新战略联盟；加强政府研究中心、企业研发中心、工程技术研究中心、高校及科研机构智库建设，健全全民健身领域科研平台体系，推动建立产学研协同创新机制；以运动促进健康、运动处方、科学健身指导与服务为重点，开展全民健身理论与方法的研究与应用，加强科技计划、科研项目、科研基金的立项推进，支持符合条件的任何性质的研发机构牵头开展全民健身科研工作。共享主要体现在全民健身科技资源诸如大型科学仪器设备、研究实验基地、高层次人才、科研指示与研究成果的共享，重点要完善全民健身技术成果转化、产权保护机制。新时代，伴随全民健身和全面健康的融合，全民健身科技发展的共建共享，呈现了更强的价值融合的趋势。《体育发展"十三五"规划》指出，"建立和完善资源布局合理、配置优化，适应体育领域'大众创业、万众创新'的科技创新体系"[①]；《"健康中国2030"规划纲要》也提出"推动健康科技创新，建设健康信息化服务体系"的科技支撑建议。

科学机制建设是站在全民健身促进全面健康的国家战略高度，把方向、谋大局、定政策、促改革，以党的领导为核心，以民主协商为保障，以依法治国为基准，以机构改革为依托，以规制优化为体现的关键工作。只有通过全民健身科学机制建设，才能保证人民依法通过各种途径和形式管理体育事务、参与体育事务、优化体育事务，让全民健身领域的民主决策反映人民健康的多元化、多层次需求，依托群众，面向群众，服务群众，体现人民意志、保障人民权益、激发人民创造力，让人民当家作主。

---

① 国家体育总局：《体育发展"十三五"规划》，http：//www.sport.gov.cn/n10503/c722960/content.html。

（三）科学供给丰富全民健身服务

提高全民健身科学化水平，要用科学的供给来满足全民健身受众的内在需求。新时代的全民健身科学服务体系是以全民健身保障公民基本健康权利，优化政府、市场等多元化主体供给，精准满足人民群众多层次健身需求的全民健身产品和服务体系。在全民健身服务领域，既要"有效的市场"，也要"有为的政府"。从供给主体视角看，全民健身服务的供给包含政府为主导的公共服务供给，以及市场为主导的产业服务供给。全民健身服务供给的科学化建设，是科学把握市场和政府在资源配置中有机统一的关系的体现，也是中国特色社会主义制度优越性的体现，公共服务供给和产业服务供给二者相辅相成、相互促进、互为补充，不是相互否定、割裂对立的关系。

1. 全民健身产业服务科学供给与创新

产业服务科学供给与创新，是新时代全民健身服务发展的重要支柱，强调创造价值、满足需求、优化交易、获取利润，是市场服务交互行为、过程与结果的体现。根据《体育产业统计分类（2019）》（国家统计局令第26号），体育产业服务主要涵盖体育竞赛表演服务，体育健身休闲服务，体育场地和设施服务，体育经纪与代理服务、广告与会展服务、表演与设计服务，体育教育与培训服务，体育传媒与信息服务，其他体育服务[1]，它们是体育产业的构成主体，也是全民健身服务的重要组成部分，是新时代全民健身服务主体多元化、协同化发展的结果。

新时代，网络环境下全民健身相关产业服务模式、业态、产品的创新改变了人们的全民健身理念、生活及行为方式，呈现以下特征：①服务模式创新，双边市场形成，平台化战略、个性化定制发展。全民健身服务内容和领域不断拓展，服务模式和业态不断创新。健身服务交易的资源主体、信息主

---

[1] 国家统计局：《体育产业统计分类（2019）》（国家统计局令第26号），http：//www. stats. gov. cn/tjgz/tzgb/201904/t20190409_ 1658556. html。

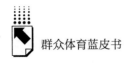

体、价值流程交互关联,开放整合。互联网改变了群众健身行为与习惯,全民健身借助网络平台、大数据技术,精确捕捉用户个体行为、群体共性行为的变化、特征和过程,线上线下健身服务融合创新。例如:体育自媒体平台提供原创健身视频的客户,既是平台服务的消费者,又是平台服务的生产者;赛事服务、培训服务中产生、沉淀的大数据不仅仅是赛事服务的从属产品,更是信息价值的重要来源;线上健身平台改变了传统运动场景,基于分享的内容传播快速创造商业价值和体育消费。②服务价值融合,网络化协同,产业链延伸,智能生产性服务业发展。创造高附加值、符合群众需要的产品与服务,摆脱全球价值链低端困境,提供殊途同归的路径选择。融入服务要素的全民健身利用大数据分析提供比消费者更懂自己的多样化健身服务,不仅可以创造独特的、定制化的顾客价值,还可以提高顾客保留率,增强顾客情感依附,降低顾客价格敏感度。互联网对全民健身服务的渗透,从市场服务端向制造端延伸,简化价值链环节,优化供应链流程,定制化研发设计,精准化库存管理,都让产品的生产价值链和服务价值链融合发展,有效延伸价值链,扩展利润空间。

2. 全民健身公共服务科学供给与创新

全民健身公共服务科学供给与创新,强调精准供给、均等覆盖、高效普惠、持续提升,是公共服务交互行为、过程与结果的体现。目前可知,民众对全民健身公共服务的期待同供给之间存在明显差距,其一是民众全民健身公共服务需求表达不充分、不明确;其二是技术手段不足,获取民众需求的主观感知测量不充分、不明确;其三是完善公共服务供给的决策、管理机制不健全;以上原因造成全民健身公共服务需求供给结构性错位。全民健身公共服务主要包含全民健身场地设施服务、全民健身赛事活动服务、全民健身组织队伍服务、全民健身宣传指导服务、全民健身监测标准服务、全民健身监控评估服务、全民健身科研信息服务七大部分。

新时代,全民健身与全面健康的战略融合,使全民健身公共服务科学供给呈现以下特征:①体医结合,全民健身公共服务重点领域内涵扩展。

新时代背景下，全人群（即婴幼儿、妇女、中小学生、机关企事业单位职工、农村/社区居民、65岁以上老年人、流动人群）、全生命周期（即出生到死亡）、全健康状态（即健康状态、亚健康状态或高危状态、疾病状态）三个层面分别在健康的四个维度（身体健康、心理健康、社会适应健康及道德健康），分别产生了三个级别（健康修复、健康维护、健康促进）的健康需求，全民健身科学研究和科技服务围绕着"大健康"概念开展，全民健身的标准、方法的研制、宣传与推广，要围绕着"全人群"普及开展，群众体育调查和国民体质监测要围绕"精准化"高效开展，运动处方库建设成为时代必需。②均等覆盖，技术手段促进全民健身推广。世界卫生组织"全民健康覆盖"的目标是"每一个人，每一个地方"①，《全民健康覆盖情况追踪：2017年全球监测报告》指出，"全球有8亿人将至少10%的家庭预算花费在自己、患儿或其他家庭成员的医疗费用上。对于近1亿人，这些开支足以让他们陷入极度贫困，使他们每天的生活费只能达到1.90美元或更少"②。该报告指出"中国卫生服务覆盖指数76，并列排在全球第37名"③。中国的全面健康之路充满挑战，提倡健康关口前移，对于全面健康覆盖意义重大。加强智慧体育建设，将信息、通信和互联网技术应用于全民健身的全过程，开创全民健身智能化管理的新局面，从健身及健康档案信息化到健身指导与运动处方标准化、健身服务便民化、健身培训多场景化、社区健身服务智能化等，全民健身服务体系的不断拓展和延伸，更需要服务科学的发展和支撑。全民健身服务的科学化，是把计算机科学、运筹学、产业工程、数学、管理学、决策学、社会科学和法学等多学科技术综合应用于全民健身领域的结果。在保证全民健身服务内容的准确基础之上，基于技术创新、业务创新、组织创新、需求创新

---

① 《世卫组织70周年：努力增进世界各地每一个人的健康》，世界卫生组织网站，https://www.who.int/mediacentre/news/releases/2018/who-at-70/zh/。

② 世界卫生组织：《全民健康覆盖情况追踪：2017年全球监测报告》，https://doc.mbalib.com/view/b65ab0522d30446fb69a971e6e292281.html。

③ 《中国卫生服务覆盖指数高于全球平均》，新京网，http://m.china.com.cn/wm/doc_1_3_600385.html。

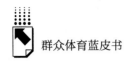
的交叉环节研究"政府、商业、技术、工业创新",实现合作创造服务价值和共享价值。

（四）科学技术支撑全民健身创新

习近平总书记指出，"传统意义上的基础研究、应用研究、技术开发和产业化的边界日趋模糊，科技创新活动不断突破地域、组织、技术的界限，演化为创新体系的竞争，创新战略竞争在综合国力竞争中的地位日益重要"[①]。新时代，是科技创新驱动，加速发展的时代。生产力的深度变革，竞争方式的根本转变，新技术、新应用、新内容生产方式改变了健康消费的供需特征。以人工智能、机器人技术、虚拟现实、生物技术等为突破口的第四次工业革命将与全民健身产生融合的化学反应。物联网、智能装备融入日常生活，改变健康理念，优化健身感受，场景与体验至上激发了全民健身市场服务的新活力，拓展了全民健身的内容。顾客价值、盈利模式、经营资源、业务流程的改变正在重塑全民健身服务生态圈，涌现了大量的新业态，也在促进全民健身公共服务的优化更新。新时代，全民健身科学化服务，迎来里程碑式跨越发展机遇，全民健身服务被赋予新的时代内涵与支撑力量，以科学链接供需，简化交易，提升效率，优化效果，成为现实可能。

全民健身科学服务要符合新发展理念，要追求均等化、普惠化、标准化、高效化、具体化导向的目标高质量；要追求创新、协同、融合、精准、共享导向的发展模式的高质量：用社会协同、地区协同、层级协同、部门协同、流程协同提升效率，用理论创新、制度创新、科技创新、文化创新优化质量，用产业融合、价值融合、内容融合、场景融合来引领发展；要抢抓互联网时代的战略机遇，构建基于大数据、物联网等新技术的全民健身设施体系，优化全民健身服务。

---

① 《习近平谈科技创新：抓住了就是机遇，不能观望懈怠》，人民网 – 中国共产党新闻网，http：//cpc. people. com. cn/xuexi/n1/2016/0330/c385474 – 28239125. html。

三 全民健身科学化的时代意义

党的十九大揭开了奋进在中国特色社会主义新时代的发展序幕。新时代，是党和国家从改革开放 40 年征程和十八大以来 5 年取得历史性成就和变革的方位出发，从民族振兴、国富民强、全面发展的全局视野出发，做出的科学判断。我国全民健身工作近 25 年的发展，是科学社会主义在体育领域的思想凝练和实践检验，近 5 年，《关于加快发展体育产业促进体育消费的若干意见》《全民健身计划（2016～2020 年）》《体育发展"十三五"规划》《"健康中国 2030"规划纲要》《健康中国行动（2019～2030 年）》等相关政策的密集出台，反映了国民对健康的深切希望和根本诉求，表明了党中央对于健康事业、体育事业的高度重视，阐述了全民健身上升为国家战略的时代要义。

新时代，在全民健身工作领域推进科学化建设是全面深化改革的必然之路，是全要素生产率提升的根本途径，是以人民为中心的内在需求，是高质量发展的强力保障，是体育科技建设的必然体现。

（一）不忘初心，推进科学化建设是新时代全民健身工作全面深化改革的必然之路

新时代，坚持习近平新时代中国特色社会主义思想的理论指导，推进全民健身科学化，是不忘初心的坚持，亦是全面深化改革的需要。党的十九大报告指出，"经过长期努力，中国特色社会主义进入了新时代，这是我国发展新的历史方位"[①]。在新的历史方位下，回顾近 25 年全民健身理论与实践科学化征程的"不忘初心"，是坚持党的正确领导之初心，坚持中国特色发展之初心，坚持科学技术是第一生产力之初心，坚持全民健康和民族复兴之

---

① 习近平：《决胜全面建成小康社会　夺取新时代中国特色社会主义伟大胜利——在中国共产党第十九次全国代表大会上的报告》，http：//www. hnsjct. gov. cn/sitesources/hnsjct/page_pc/xwtttiao/article1cc30034729346a89c0f8fe85f2eaa0a. html。

初心，坚持改革之初心。不忘初心，牢记使命，科学化在新时代，是中国体育事业和体育产业自我革新、剔除痼疾，突破藩篱、全面改革的决心。站在新的历史起点，面向"两个一百年"奋斗目标，面向国内外环境发生极为广泛而深刻变化的时代节点，在习近平新时代中国特色社会主义思想指引下，科学化助力全民健身战略站在更高起点，推动全民健身工作获得更高成就，具有夯基垒台、立柱架梁的重要意义。科学化不仅是全面健身发展技术、手段、方法的科学化，更是全民健身发展理念、制度、体系的科学化；不仅是体育科技、科学健身、体质监测领域的科学化，更是全民健身服务领域的全面科学化，要着力增强体育改革系统性、整体性、协同性，拓展全民健身领域改革广度和深度，通过科学目标、科学举措、科学保障、科学实施，在重点领域和关键环节着力攻坚，啃硬骨头，才能为健康强国、科技兴邦做出应有的贡献。

（二）解放思想，推进科学化建设，是新时代全民健身全要素生产率提升的根本途径

新时代，坚持习近平新时代中国特色社会主义思想的理论指导，推进全民健身科学化，是解放思想的要求，亦是全要素生产率提升的手段。解放和发展生产力是社会主义的本质要求①，新时代，我国经济发展的环境、条件、任务、要求都发生了新的变化，要进一步解放思想，进一步解放和发展生产力，进一步解放和增强社会活力②。新的方位背景，我国生产力和生产关系的基本矛盾发生转变，经济增速从高速向中高速转变，发展方式从规模速度型向质量效率型转变，经济结构调整从增量扩能为主向调整存量、做优增量并举转变③，发展动力从要素驱动、投资规模驱动为主向以创新驱动发

① 逄锦聚：《坚持解放和发展生产力是我国改革开放的鲜明特征》，《求是》2018年11月1日。
② 顾海良：《特别关注：习近平经济思想的全新内涵》，人民网－人民论坛，2015年3月30日。
③ 《九、以新发展理念引领经济高质量发展（习近平新时代中国特色社会主义思想学习纲要⑩）——关于新时代中国特色社会主义经济建设》，人民网－人民日报，2019年8月2日。

展为主转变①。基于以上"五个转变",党的十九大报告提出"全要素生产率"概念,其本质是一种资源配置效率,考虑所有投入品的投入产出比,强调通过科学技术进步、人力资本提升、产业结构改革、科学管理优化、创新型竞争等方式提升资源利用率。目前,我国全民健身亟待解决的问题从资源效率角度出发,主要有四点:全民健身领域的每个要素功能发挥的不充分;全民健身领域各个要素之间内在链接尚未形成;全民健身领域全要素生产力贡献和测算有待提升;全民健身的驱动发展模式有待转型。面对以上问题,其一要解放思想、发展生产力。只有坚持解放思想,坚持科学发展,才能突破桎梏,激发活力,才能在生产关系和上层建筑层面得到制度性和体制性的保障。其二要技术创新,加大自主研发力度。找准症结,破解难题,唯有人才、科技和创新才能真正发展社会主义生产力,才能推动全民健身领域的生产要素协同发展,充分释放。其三要优化配置,多元协同。充分发挥市场在资源配置中的决定性作用,更好发挥政府作用,激发各类市场主体活力。基于以上所述,新时代,唯有科学化才能打通全民健身的提升路径,只有科学化才能发挥政府的有用性和市场的有效性,提升体育资源的开发、利用和保护,才能从根本上优化生产力、生产关系,提升生产效率。生产力的发展,推动效率提升,推动社会发展,推动时代进步,是实现"体育强国"战略梦想和"两个一百年"宏伟目标的终极力量。

(三)实事求是,推进科学化建设,是新时代全民健身以人民为中心的内在要求

新时代,坚持习近平新时代中国特色社会主义思想的理论指导,推进全民健身科学化,是实事求是的体现,亦是以人民为中心的引导。实事求是,是中国共产党人世界观、方法论的基石,要求我国全民健身工作要立足客观实际,立足社会存在,立足社会物质条件的总和,立足国际形势、基本国情和发展要求,立足当前科技发展,判断现实要兼顾真实性、全面性、变动

---

① 张占斌主编《中国经济新常态》,人民出版社,2014。

性；人民中心，是马克思主义价值观的生动表达，是中国特色社会主义本质的内在要求，是中国共产党的最高价值遵循①。要发展以人民为中心的全民健身，坚持从人民群众的愿望和需求出发，推动全民健身与全面健康深度融合，要注意群众需求的复杂性、多变性、层次性。实事求是，人民中心，均要加强对我国新时代、新要求、新特征的科学研判。

思考全民健身工作的成绩与问题，机遇与挑战，要紧扣我国社会主要矛盾这个主题，即十九大报告中提出的"我国社会主要矛盾已经转化为人民日益增长的美好生活需要和不平衡不充分的发展之间的矛盾"②的基本论断。从需求侧看，1981年十一届六中全会概括的"人民日益增长的物质文化需要"③已转变为"人民日益增长的美好生活需要"，改革开放四十年，"人民生活显著改善，对美好生活的向往更加强烈，人民群众的需要呈现多样化、多层次、多方面的特点"④。人民需求的转变体现在全民健身领域：其一，内涵的拓展。人民对于运动促进健康的直接需求诸如无病无弱、增强体质、延长寿命等没有消失，还增加了运动对于心理健康、社会适应力乃至幸福感、获得感、安全感提升的主观需求。基于全民健身与全面健康的深度融合，覆盖全生命周期、全健康水平、全类型人群的全方位健身需求不断拓展。其二，层次的提升。人民的健康追求，呈现生存型需要向发展型需要拓展、增量型需要向提质型需要转变、均等化需要向个性化需要延伸。其三，消费的升级。我国全民健康消费经历着从感性消费向理性消费，从盲目消费到合理消费、从同质化消费向个性化消费、从治疗性消费到预防性消费、从实物型消费到体验式消费的转型升级。从供给侧看，"落后的社会生产"的矛盾阐述转变为"不平衡不充分的发展"。全民健身工作的不平衡不充

① 《习近平新时代中国特色社会主义思想的理论精髓》，《光明日报》2018年8月25日。

② 习近平：《决胜全面建成小康社会　夺取新时代中国特色社会主义伟大胜利——在中国共产党第十九次全国代表大会上的报告》，http：//www.hnsjct.gov.cn/sitesources/hnsjct/page_ pc/xwtttiao/article1cc30034729346a89c0f8fe85f2eaa0a.html。

③ 《1981年6月27日〈关于建国以来党的若干历史问题的决议〉》，中国网，2018年6月27日。

④ 《闻言：坚持以人民为中心的发展思想　努力让人民过上更加美好生活——学习〈习近平关于社会主义社会建设论述摘编〉》，《人民日报》2017年10月17日。

分，主要指全民健身的真实需求还未释放，全民健身的优质供给还未实现，政府提供全民健身服务的职能未能有效发挥，新型体育管理体制尚需完善，全民健身投入尚需增加，公共体育服务的均等化差距较大，健身场地保障、健身设施维护、健身队伍建设、健身活动管理、健身指导测评作为全民健身公共服务体系的重要环节，仍存在供需不匹配、区域不均衡、城乡不均等、人群未覆盖等问题。社会主要矛盾转化决定了新时代全民健身工作的战略任务和重新聚焦，也为全民健身的科学化提出了新问题、新挑战、新要求。全民健身供需的充分性、均衡性、有效性、灵活性亟待提升，规模供给、优质供给、有效供给、灵活供给、精准供给亟须科学化的有效提升保证和实现。

（四）知行合一，推进科学化建设，是新时代全民健身工作高质量发展的强力保障

新时代，坚持习近平新时代中国特色社会主义思想的理论指导，推进全民健身科学化，是知行合一的拓展，亦是高质量发展的必然。全民健身近25年的发展是"知行合一"的探索，是不同时期理论指导实践的动态发展历程。全民健身服务体系建设，从"建立有中国特色的全民健身体系的基本框架"[1] 到"2010年基本建成具有中国特色的全民健身体系，使群众性体育健身活动做到社会化、生活化、科学化"[2]，"逐步完善符合国情、比较完整、覆盖城乡、可持续的全民健身公共服务体系"[3] 再到"支撑国家发展目标、与全面建成小康社会相适应的全民健身公共服务体系日趋完善"[4]，

---

① 国务院：《全民健身计划纲要》，http：//www. moe. gov. cn/s78/A17/twys_ left/moe_ 938/s6614/s6615/201207/t20120706_ 138910. html。

② 国家体育总局：《关于印发〈《全民健身计划纲要》第二期工程第二阶段（2006～2010年）实施计划〉的通知》，http：//www. sport. gov. cn/qts/n4986/c670160/content. html。

③ 《国务院关于印发全民健身计划（2011～2015年）的通知》，http：//www. gov. cn/zwgk/2011 - 02/24/content_ 1809557. htm。

④ 《国务院关于印发全民健身计划（2016～2020年）的通知》，http：//www. gov. cn/zhengce/content/2016 - 06/23/content_ 5084564. htm。

内涵的拓展展现的是我国全民健身工作知行合一、与时俱进的探索实践和目标要求。回顾历史，实践的成就是丰硕喜人的，展望未来，目标的追求是值得期待的。截至 2013 年底，我国各类体育场地共约 169.46 万个，是新中国成立初期的 397 倍，人均体育场地面积 1.46 平方米，是新中国成立初期的 143 倍，而 2020 年预计的目标是 1.8 平方米①；截至 2014 年底，全国经常参加体育锻炼的人数比例达到 33.9%，相较于 2007 年提高了约 5.7 个百分点，2020 年预计目标将超 37%，2030 年预计目标超 40%，2020 年中国的体育人口有望达到 4.35 亿人；城乡居民达到《国民体质测定标准》合格以上的人数比例达到 89.6%②，2020 年该比例预计达到 90.86%，2030 年为 92.17%；每千人拥有社会指导员人数为 1.6 人，2020 年预计达到 1.9 人，2030 年达到 2.3 人③。数字的精确性体现的是覆盖的广度，而质量的深度和丰富度需要的是科学化体系的全面塑造。习近平总书记在 2017 年 12 月几次重要会议上反复强调"推动高质量发展"，对于全民健身工作而言，质量是生命，是以人民健康为中心的全民健身工作的重要目标。新时代，全面健康追求的是高质量的健康，健康寿命不仅体现国民生命长度，更体现国民生命质量的宽度、高度和丰富程度。科学健身是健康促进的重要手段，是健康素养提升的重要方式，亦是健康生活方式的重要组成，更是体育之美追求生命之美、追求生活之美的表达；新时代，全民健身工作不仅是政府的工作，更是市场的工作，高质量发展的全民健身，是公共服务与市场服务提升的共同追求。因此，以规范化、精细化、个性化为标准的科学化发展才是未来高质量发展的基本保障，以主观获得感、幸福感的测量表达全民健身工作的科学进展成为未来发展之需。

---

① 国家体育总局：《体育发展"十三五"规划》，http：//www. ndrc. gov. cn/fzgggz/fzgh/ghwb/gjjgh/201708/t20170810_ 857372. html。

② 刘鹏：《落实全民健身国家战略 努力推进健康中国建设（学习贯彻习近平总书记在全国卫生与健康大会上的重要讲话精神）》，《人民日报》2016 年 10 月 10 日。

③ 健康中国行动推进委员会：《健康中国行动（2019～2030 年）》，http：//www. gov. cn/xinwen/2019 –07/15/content_ 5409694. htm。

（五）开放共享，推进科学化建设，是新时代全面健身智慧体育建设的必然体现

新时代，坚持习近平新时代中国特色社会主义思想的理论指导，推进全民健身科学化，是开放共享的要求，亦是科技进步的必然。推进全民健身科学化，是"科学技术是第一生产力"论断在体育科技改革中的具体实践，是体育工作适应社会主义市场经济体制改革的自体发展之需，是"体育振兴要依靠科学技术进步，体育科学技术要面向体育运动的发展"① 科技振兴方针的始终坚持。

习近平总书记指出，"科技是国之利器，国家赖之以强，企业赖之以赢，人民生活赖之以好"②，时代格局变迁，科学技术作为推动经济社会发展的主要力量，"以信息、生命、纳米、材料等科技为基础的系统集成创新"③，以人工智能、大数据、超级计算、物联网、脑科学等新理论新技术的超高速驱动为代表，突破场域组织，丰富交易品种，模糊产业边界，融合价值模块，实现人机协同，引发全球产业革命和价值网络重塑，深度学习、跨界融合、开放共享，溢出效应极强。全民健身面对科技发展契机，亦"不能等待，不能观望，不能懈怠"④。2018 年政府工作报告明确指出"确立发展智能体育产业这一战略方向，做大做强新兴产业集群，实施大数据发展行动，加强新一代人工智能研发应用，在体育等多领域推进互联网＋"⑤，创新的智能体育既能提供运动管理服务，增值服务优化健身体验，又能进行健康管理，提供个性化服务，产品智能化将进一步提升效率，提升规模效应，在全民健身需求中实现"所见即得"、"比你懂你"、"随处随想"、"动

---

① 国家体委：《国家体委关于深化体育改革的意见》，http://www. chinalawedu. com/falvfagui/fg22598/26300. shtml。

② 《习近平：科技是国之利器》，新华网，2016 年 6 月 6 日。

③ 习近平：《致二〇一五世界机器人大会的贺信》，《人民日报》2015 年 11 月 24 日。

④ 中共中央文献研究室：《习近平关于科技创新论述摘编》，中央文献出版社，2016。

⑤ 中华人民共和国中央人民政府：《2018 年政府工作报告》，http://www. gov. cn/premier/2018－03/22/content_ 5276608. htm。

无边界"、"互联共享"的体验,智能体育在全民健身领域的应用正在覆盖生活管家、社交娱乐、健身训练、体质监测、运动康复、视频传播等多领域。新时代,全民健身以服务为本体、以制造为支撑,其发展更要依靠科学技术进步,紧密结合全民健身发展实际,积极开展科学研究和科技服务,加强其他先进领域技术在全民健身领域的应用,贯彻体育强国战略,加速体育科技进步,加快科技成果转化,实现全民健康共享的科学成果发展新阶段。

四 全民健身科学化的时代展望

新时代背景下,全民健身科学化将呈现公共服务均等化、区域发展协同化、产业发展融合化、业态模式创新化、信息服务平台化、硬件设施智能化、培训指导个性化、体质监测精准化、监督评估动态化、科技研发共享化、人才培养复合化发展趋势。

(一)全民健身公共服务均等化

党的十九大报告提出,"完善公共服务体系,保障群众基本生活,不断满足人民日益增长的美好生活需要,不断促进社会公平正义,形成有效的社会治理、良好的社会秩序"①。全民健身基本公共服务是保障社会成员最基本的生存权、健康权、健身权所必需的公共服务中最重要、最核心的部分,也是 2020 年中国要实现全面建成小康社会的根基性指标,要推进全民健身公共服务均等化、标准化、普惠化、便捷化,推进城乡区域基本公共服务制度统一。目前最紧迫的宏观目标体现在全民健身领域为"到 2020 年,每周参加 1 次及以上体育锻炼的人数达到 7 亿,经常参加体育锻炼的人数达到 4.35 亿,比例达到 37%;人均体育场地面积达到 1.8 平方米;城乡居民达到国民体质测定标准合格以上的人数比例分别不低于 90.86%",高覆盖、

① 习近平:《决胜全面建成小康社会 夺取新时代中国特色社会主义伟大胜利——在中国共产党第十九次全国代表大会上的报告》,http://www.hnsjct.gov.cn/sitesources/hnsjct/page_pc/xwtttiao/article1cc30034729346a89c0f8fe85f2eaa0a.html。

高增长，需要科学机制的有效保证，新时代，完善各级全民健身公共服务标准，构建自上而下，从顶层设计到社区服务多层级的全民健身服务标准体系，明确国家全民健身公共服务质量要求，推进不同年龄段体质测定标准、体育健身方法倡导标准、运动干预处方建议标准制定，优化社区指导员的标准化服务能力，创新全民健身服务标准实施机制，利用网络平台、信息渠道、大数据技术，实现标准信息公开共享，加速服务的覆盖范围，提升规模效应。伴随全民健身科学化的进程，全民健身基本公共服务明确的均等化标准构建，新时代背景下，全民健身的均等化发展终将实现。

（二）全民健身区域发展协同化

党的十九大报告将实施区域协调发展战略作为新常态下"贯彻新发展理念，建设现代化经济体系"的重大战略举措，从系统性、动态性、开放性视角优化区域内部的资源和要素配置，运用创新思维改进区域之间的合作与协同模式，使区域协同发展从初级到高级、从无序到有序、从竞争到协作的动态演化①。2017年北京、天津、河北联合发布《京津冀体育产业协同发展规划》，上海、江苏、浙江、安徽体育产业协作会议召开，其他包括粤港澳、长株潭、闽西南等区域体育产业协同发展的实践升级，区域协同化发展的全民健身服务体系将在新时代背景下逐步实现，呈现地理聚集的区域范围内全民健身发展的目标协同、战略协同、整合协同、机制协同，实现多元系统间的相互作用，也是推进全民健身公共服务均等化、服务对象普惠化、服务区域同城化、服务发展共享化的发展道路。

（三）全民健身产业发展融合化

伴随全民健身与全面健康的深度融合，体育产业与健康产业在产业角度势必融合发展，体育产业可以利用其关联度高、产业链长、辐射性强的优

---

① 邱洪全等：《新发展理念下区域协同发展测度与时空演化研究——以闽西南协同发展区为例》，《华东经济管理》2019年8月。

势，主动融入健康中国大局中，充分发挥在健康中国建设中的作用。以《健康产业统计分类（2019）》[①]为例，体育运动服务、群众体育活动、其他体育健身休闲活动、体育运动培训作为健康促进服务纳入统计分类，而"以运动促进健康"，呈现"健身与健康"融合的业态也在统计指标中得以体现，例如包含国民体质监测与抗体服务、科学健身调理、运动康复按摩、体育健康指导、运动床上治疗等在内的"体育健康服务"；依托旅游资源、休闲疗养机构，以体育运动为主的旅游景区开展的"健康旅游服务"；为居民健康生活服务提供第三方服务平台的"互联网＋健康服务平台"，以健康数据处理与存储等为主的"健康大数据与云计算服务"、"物联网健康技术服务"等"智慧健康技术服务"；用于用户穿戴和控制的具有健康监测、评估等功能的"健康智能设备制造"等。新时代，基于不同人群的不同健康需求，产业融合发展提供包括运动医疗、运动康复、运动医药、运动营养、运动养生、运动监测、运动处方、运动培训、运动传媒等在内的新型产品与服务，助力运动医疗产业、运动健康核心产业、运动健康信息产业、运动装备产业、运动保险业等产业的蓬勃发展。

（四）全民健身业态模式创新化

"创新、跨界与智能"将成为新时代全民健身服务的核心主题。新技术革命时代下"大科学"特征明显，学科之间固有的界限被不断打破，产业边界模糊，业态快速更迭创新，新的商业模式涌现。在以大数据、物联网、云计算等技术提供的数据基础、机器学习算法、图像处理计算能力，以及全社会对人工智能技术的接受和认同背景下[②]，互联网缩减信息、产品或服务传递的中间环节，减少信息失真，降低交易成本，获取精准的市场洞察力，全面健身相关制造业的生产技术、组织方式、竞争策略，服务业的商业模

---

① 《健康产业统计分类（2019）》（国家统计局令第 27 号），http://www.stats.gov.cn/tjgz/tzgb/201904/t20190409_1658560.html。

② "新一代人工智能引领下的制造业新模式新业态研究"课题组：《新一代人工智能引领下的制造业新模式与新业态研究》，《中国工程科学》2018 年第 4 期。

式、运营管理、市场营销等都面临重大调整，产品的智能化和网络化，管理流程的数字化和创新化，研发设计的协同化和高效化，制造业向服务业转型，全民健身相关的生产型服务业逐渐成熟。新时代，聚焦细分市场，突破行业痛点，高科技属性融合将成为当前全民健身领域的特点。实践中，实现社交属性的多场景训练 App 应用 KEEP，首个机场安检后公共健身房"ROAM Fitness"，创新健身生活方式的"超级猩猩"，以智能软硬件为依托的健身房"光猪圈"，致力于细分体育留学市场的"WEsport"，聚焦复合创新的青少年篮球培训的"YBDL"，专业运动康复与慢病管理的"术康"，专注大众 IP 赛事的每步科技等企业，创新健身服务形式，丰富了群众的运动体验。互联网技术和思维渗透到全民健身市场端的方方面面，未来的全民健身商业生态将呈现出更加生机勃勃的状态。

（五）全民健身信息服务平台化

《"健康中国 2030"规划纲要》提出"加强全民健身科技创新平台和科学健身指导服务站点建设。开展国民体质测试，完善体质健康监测体系，开发应用国民体质健康监测大数据，开展运动风险评估"，我国全民健身健康公共服务平台网络化、信息化、综合化、数字化是新时代发展的趋势。全民健身公共服务信息平台是指全民健身公共服务相关信息收集、储存、推广、普及的互联网平台。通过数字化转型，物联网建设，集成地区内体育资讯、赛事信息与报名通知、健身场所及场地预订，体质健康与运动处方，健身组织与协会活动等相关信息，构建由全民健身资源平台、云平台和应用平台等三大平台组成的开放、动态的综合平台系统，打造全民健身政策、服务、个人信息等集成的新型生态，构建互联网 + 全民健身公共服务的新模式。目前我国北京、浙江、内蒙古、广东、山东等地都打造了全民健身公共服务平台，体育企业已经把握时机，利用平台战略谋求创新，例如久事智慧体育的"智能云平台 + 三大系统"等。未来平台的信息时效性、全面性、普及性的提升，将会极大提升全民健身公共服务效率。

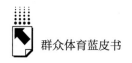

（六）全民健身硬件服务智能化

我国全民健身场地、设施、器材、设备的研发与应用的科学化、智能化、智慧化是新时代发展的趋势，并将带动赛事服务、场馆服务、培训服务的升级，是智慧城市建设的重要组成部分。目前我国全民健身基础设施难以适应智慧城市建设发展需要，传统设备信息化程度低，影响健身使用体验，难以满足大众全民健身智能化、便捷化、多场景化的真实需要，未来全民健身场地、设施、器材、设备的研发依托物联网发展，智能手机的普及和移动支付技术的成熟，将会出现诸如智能健身指导与体质监测智能服务场所，与可穿戴设备结合，结合二维码及人脸身份识别，实现体质监测、器械训练、健身监控、远程健身指导服务、手机端健康数据管理等服务功能。

（七）全民健身培训指导个性化

传统的科学健身培训和指导工作，依靠理论依据、实践经验、实证研究对不同人群运动知识、健身方法、运动处方、运动干预、运动评估、运动培训服务进行创建、选择、应用和指导工作，通过社会指导员培养和科学健身指导站建设，服务大众。新时代，个性化、品牌化、定制化成为全民健身消费的新兴需要，运用大数据分析在保持规模经济性的同时提供个性化的产品，建立适应于不同地域、不同场所、不同健康状况人群的共性运动处方与个性运动处方，提供针对性、精准化的培训方式。在互联网及物联网、大数据技术的应用基础上，推进运动处方信息系统、科学健身信息系统、健身服务标准化系统建设。例如，实现运动信息动态自动识别、录入、储存、分析，形成运动处方及干预方案；利用计算机视觉技术，识别运动者锻炼动作，与大数据下形成的标准训练方案进行比对，进行在线标准化纠正，降低专业化培训成本，实现多场景自训练方案的生成。

（八）全民健身体质监测精准化

全民健身监测标准服务的科学化，主要体现在国民体质监测领域与评价的方法、关键技术和标准的研发与编制以及公共服务标准化建设。新时代随着互联网技术的迅速发展，计算机硬件技术和生物医学领域的体质健康研究关系更加紧密。国民体质监测的研究需要利用移动互联网、云、大数据等现代信息技术手段，结合生物医学的运动健康，建设动态、高效、精准、便捷的国民体质监测公共服务平台。例如随着科技发展，四川、浙江、河北等地成立了国民体质监测中心，可实现数据录入、体质评价、查询统计、资讯获得、系统管理等功能，但仍存在中心数量有限、覆盖范围有限、服务人群有限、方法运用有限、机构联系有限、数据集中有限等问题，体质监测的完整性、覆盖性、系统性、有效性、科学性不足。因此，如何利用科技手段提高监测体系的科学性和全面性就显得十分必要。例如清华大学"国民健康云数据计划"，依托疾病筛查和健康评估设备，提供健康风险评估、体质测评与运动健身指导、疾病预警与早期干预等服务。

（九）全民健身监督评估动态化

全民健身监督评估科学化主要体现在产学研政联动，积极发挥智库建设的作用，从政策评估、资质评估、服务评估、标准评估、效果评估、项目评估角度推进全民健身科学化发展。一方面，大数据时代为全民健身公共服务评估精准度提供了必要的技术手段，使得处理社会、市场和政府多元高效供给，顾客多样需求智能感知成为可能。极大地缩短了信息抓取、传输、储存、分享的周期，降低了成本，也可借助大数据资源及技术有效预测全民健身公共服务的总量，优化配置，定制服务，动态监控，精准测评。极大地提升了评估的准确度、及时性及评估报告的可转化性。另一方面，评估的方式也要从传统模式向新型模式转变。网络化、数据化和智能化时代的来临，依托数据分析、行为实验、模拟仿真和循证检验助力公共政策决策成为可能[1]。全民健身公共服务信息化、数据化、智能化需求，推动全民健身决策

---

[1] 陈振明：《智库专业化建设与公共决策科学化——当代公共政策发展的新趋势及其启示》，《公共行政评论》2019 年 3 月。

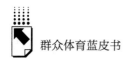
机制的完善。公共政策数据中心或实验室、全民健身新型智库建设，优化政府决策流程再造，完善政府数据资源共享格局，最大限度地改进公共政策质量，提升公共决策的科学化水平。

（十）全民健身科技研发共享化

全民健身科研信息服务科学化，主要体现在选准科研主攻方向，有目的、有计划地开展科学研究、科研攻关和科技服务；建立和完善科技成果推广应用开发体系，培育和建立体育科技信息市场，推动体育技术市场的发展。科技研发共享是四个层面的共享，其一是价值融合，产业共享。实现科技和全民健身服务的供需角色转换，深化"科技＋体育"和"体育＋其他产业"的改革发展，实现科技成果的共建共享。其二是合作互通，主体共享。主要实现全民健身、竞技体育、体育产业的服务主体，在产品创新、服务优化、科研提升方面的共享，实现全民健身衍生品创意和设计开发，推进全民健身相关产业发展。其三是平台整合，机构共享。健全体育产业领域科研平台体系，建设产业技术创新战略联盟、企业研发中心、高校智库，形成产学研协同创新机制。其四是科技转化，成果共享。新技术背景下的无形资产和知识产权识别与保护，完善体育技术成果转化机制，促进全民健身领域科技成果产业化。

（十一）全民健身人才培养复合化

全民健身人才队伍建设，是下一步全民健身科学化工作发展的根基。要顺应健康中国新时代，深刻领会新时代体育改革的要求，构建新型人才观，坚持"体育强国、科技兴邦、人才兴体"的人才培养战略，创新全民健身人才培养模式、畅通人才流通渠道、构建人才激励机制、开拓人才服务路径，要制定和落实相关配套人事政策，要持续加强重点领域高层次领军人才选拔培养，要重视高等院校及相关体育人才培养单位的培养质量，加强对现有全民健身队伍的分级、分类、分专业培训，要重视基层人才培养，加强社会健身指导员队伍建设，实现全民健身工作全方位、多元化、多层次的人才队伍。在新时代培养一批兼具国际视野与本土情怀，有良好的健康发展社会责任感和体育发展时代意识，多学科背景的复合应用型、创新型"体育＋"、"互联网＋"、"健康＋"人才。

参考文献

［1］《中华人民共和国国民经济和社会发展第十三个五年规划纲要》，http：//www. gov. cn/xinwen/2016 – 03/17/content＿ 5054992. htm。

［2］健康中国行动推进委员会：《健康中国行动（2019～2030 年）》，http：//www. gov. cn/xinwen/2019 – 07/15/content＿ 5409694. htm。

［3］国家体育总局：《体育发展"十三五"规划》，http：//www. sport. gov. cn/n10503/c722960/content. html。

［4］国务院：《全民健身计划（2016～2020 年）》，http：//www. gov. cn/zhengce/content/2016 – 06/23/content＿ 5084564. htm。

［5］国务院：《"健康中国2030"规划纲要》，http：//www. gov. cn/xinwen/2016 – 10/25/content＿ 5124174. htm。

［6］国务院：《关于加快体育产业发展 促进体育消费的若干意见》，http：//www. gov. cn/zhengce/content/2014 – 10/20/content＿ 9152. htm。

［7］习近平：《决胜全面建成小康社会 夺取新时代中国特色社会主义伟大胜利——在中国共产党第十九次全国代表大会上的报告》，《人民日报》2017 年 10 月 28 日。

［8］《体育强则中国强，国运兴则体育兴》，《人民日报》2017 年 9 月 5 日。

［9］《开创我国体育事业发展新局面，加快把我国建设成为体育强国》，《人民日报》2017 年 8 月 28 日。

［10］《十九大报告的新思想、新论断、新提法、新举措》，新华网，http：//www. xinhuanet. com/2017 – 10/19/c＿ 1121823252. htm。

［11］《闻言：坚持以人民为中心的发展思想 努力让人民过上更加美好生活——学习〈习近平关于社会主义社会建设论述摘编〉》，《人民日报》2017 年 10 月 17 日。

［12］《在践行习近平新时代中国特色社会主义经济思想中推动高质量发展》，光明网，http：//news. cnr. cn/native/gd/20190723/t20190723＿ 524702365. shtml。

［13］中共中央文献研究室：《习近平关于科技创新论述摘编》，中央文献出版社，2016。

［14］刘志明：《以发展着的理论指导新的实践》，《光明日报》2017 年 11 月 13 日。

［15］习近平：《在中国科学院第十七次院士大会、中国工程院第十二次院士大会上的讲话》，人民出版社，2014。

［16］习近平：《致二〇一五世界机器人大会的贺信》，《人民日报》2015 年 11 月 24 日。

［17］《推进全民健身高质量发展，加快体育强省建设》，《新华日报》2018 年 8 月 8 日。

［18］《习近平新时代中国特色社会主义思想的理论精髓》，《光明日报》2018 年 8 月 25 日。

［19］《国家体育总局召开传达学习贯彻党的十九大精神干部大会》，国家体育总局网站，http：//www. gov. cn/xinwen/2017 – 10/27/content_ 5234810. htm。

［20］《如何提高全民健身现代治理能力》，国家体育总局网站，http：//www. sport. gov. cn/n316/n343/n1195/c789898/content. html。

B.8
冰雪运动"南展西扩"战略
实施现状与发展方略

冯思雨　张　盛*

摘　要： 中华民族自古以来就与冰雪有着不解之缘，在筹办2022年北京—张家口冬奥会之际，我国提出"北冰南展西扩东进"的冰雪运动推广战略，这既是20世纪"北冰南展"口号的继承和延伸，也是新时代下在全国普及冰雪运动、全力备战冬奥会的重要途径。经调查，本战略提出以来，各地区在冰雪竞技人才培养、普及群众冰雪运动、发展冰雪产业、传承冰雪文化等方面均有突破，但也面临优劣势项目分化严重、弱势项目关注度不高、群众参与冰雪运动频率低且缺乏场地、体育产业中鲜有知名民族品牌、地方特色冰雪文化尚未形成等推广难题。在此背景下，本研究根据冰雪竞技、群众冰雪、冰雪产业、冰雪文化四个板块提出具体建议，其中包括竞技体育分时分段"四步走"、群众冰雪以"冰雪运动进校园"和"全民健身"为主抓手、开发"冰雪中国"App、冰雪产业"一松一紧"促共享、民族传统冰雪活动再现赢民心等，旨在帮助"北冰南展西扩东进"战略进一步落地实施，全国各族人民共享冰雪运动，共建美好冬奥。

关键词： 冰雪运动　北京—张家口冬奥会　群众体育　冰雪产业　冰雪文化

---

* 冯思雨，上海体育学院在读硕士研究生，研究方向：新闻与传播；张盛，上海体育学院副教授，新闻学博士，硕士生导师，研究方向：新闻与传播。

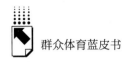
冰雪运动，又称冬季运动，是在天然或人工冰场借助各种装具进行的各项冬季体育运动的总称，通常分为冰上运动和雪上运动两大类，早期只能在寒冷的冬季中寻找可以结冰或有积雪的地区开展。根据史籍记载，远在宋朝以前，我国就已有了滑冰的游戏，如《宋史》的《礼志》中写道，皇上"幸后苑观花，作冰戏"。"冰戏"，即人们现在所说的滑冰，也有些古籍将其称为"冰嬉"，是我国有证可考的最早的冰雪活动之一。① 虽然滑雪运动历史久远，但早期它是作为人类生活和劳作的辅助行为长期存在，直到19世纪才随着工业社会的发展，从繁重的体力劳动和粗糙简单的生活方式中解放出来，并逐渐从生产生活和军事活动的行为演变成为冬季的娱乐休闲活动，进而发展成为当代体系完整的体育运动项目。②

一 从"北冰南展"延伸至"西扩东进"

中华民族自古便与冰雪有着不解之缘，在漫长的历史进程中，中国人不仅学会了抵御冰雪的严寒，更学会了利用冰雪、观赏冰雪、嬉戏冰雪。由于我国北方地区冰雪资源丰富，在北方地区生活的人们逐渐适应了冰雪环境，同时也创造出了多样的冰雪文化，如满族的打滑挞、蒙古族的雪地博克、赫哲族的推冰磨、鄂伦春族的皮爬犁等，这些活动都是具有民族特色的传统冰雪游戏，体现出中国传统冰雪运动文化的民俗性特征。③ 随着人工制冷冰场的普及和人造雪场的出现，目前大部分冰雪运动项目已经可以在世界各地不分季节地在室内开展④，极大地丰富了各地的冰雪运动文化，形成了冰雪运动氛围。

① 黄世耀：《我国古代的滑冰运动》，《冰雪运动》1984年第3期。
② 窦家军：《从工具到玩具——滑雪运动的历史溯源》，《文史博览（理论）》2008年第9期。
③ 张宝强：《中国传统冰雪运动文化的内涵与特征研究》，《咸阳师范学院学报》2018年第6期。
④ 付进学等：《冰雪运动》，知识出版社，1998。

20 世纪 80 年代，国家体育总局率先提出"北冰南展"的口号，旨在让冰雪资源较为贫瘠的南方地区共享冰雪运动，给南方居民提供更丰富的运动选择，促进南北方文化交流。但随着时间的推移，"北冰南展"并未有足够的发展，有些项目建队时间较短，有些项目则在一定时间内消失，只是靠"租借"运动员参赛，并没有形成项目发展的规模和体系。2010 年温哥华冬奥会后，中国冬奥军团取得重大历史性突破，在全国刮起冰雪狂潮。借冬奥会夺金契机，国家体育总局冬季运动管理中心制定了冬季项目的中长期发展规划，"北冰南展西扩"作为其中重要内容之一正式走上历史舞台。① 2015 年 7 月 31 日，北京携手张家口获得 2022 年第二十四届冬季奥林匹克运动会举办权。2017 年 12 月 12 日，国家体育总局局长苟仲文在"第四届全国大众冰雪季"新闻发布会上首次提出了冰雪运动"东进"的要求，至此，"北冰南展西扩东进"也正式成为我国冬季运动项目发展的重要战略②，该战略在促进冰雪运动南北方共同发展的基础上，将有一定冰雪资源但经济实力相对较弱的西北地区纳入冰雪推广新阵地，在全国范围内开发各地的冰雪资源，提高冰雪资源利用率，进一步扩大冰雪运动人口，提高冰雪运动竞技水平，加速冰雪产业发展，促进全国各地、各民族冰雪文化交流，助力更多人分享冰雪、参与冰雪、爱上冰雪，为 2022 年冬奥会的成功举办打下坚实基础。因此，"北冰南展西扩东进"战略的提出，也为之前的"北冰南展"注入了新力量和新思想。但由于历史、地理和社会文化等因素，冰雪项目在我国的发展仍然较不均衡，且尚未形成较大的参与规模和完整的管理体系，不论是在竞技体育、群众体育层面，还是在体育产业和冰雪文化交流层面都还有较大提升空间。

近年来，党和国家高度重视发展体育事业，党的十九大报告中强调，要广泛开展全民健身活动，加快推进体育强国建设。随着我国综合国力的

---

① 国家体育总局：《冬季运动中心谱写"北冰南展西扩"崭新篇章》，http：//www. sport. gov. cn/n16/n2061573/n2760888/3626545. html，2012 - 11 - 29。

② 《大众冰雪季"东进"，上海将迎来冰上项目运动会》，上观新闻，https：//web. shobserver. com/news/detail？id = 73766，2017 - 12 - 12。

不断增强,人民自信心和生活水平的不断提高,运动健身意识不断增强,"唯金牌论"的体育观念正在逐步扭转,体育日益成为一种健康的生活理念和方式,国民参与体育运动热情不断提高,对不同运动项目的需求渐趋多元,为冰雪运动的普及和推广打下了良好的群众基础。2018年2月25日,国家主席习近平通过视频欢迎全世界的朋友2022年相约北京,并表示中国将以北京冬奥会为契机,推动群众体育和竞技体育全面平衡发展,推进全民健身事业,不断提升人民健康水平。在这一背景下,"北冰南展西扩东进"的冰雪推广战略为我国各地居民打开了一个新的运动世界,使更多人有机会投入冰雪体育锻炼中,分享冰雪运动带来的快乐,培育健康的价值观和生活方式,而这一战略的贯彻落实也不能仅从竞技体育入手,而要综合考量我国在竞技体育、群众体育、体育产业和体育文化等多个领域的变化,立足现有基础,进一步突破工作瓶颈,提高冰雪运动发展水平。

二 "北冰南展西扩东进"战略的实施现状

冰雪运动具有季节性,且对冰雪资源要求较高,而我国冰雪资源主要集中于东北三省。东北部地区不论在竞技体育,还是群众冰雪运动上都处于全国领先地位。与此同时,我国南方城市冬季大多多雨少雪,气温较北方而言略微偏高,且少有可供人们进行冰雪运动的天然场所,因此,南方居民冬天则更习惯于在有空调的健身房里锻炼。西部城市(如拉萨、乌鲁木齐等)虽有一定的冰雪资源,但因经济发展的状况、地理环境和体育参与习惯等因素,也还未形成广泛开展冰雪运动的氛围,且缺乏相关领域运营管理的硬件条件、专业支持和政策供给,客观审视现状,将有助于更好地推进战略的实施与优化。

(一)冰雪竞技:国际赛事难登顶,冰雪优劣势项目关注度分化严重

发展竞技体育、提高我国各项运动在国际赛场上的竞技水平,是将我国

建设成为体育强国的重要一环，而提高我国冰雪运动水平，完善冰雪运动竞技人才梯队建设，合理开发各地冰雪运动资源，是其中的一个重要内容。冰雪运动竞技人才，即从事冰雪项目的运动员和冰雪体育竞技后备人才，是有一定的冰雪技能，能够创造优异运动成绩的竞技体育参与者①。近年来，我国冰雪体育竞技人才培育逐步得到重视，尤其是 2022 年北京冬奥会的成功申办，使得全国上下对冬季运动发展和人才梯队建设的关注度迅速提升，"北冰南展西扩东进"战略的实施进入快速发展期。目前，我国除了在冰雪资源丰富、冰雪市场成熟的东北三省（黑龙江、辽宁、吉林）形成冰雪体育竞技人才培养长远规划，还在内蒙古、新疆、河北、北京等地积极推广冰雪运动，旨在将其有限的冰雪资源同经济发展相结合，利用其城市特性和气候特征等因素创建新一批冰雪竞技城市，培养冰雪后备人才。2016 年新疆已成功举办第十三届全国冬季运动会，2020 年内蒙古将举办第十四届全国冬季运动会，两届冬运会的举办将成为西北地区提升冰雪竞技水平的重要契机。另外，在"少冰少雪"的南方城市，上海、深圳、广州等地正在积极探索联合培养冰雪竞技人才的新方式，鼓励冰雪人才"北上"历练技能，"南下"专业带训，促进优秀竞技人才交流经验、提升技能。近年来，国家体育总局注册冰雪运动员数量大幅提升，训练项目范围也逐渐扩大，全国各地、各级培养冰雪后备人才的措施初见成效。

但是，任何运动项目的发展和培育都是一个长期而渐进的过程，冰雪运动同样需要遵循其项目发展规律。目前，我国冰雪运动的竞技水平与冰雪运动强国相比仍存在不小差距。以在全球范围内最具综合性和权威性的冬奥会为例，在近 3 届冬奥会（2010 年加拿大温哥华冬奥会、2014 年俄罗斯索契冬奥会、2018 年韩国平昌冬奥会）中，我国派出的参赛运动员总人数分别为 91 人、66 人、82 人，其中短道速滑、花样滑冰、速度滑冰、冰壶四大优势项目较雪车、冰球、跳台滑雪等项目参与人数较多且较为稳定，代表团在

---

① 朱佳滨、徐金庆、王锦国：《论冰雪体育竞技人才培养的优化》，《冰雪运动》2018 年第 2 期，第 28～30 页。

冬奥会获得的奖牌绝大多数来源于这四个项目。同时，在奖牌总数上，我国在 2010 年温哥华冬奥会上共获得 11 枚奖牌（5 金 2 银 4 铜），而在随后的索契冬奥会上共获得 9 枚奖牌（3 金 3 银 3 铜），在最近的平昌冬奥会上共获得 9 枚奖牌（1 金 6 银 2 铜）。就这三届冬奥会的参赛成绩而言，还有很大的提升空间。究其原因，部分地区在推广冰雪运动上仍然过于看重成绩而忽略其项目发展规律，在优势项目和弱势项目的财政、精力投入上两极分化严重，以致弱势项目缺乏扶持力度，优势项目虽"遍地撒网"但还没有在全国范围内形成科学的后备人才输送链、成熟的体教结合模式和退役运动员保障机制。此外，体育产业尚未成熟，群众冰雪氛围还未形成，也在一定程度上制约了我国冰雪项目竞技体育水平的持续提升。

（二）群众冰雪：校园冰雪初见成效，普通群众参与率仍然偏低

我国群众冰雪运动的发展起步较早。1949 年新中国成立后，在"发展体育运动，增强人民体质"方针的指导下，群众冰上体育一度十分活跃[①]。到 60 年代初，滑冰运动在我国北方地区流行起来，成为北方居民冬季健身娱乐活动的主要内容。在 70 年代末至 80 年代初，哈尔滨几乎所有中小学校都在冬季浇筑冰场，冰上运动是体育课及校园体育活动的主要内容。80 年代末，我国进入社会转型期，冰上运动发展进入低谷；国家体育主管部门提出了"北冰南展"战略，1995 年推行《全民健身计划纲要》，大众冰上运动重现生机[②]。在 2015 年成功申办冬奥会前夕，国家又在"北冰南展"的基础上提出"北冰南展西扩东进"的系统战略，其目的就是将群众冰雪运动延展至全国各地。

2015 年，北京携手张家口获得 2022 年第 24 届冬季奥林匹克运动会的举办权，习近平总书记在申办成功后做出重要指示，提出要"加快冰雪运动发展和普及，使广大人民群众受益"。2016 年，国务院下发《冰雪运动发

[①] 李越：《我国冰雪体育竞赛产业化发展研究》，吉林大学硕士学位论文，2014。

[②] 宋嘉林、阚军常、刘石：《中、加两国大众冰雪运动发展的比较研究》，《冰雪运动》2010 年第 35 期，第 1~5 页。

展规划（2016～2025年）》，（以下简称《规划》），《规划》提出"到2025年，参与冰雪运动的人数稳步增加，直接参加冰雪运动的人数超过5000万，并带动三亿人参与冰雪运动"①。同时还推出《群众冬季运动推广普及计划（2016～2020年）》，提出"到2020年基本形成群众冬季运动开展地区广、场地设施供给充足、赛事活动丰富多彩、体育组织普遍建立、冰雪产业方兴未艾、社会各界广泛参与、冬季运动文化深入人心的群众冬季运动推广普及格局"②。

目前，我国群众冰雪运动迎来了黄金发展期。群众冰雪运动开展的广度和深度不断拓展，尤其是运动推广正在向青年一代普及。"冰雪运动进校园"在东北三省、北京、上海、河北等地有序开展，成为推广群众冰雪运动的重要抓手。国家体育总局《冰雪运动发展规划（2016～2025年）》明确要求抓住北京冬奥会申办成功这一契机，推动冰雪运动进入校园，普及冰雪运动，丰富学校体育文化，具体举措包括：第一，2018年编制完成冰雪运动校园教学指南；第二，全国中小学校园冰雪运动特色学校要在2020年达到2000所，2025年达到5000所；第三，鼓励开设冰雪运动相关专业的职业学校或高等院校参与培养中小学冰雪运动项目专项教师，到2020年完成5000名校园冰雪运动项目专职或兼职教师的培训③。2017年，北京市52所中小学成为北京市第一批冰雪运动特色学校，率先开展冰雪特色课程，以"轮转冰"项目为试点，让更多的轮滑小将体验冰上项目④。上海作为我国南方开展冰雪运动的重要地区，在"树典型、立标兵"上起着模范带头作用。近年来，上海在冰雪资源贫瘠的自然条件下共发展冰场11块，滑雪俱乐部数十个，供群众开展花样滑冰、速度滑冰、短道速滑、滑雪等运动。上海市体育局除了设立39所"奥林匹克教育师范学校"和57所"冰雪运动

---

① 国家体育总局：《冰雪运动发展规划（2016～2025年）》，2016年11月2日。
② 国家体育总局：《群众冬季运动推广普及计划（2016～2020年）》，2016年11月7日。
③ 国家体育总局：《冰雪运动发展规划（2016～2025年）》，2016年11月2日。
④ 国家体育总局：《北京市52所中小学成为冰雪运动特色学校》，《青少年体育》2017年第7期，第19页。

特色学校"，还依托华理附中、华东政法大学、上海外国语大学等学校积极开展比较小众的冰壶运动。随着越来越多的冰雪项目，如短道速滑、花样滑冰等国际顶级赛事连续在上海举办，当地参与和喜欢冰雪运动的青少年人数也有所增加[①]。

在群众冰雪运动普及方面，"北冰南展西扩东进"战略的实施在全国范围内已初见成效，但如何促进其可持续发展，一方面受到冰雪资源、经济发展不平衡等因素的制约，另一方面还需要在制度设计方面予以完善和优化。比如，冰雪运动具有相对较高的运动损伤风险，缺少安全的、标准化的运动场地成为影响群众参与冰雪运动的主要因素。2018年底，中国人民大学人文奥运研究中心、中国调查与数据中心等在北京联合发布了《全国冰雪运动参与状况调查报告》。调查报告显示，我国泛冰雪运动人口数达2.7亿人，约占总人口的24%，大众对冰雪运动态度总体较为积极，传统冰雪运动省份民众喜爱冰雪运动的占比达到63%，西北、华北等的其余省份为59%，南方省份为51%，均超过50%。但在花费时间方面，该年度大众平均每次运动时长为2.74小时，去运动场所单程平均花费3.01小时[②]。可见，各地区阻碍参加冰雪运动的因素较为一致，即更为有效的参与需要有便捷的硬件和软件予以支撑和保障。

（三）冰雪产业：俱乐部经营市场化，多个产业分项缺乏民族品牌

冰雪体育产业是指为社会提供冰雪运动产品的同类经济活动的集合以及与其相关的经济部门的总和，它是社会发展与冰雪运动实践相互结合而产生的一个产业集合。冰雪体育产业的主体核心包括冰雪健身娱乐产业、冰雪运动竞技表演产业、冰雪运动培训产业等，外围产业包括冰雪运动用品产业、

① 严玉洁、王晗：《国家体育总局与上海市签署冰雪项目合作协议，推动冰雪运动"南展西扩东进"》，https：//baijiahao. baidu. com/s？id＝1619271438032177407&wfr＝spider&for＝pc. 2018/12/8。

② 《中国人民大学发布冰雪运动调查报告全国冰雪运动人口达2.7亿》，懒熊体育，https：//baijiahao. baidu. com/s？id＝1618275607671104015&wfr＝spider&for＝pc，2018－11－27。

冰雪运动器材产业、冰雪运动服装产业、冰雪运动旅游产业、冰雪运动博彩产业、冰雪运动建筑产业等，衍生相关产业包括冰雪运动广告产业、冰雪运动赞助产业、冰雪运动保险产业、冰雪体育新闻与媒介等产业等[1]。激活和发展冰雪产业是深入贯彻落实"北冰南展西扩东进"战略的重要一环。

2014 年 10 月，国务院下发《关于加快发展体育产业促进体育消费的若干意见》，文件强调营造重视体育、支持体育及参与体育的社会氛围，把全民健身上升为国家战略，明确将冰雪项目列为突破口之一，对冰雪场地建设、促进冰雪消费做出明确规划。北京在冬奥会申办报告中提出"带动 3 亿人参与冰雪运动"的目标，为我国冬季运动的发展勾勒出美好的蓝图。申办初期，北京市围绕冬奥会筹办制定了"1 + 7"冰雪发展实施意见等纲领性文件。文件中涵盖了群众冰雪运动、竞技冰雪运动、青少年、赛事、产业、设施、人才等 7 个规划，专门成立了冬季运动管理中心，全面负责北京冰雪运动的发展[2]。

2016 年发布的《冰雪运动发展规划（2016 ~ 2025）》中提出"到 2020 年，我国冰雪产业总规模达到 6000 亿元，到 2025 年我国冰雪产业总规模达到 10000 亿元"的宏伟目标[3]。《全国冰雪场地设施建设规划（2016 ~ 2022 年）》指出，"到 2022 年全国滑冰馆数量不少于 650 座，滑雪场数量达到 800 座，雪道面积达到 10000 万平方米，雪道长度达到 3500 千米"。近期，由智研咨询发布的《2019 ~ 2025 年中国冰雪运动行业市场全景调研及投资前景预测报告》数据显示，截至 2018 年，全国室内滑雪馆增设了 5 家，总数达 26 家，较 2017 年增长 23.81%。旱地雪场面积增加 2.92 万平方米，增幅为 23.7%。滑雪模拟器的数量更是直接翻倍，一年内新增 76 台，超过了 2017 年全国总数（69 台），增幅达 110%。尽管增幅喜人，但目前我国共有室

---

① 陈文静：《2022 年冬奥会对黑龙江省冰雪体育产业发展影响研究》，哈尔滨体育学院硕士学位论文，2017。

② 北京市人民政府：《北京市人民政府关于加快冰雪运动发展的意见（2016 ~ 2022 年）》，http：//www. beijing. gov. cn/zfxxgk/110036/zfwj/2016 – 03/10/content_ 676243. shtml，2016 – 03 – 01。

③ 国家体育总局：《冰雪运动发展规划（2016 ~ 2025 年）》，2016 年 11 月 2 日。

内外冰上场馆 164 座，滑雪场 235 座，距离目标还有较大差距，场馆资源配置上政府投资、社会投入等多种形式共存，但政府在资源配置中占主导地位。

在地区分布和运营模式上，冰雪场馆虽主要集中于北方地区，但南方城市冰雪场馆的商业化运营成效更为明显，这主要体现在南方冰上运动多以俱乐部方式运营，除供散客体验外，主要承担青少年专业训练，业余爱好者参赛多以俱乐部为单位，而滑雪场地则多为"室内模拟滑雪机体验 + 户外滑雪旅行"相结合的模式。受众多面向城市高收入人群，收费较高，为提升用户体验，商业化运营成分较高，构成冰雪运动"南展西扩东进"的新业态。近年来，冰雪产业的范围日趋广泛，从赛事运营、体育基金、体育广告，到体育服装、运动器材、场馆建设等均有涉及。但是，在产业创新方面，与发达国家相比仍然存在较大差距，很多赛事的 IP 需从国外购买，专业运动装备也缺少民族知名品牌，滑雪机、制冰设备更是多从国外进口。可见，我国冰雪产业的市场活力尚需不断激活，创新潜力有待不断提升。

总体而言，冰雪产业的发展对"北冰南展西扩东进"战略的实施有积极的推动作用，冰雪产业也因此获得了空前的发展机遇，取得了阶段性的成效，昭示着不论在盘活市场层面，还是在丰富人民生活层面，冰雪产业都是一片大有可为的市场蓝海，而这需要进一步协调市场、政府和社会组织等多元主体在发展冰雪运动中的作用。

（四）冰雪文化：居民冰雪认同感低，城市特色冰雪文化尚未形成

冰雪运动的文化价值对发展冰雪运动项目、冰雪体育产业等有着重要的意义，它既包括精神层面，也包括物质层面，是指项目参与人群以冰雪生态环境为基础所采取或所创造的，具有冰雪项目特征的生活方式，包括冰雪体育的历史文化、冰雪意识形态文化、冰雪服饰文化、冰雪场馆器材文化、冰雪竞技文化、冰雪艺术文化、冰雪娱乐文化和冰雪健康文化等[1]。冰雪文化

---

① 贾春佳、李双玲、朱宝峰等：《我国冰雪体育文化的本源、特征与发展对策》，《哈尔滨体育学院学报》2017 年第 3 期，第 51~56 页。

是一种古朴、坚韧、丰厚的文化，从古到今，不论是作为生活、劳作的行为方式，还是作为休闲娱乐、追求卓越的体育运动，它都代表着力与美的结合，代表着自强不息、坚忍不拔的民族精神，而这也正是我们建设新时代体育文化，增强全民健身幸福感和获得感，传递体育正能量值得推广和弘扬的。

在2015年北京申办冬奥会时，我国代表团提出的三大理念是"以运动员为中心、可持续发展、节俭比赛"，其中的"可持续发展"也体现了"以人为中心"的办赛理念，即惠及大众，循环再生，而非只是顶尖运动员、部分区域参与的一项赛事，目标辐射全国各地、各族人民。在我国成功申办2022年北京—张家口冬奥会的背景下，国家为了在冬奥会举办之时在全国更大范围内营造冬奥氛围和冰雪氛围，完成全民"共建、共享"冬奥的目标，明确了除普及冰雪运动外，还要坚持将冰雪运动的精神文化内涵从东三省辐射到我国南方地区、西北地区，形成以主办地北京、张家口为根据地，东三省为助推点，内蒙古、新疆、上海、深圳、广州"五地并举"的推广网络，多层次、多领域协同互动，深入实施"北冰南展西扩东进"战略，让参与滑冰、滑雪运动的群众范围更广，同时结合各地区特点逐渐形成城市特色冰雪文化，促进人与体育、人与城市、人与自然的和谐发展。正如"一个奥运全国参与"的口号所诠释的，北京成功组织、宣传、举办冬奥会，将会影响我国其他地区居民对冰雪运动的积极性，继而影响国民健康水平，丰富国民的体育娱乐生活，提升国民幸福感和民族自豪感。

目前，迎冬奥的氛围在全国范围内日趋浓厚。国家和各级地方管理部门已面向2022北京—张家口冬奥会推出一系列举措，进一步协调发展竞技体育和群众体育，促进冰雪文化不断丰富，同时鼓励城市建立特色冰雪文化、冰雪符号，将2022年冬奥会办成全国人民共建、共享的一届冰雪盛会。2018年12月6日，第五届全国大众冰雪季首次走出北方、跨过长江，在上海市东方体育中心举办了盛大的活动开幕式。开幕式上，除了武大靖、杨扬、韩天宇、隋文静、韩聪等体育明星前来助阵，还有99%的参演人员是来自上海各个冰雪俱乐部以及学校的冰雪运动爱好者，这得益于上海这些年

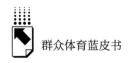

对冰雪文化的培育，作为我国一线城市，上海近年来承办国际冰雪赛事众多，是国内唯一举办过短道速滑、花样滑冰世锦赛的城市，还拥有"上海超级杯"这样自主IP赛事，多元、时尚、包容、开放的城市特色冰雪文化，正逐步与上海城市精神"海纳百川、追求卓越、开明睿智、大气谦和"相融合。

三　深入贯彻落实"北冰南展西进东扩"战略的对策建议

"北冰南展西扩东进"战略的实施不仅关乎2022年北京—张家口冬奥会的成功举办，而且关乎我国冰雪产业的激活与构建，群众冰雪运动的开展与普及，更与冰雪文化的传承与培育密切相关。下面分别从冰雪竞技、群众冰雪、冰雪产业、冰雪文化四个方面提出对策建议。

一是冰雪竞技层面，协调优劣势项目的发展策略，完善后备人才梯队建设，开发自主IP赛事。建议将2019~2022年备战冬奥会阶段划为"四步走"阶段，设立阶段性竞赛计划：

第一阶段（2019年至2020年初），"以赛带练"鼓励地方冰雪竞技人才参与国家级别、国际级别赛事，丰富运动员参赛经验，鼓励夏季项目运动员选择我国冰雪竞技弱势项目进行跨项训练，并挖掘一批适龄基层青少年运动员加入备战冬奥会队伍；

第二阶段（2020年初至2020年10月），以2020年第十四届内蒙古全国冬运会为契机检验第一阶段竞训成果，并根据赛事成绩对各项冰雪运动国家队加固、补强，做到"覆盖全项目，全项有人才"，同时以夏训为时间节点，在2020年雪季来临之前制定各项目冬训计划方案；

第三阶段（2020年11月至2021年6月），备战冬奥进入最后竞赛阶段，本阶段应利用好2021年冰壶世锦赛、花样滑冰世锦赛、"超级杯"短道速滑赛等多项国际高水平赛事，对国家队冰雪竞技人才进行最后一次摸底排查，并在夏训开始前积极与冰雪竞技发达国家寻求交流、学习机会，以国际视角对运动员个人优劣势提出补强、改进方案；

第四阶段（2021 年 7 月至冬奥会完赛），提升体能、竞技水平的最后冲刺阶段，国家队将进行封闭式集训，严格管控运动员、教练员的训练、起居，制定团队内部赛，并在 2021 年雪季提前进入冬奥模式，一鼓作气，直至冬奥会顺利完赛。

冰雪竞技水平是否有所提升是反映我国能否成功举办冬奥会的直接现象之一，因此，在竞赛计划"四步走"方案中还需时刻明确"三个思想"：一是扩展冰雪运动参与人数和项目，扩大后备人才基数，推动其参与地方性冰雪赛事；二是精兵强干、沙场练兵，鼓励已经具有办赛经验的商业公司在国内建立独立 IP 赛事，促进更多冰雪运动员参赛，对其技能水准进行阶段性检验；三是巩固优势项目、扶持弱势项目，做到优势更优、弱势不弱，争取覆盖冬奥会的所有项目，实现国家体育总局 2022 年冬奥会中国"全项目参赛"的目标。

二是群众冰雪层面，以"冰雪运动进校园"和"全民健身"为重要抓手，促使学校、商业俱乐部和政府三方联动促发展。具体合作模式为：政府以地方为单位推出"全市冰雪俱乐部日"，以寒暑假为举办时间点，集中展示各个俱乐部的硬件设施、服务范围、收费标准、培训计划等，积极调动商业俱乐部的冰雪热情，同时加快设立冰雪项目"社会体育指导员"岗位，鼓励有授课经验的俱乐部滑雪、滑冰教练作为"社会体育指导员"走进校园，为中小学生教授冬奥知识、冰雪运动常识，也为俱乐部提供引入客源的新途径；俱乐部、场馆开设市民低价体验课，做好客流的承接和巩固，并在俱乐部内部有意识地开展趣味比赛，发掘冰雪竞技好苗子；学校在原有的体育课基础上开设"冰雪运动"选项，根据教育部、国家体育总局、北京冬奥组委编辑和出版的冰雪运动知识读本及教学指南，实现低年级理论普及化，围绕"绿色冬奥"的主题，设立更具个性化的活动周期，与学校附近冰雪俱乐部场地合作举办运动会或冬季运动节。

同时，以政府为主力建立可应用于全国中小学教育的在线冰雪知识问答平台和普通民众喜闻乐见的"冰雪中国"App 等相关应用，此类应用有三大特点：一是鼓励学生、老师、家长在平台上通过刷题、闯关、积分赛、排名赛等趣味方式学习冰雪运动基础知识，并可以作为学校"冰雪运动通识课"的延伸，检验学生的学习成果，帮助学生对冰雪运动做进一步了解。二是将特别设置冬奥专栏，实现专栏内用户线上发表评论，交流感想，相互普及有关冬奥会的知识，了解冰雪明星，待冬奥会正式举办时还可以线上直播开闭幕式、热门项目比赛，增强民众对北京冬奥会的参与感，实现全家看冬奥，全民看冬奥。第三，依照冰雪项目的不同创建各冰雪运动社群，让各项目的冰雪爱好者在线交流经验，传授滑冰滑雪技巧，社群界面设置有冰雪俱乐部、冰雪旅游胜地的广告位，既可以为该应用的正常运营提供保障，也可以为人们的冰雪消费提供多样化选择。

三是冰雪产业层面，倡导"一松一紧"，即各地管理部门适当降低体育产业准入门槛，加大对此类企业创业创新的扶持力度，举办推荐会、招商会，为企业提供交流合作的平台，增强冰雪产业市场的多样性，同时也对企业进行科学化、系统化管理，尤其是新入门企业，需定期开展消防安全、财务安全、管理知识、宣传知识等有针对性的研习班，鼓励其参与赛事的筹办。此外，在传播上，企业要善于通过线上新媒体宣传加线下在商场、地铁等人流量大的地方投放广告宣传的方式吸引客户群体，适当推进第一次体验或前三次体验，以低价销售等活动先让更多的人产生"好奇心"，了解相关产品，然后再以服务质量、相关活动获得受众的长期青睐。最后，还要明确把冰雪运动产业与其他产业进行融合发展的思路，创造冰雪运动新业态，如开展半自助式冰雪运动旅游计划，让冰雪产业与休闲相结合，使广大"驴友"爱上滑冰、滑雪，实现广大人民群众的"共享"，促进冰雪产业的蓬勃发展。目前我国部分地区正在着力发展具有中国特色的冰雪运动小镇，利用仿真冰技术、旱雪技术拓展南方城市冰场、雪场的数量与规模，推动我国冰雪产业向规模化、集约化、高级化的方向发展。[1]

四是冰雪文化层面，将继承民族传统冰雪文化和发展现代城市冰雪文化

---

[1]　刘佳宇：《我国冰雪运动场地布局与发展研究》，北京体育大学硕士学位论文，2017。

为主抓手，以运动员技能交流、赛事巡回举办、冰雪活动推陈出新为主要途径，促进北方冰雪文化向南、向西传播。具体宣传办法可分为"继承"和"发展"两部分：继承传统冰雪文化方面，宣传部门可依托我国各地古往今来流行过的冰雪活动制作专题纪录片，如什刹海的滑"野冰"、康熙年间的"冰蹴球"、满族萨满教雪祭时的"塑冰雕、闯雪阵"、满族妇女中流行的"走白冰"等，帮助现代中国人了解我国各地历史积淀的传统冰雪文化，同时鼓励地方在体育活动、节日庆典等影响力大的场合"重现"这些冰雪活动，完成传统冰雪文化的跨越与继承。发展现代城市冰雪文化方面，鼓励各省、自治区、直辖市开展"冰雪运动文化月"活动，与各地区民族传统体育活动相结合（如河南嵩山少林寺武林大会可与嵩山当地滑雪场结合、内蒙古将那达慕大会与其丰富的冰雪资源结合等），制定推广方式，形成特色冰雪文化。另外，积极倡导各地根据自身地区属性、文化特征，推出多元、丰富的地方性冰雪赛事，形成城市特色冰雪符号，增强民众对冰雪运动的认同感、对冰雪文化的亲切感。

参考文献

［1］黄世耀：《我国古代的滑冰运动》，《冰雪运动》1984年第3期。

［2］窦家军：《从工具到玩具——滑雪运动的历史溯源》，《文史博览（理论）》2008年第9期。

［3］张宝强：《中国传统冰雪运动文化的内涵与特征研究》，《咸阳师范学院学报》2018年第6期。

［4］付进学等：《冰雪运动》，知识出版社，1998。

［5］朱佳滨、徐金庆、王锦国：《论冰雪体育竞技人才培养的优化》，《冰雪运动》2018年第2期，第28~30页。

［6］李越：《我国冰雪体育竞赛产业化发展研究》，吉林大学硕士学位论文，2014。

［7］宋嘉林、阚军常、刘石：《中、加两国大众冰雪运动发展的比较研究》，《冰雪运动》2010年第35期，第1~5页。

［8］国家体育总局：《冰雪运动发展规划（2016~2025年）》，2016年11月2日。

［9］国家体育总局：《群众冬季运动推广普及计划（2016～2020年)》，2016年11月7日。

［10］国家体育总局：《北京市52所中小学成为冰雪运动特色学校》，《青少年体育》2017年第7期，第19页。

［11］严玉洁、王晗：《国家体育总局与上海市签署冰雪项目合作协议，推动冰雪运动"南展西扩东进"》，https：//baijiahao. baidu. com/s？id = 161927143803217 7407&wfr = spider&for = pc. 2018/12/8。

［12］《中国人民大学发布冰雪运动调查报告全国冰雪运动人口达2.7亿》，懒熊体育，https：//baijiahao. baidu. com/s？id = 16182756076711004015&wfr = spider&for = pc，2018 - 11 - 27。

［13］陈文静：《2022年冬奥会对黑龙江省冰雪体育产业发展影响研究》，哈尔滨体育学院硕士学位论文，2017。

［14］北京市人民政府：《北京市人民政府关于加快冰雪运动发展的意见（2016～2022年)》，http：//www. beijing. gov. cn/zfxxgk/110036/zfwj/2016 - 03/10/content_ 676243. shtml，2016 - 03 - 01。

［15］贾春佳、李双玲、朱宝峰等：《我国冰雪体育文化的本源、特征与发展对策》，《哈尔滨体育学院学报》2017年第3期，第51～56页。

［16］刘佳宇：《我国冰雪运动场地布局与发展研究》，北京体育大学硕士学位论文，2017。

实践经验篇

Practical Experience

B.9

广泛动员社会力量　创办城市业余联赛

上海市体育局

摘　要： 上海城市业余联赛是上海群众体育最具代表性的赛事活动之一，是展示群众体育丰硕成果和市民精神面貌的城市名片。通过举办上海城市业余联赛，上海市积累了许多成功的改革创新经验，具体表现在：消除市场开放壁垒，海纳百川开门办赛；建立评估指导体系，完善赛事管理能力；改革创新办赛方式，精准服务办赛主体等。上海城市业余联赛将在扩大健身人群、提高健身水平、传播健身文化、弘扬体育精神等方面发挥出更大的推动作用，为满足上海市民日益增长的体育健身需求做出更大的贡献。

关键词： 全民健身　群众体育　上海城市业余联赛

面对广大市民对于全民健康事业的新向往、新需求，上海深入贯彻党的十九大精神和习近平新时代中国特色社会主义思想，全面落实上海市全民健身"十三五"规划，进一步深化改革，充分发挥市场在配置全民健身赛事资源方面的作用，推进"政府、社会、市场"三轮驱动，引导社会力量创新办赛、安全办赛、规范办赛、欢乐办赛，号召市民"一起上赛场"。通过举办上海城市业余联赛，上海不断地深化全民健身赛事领域的"放管服"改革，提出"大胆放、科学管、精准服"的目标，充分动员社会力量参与，丰富了全民健身办赛主体。对于打造城市业余联赛这一上海全民健身品牌赛事，上海市主要形成了以下经验做法。

一 消除市场开放壁垒，海纳百川开门办赛

上海市业余联赛将项目设置定为项目联赛、项目系列赛和品牌特色赛事活动三大板块。项目联赛的数量增加到12项（见表1）。

表1　上海市业余联赛项目联赛项目

项目联赛（12项）	项目联赛（12项）
七人制足球	游泳
五人制篮球	围棋
排球	轮滑
乒乓球	跆拳道
羽毛球	龙舟
网球	广播操

项目联赛中网球、龙舟、广播操是2018年新入围项目，足球调整为"七人制足球"，篮球细分为"五人制篮球"，原来的击剑则调整到系列赛项目。项目联赛将继续在完善赛事体系上做文章，逐步让市民熟悉、接受、习惯相对固定赛制的业余联赛。

项目系列赛则由原来的"37＋X项"增加到"46＋X项"（见表2）。

表2　上海市业余联赛项目系列赛项目

项目系列赛(46＋X项)	项目系列赛(46＋X项)
足球(七人制除外)	健身健美、汽车、风筝、钓鱼
篮球(五人制除外)、台球、柔力球	皮划艇、花样跳绳、飞镖、拔河
壁球、橄榄球、高尔夫球、门球	桨板、体育舞蹈、健身操
健球、棒垒球、保龄球、路跑	广场舞、排舞、健身秧歌
城市定向、铁人三项、自行车	健身瑜伽、太极拳、木兰拳
电子竞技、帆船、极限运动、射箭	练功十八法、健身气功、滑雪
击剑、剑道、攀岩、舞龙舞狮	滑冰、冰壶、搏击类

项目系列赛新增了篮球（五人制除外）、太极拳、滑雪、桨板、保龄球、拔河等项目，部分项目按类别重新划分，如搏击类包含了拳击、格斗等项目，健身操舞分拆为健身操、健身秧歌、广场舞、排舞等。"X"项目主要针对其他未纳入46个项目的小众体育项目。

品牌特色赛事活动，由原来的"12＋X项"增加到"19＋X项"（见表3）。

表3　上海市业余联赛品牌特色赛事活动项目

品牌特色赛事活动(19＋X项)	品牌特色赛事活动(19＋X项)
上海市民足球节	少数民族运动项目大赛
上海市民篮球节	世界著名在华企业健身大赛
上海市民排球节	上海智力运动会
上海市民网球节	亲子运动会
上海市民武术节	上海残健融合运动会
上海自行车嘉年华	五星运动汇
上海科技体育嘉年华	中国上海国际大众体育节
上海社区健康跑嘉年华	开发区运动会
上海市民室内健身嘉年华	上海市老年人健身大会
上海军民健身大赛	

与以往相比，品牌特色赛事活动新增了上海市民排球节、上海市民室内健身嘉年华、少数民族运动项目大赛、上海残健融合运动会等7项。除此之外，还增加了区级板块，主要包括16项区级品牌特色赛事活动（见表4）。

表4　上海市业余联赛区级品牌特色赛事活动项目

区级品牌特色赛事活动(16项)	区级品牌特色赛事活动(16项)
浦东国际龙狮文化节	"樱妳而来"上海市女子10公里挑战赛
黄浦区楼宇运动会	上海市"马桥杯"网球公开赛
静安区城市精英挑战赛	嘉定区业余联赛
徐汇区篮球系列联赛	金山城市沙滩铁人三项赛
上海市城市自行车定向赛	松江区端午龙舟嘉年华
"约战普陀"系列挑战赛	"绿色青浦"全民健身系列赛
虹口区柔力球公开赛	奉贤区国际友人风筝会
杨浦新江湾城国际半程马拉松	上海崇明生态文明端午季龙舟赛

通过增加区级品牌特色赛事活动，引导各区培育自身的群众体育赛事活动品牌，充实了品牌特色赛事活动的内容。项目设置的更开放和更包容，使得上海城市业余联赛的平台更为宽广，为更多办赛主体提供了参与的舞台和机会。

上海城市业余联赛的招标竞标，秉持着"公平、公开、公正"的原则，其中项目联赛和品牌赛事采用"竞争性磋商"的方式竞标，而项目系列赛则采用"赛事入围"方式开展招标。在公开招标的基础上，鼓励办赛主体强强联手，集各家所长，有效整合资源，在合作办赛中进一步释放市场活力。上海城市业余联赛不设置总冠名，我们主动给各类办赛主体"松绑"，主动消除市场壁垒，释放办赛单位的市场活力，撬动更多社会资金、资源参与到城市业余联赛中来。越来越多的办赛主体通过联手办赛，将场地资源、组织优势、市场优势等元素形成合力，在更好服务市民的同时，进一步撬动了市场经济效益。值得一提的是，2019年的城市业余联赛将大胆创新地为愿意主动纳入城市业余联赛体系的赛事活动新辟"通道"，只要赛事活动方案符合业余联赛办赛标准，经联赛办公室审核同意，可以纳入城市业余联赛体系，扩大了赛事活动包容度，发挥了市场竞争作用。

除此之外，城市业余联赛还形成了相对固定、便于操作的办赛流程。在社会力量办赛层面：（1）办赛方式。第一，赛事采取公开招标的方式，吸引市场和社会主体参与办赛，努力促进项目协会和市场合作。第二，对赛事实施全过程监管，采取赛前方案审定、赛中和赛后实施评估的方式，加强过程指导和服务。第三，采用资金引导的方式，吸引市场资金进场，运用市场杠杆，引导全民健身服务产业发展。第四，采取契约合作方式，细化合作内容，确立与承办单位的合作伙伴关系。（2）办赛流程。第一，项目联赛和品牌特色赛事活动采取招标的方式，确定合作办赛单位。办赛流程：市体育局发布表述—企业（协会）投标—专家评审—确定承办单位—完善方案—实施方案—赛中监督—赛后评估—发放扶持经费。第二，项目系列赛采取赛事申报和招投标相结合的方式，按照一定的标准，吸引社会性赛事加入，中标赛事总数不超过 320 个（X 类项目每项安排 1～2 个赛事）。办赛流程：市体育局发布申报标准—企业（协会）申报方案—专家评审—确定赛事名录—完善方案—实施方案—赛中监督—赛后评估—发放扶持经费。（3）在项目系列赛和品牌特色赛事活动中，愿意纳入上海城市业余联赛的，可以将项目方案上报上海城市业余联赛，但不给予经费支持。

在行政部门（或行业组织）办赛方面：（1）各委办局或行业组织举办的全市性或系统性全民健身赛事活动，可纳入上海城市业余联赛。其中可以归类于项目联赛的赛事，由联赛办公室协调中标单位，纳入项目联赛体系；可归类于项目系列赛的赛事，由联赛办公室统一协调纳入；行业运动会等综合性赛事均纳入品牌特色赛事活动。（2）各区体育局举办的赛事中，可归类于项目联赛的区级赛事，原则上统一纳入项目联赛体系，由中标单位负责协调，共同承办。可归类于项目系列赛的区级赛事和区级品牌特色赛事活动，由区体育局向联赛办公室申报，经审核后统一纳入。

经统计，上海市体育局 2018 年度对城市业余联赛扶持经费总额达 3000 万元，实际吸纳社会资金 1.3 亿元，实践印证了政府鼓励与市场运作的有机结合，有利于充分整合社会资源，促进群众体育产业的发展，激发全社会参与赛会的热情。

同时，上海市也注重市区联动，打破城市业余联赛市级层面办赛的局限。在市级城市业余联赛的"公转"下，鼓励各区体育局积极"自转"办赛，进一步通过区级城市业余联赛平台整合资源、释放市场活力。目前 16

个区"一区一品"的区域化全民健身品牌赛事格局已初步形成。例如：普陀区的"约战普陀"系列挑战赛、黄浦区的"我来赛"全民健身赛事活动运动会、静安区的"静安论剑"上海击剑群英挑战赛、青浦区的"绿色青浦"全民健身系列赛等正在应运而生。市级平台带动区级平台协同发展，上海城市业余联赛的平台越来越大，参与办赛主体越来越多，市场活力越来越强。

二 建立评估指导体系，完善赛事管理能力

全民健身事业需要政府主管部门、市场的力量协同推动，主管部门对社会力量举办的赛事活动给予充分支持和指导，通过引导和培养，激发了全社会的创造力，更多高质量、规范化的品牌健身活动不断涌现。围绕这一目标，两年来上海市通过政府搭建平台，形成了赛事推介、赛事招标、赛中管控、赛后评估的城市业余联赛精细化管理流程。在办赛资质、办赛经验、赛事设计、安全保障、经费保障等方面，对办赛主体提出明确要求，将指标数据化，并在评标时严格落实。上海市还完善了《上海城市业余联赛工作指南》，从承办办法、宣传工作规范、信息平台使用、资金扶持、安全及医务工作等方面提出了具体的要求，指导办赛主体按要求办赛。对于第三方评估机构，上海市采用招投标方式，挑选3家第三方评估机构，分别对项目联赛、品牌赛事和项目系列赛进行全程跟踪评估。在上年的基础上，根据往年评估结果以及办赛与参赛主体的反馈意见，经过多次沟通、反复研究，修改优化评估指标细则，并及时告知相关办赛主体，助力创新办赛、规范办赛、欢乐办赛、安全办赛。在跟踪评估过程中，注重对规范办赛方面的指导，发现问题及时提醒纠正。2018年，在上海市体育局的领导与支持下，借助第三方企业对2018年上海城市业余联赛品牌特色赛事活动开展举办情况进行了评估，以智力运动会赛事绩效评估为例进行说明（见附件1、附件2）。

经过不断地建立和完善上海城市业余联赛的办赛标准化体系，越来越多

的办赛主体在"摸爬滚打"中得到磨练和提升。一大批具有优质办赛、创新办赛能力的社会办赛主体通过城市业余联赛的孵化和培育，涌现出来，同时也得到了跨越式的发展和社会的广泛认可，为申城市民带来更高质量的全民健身赛事。

三　改革创新办赛方式，精准服务办赛主体

三年来，参与城市业余联赛的社会力量逐年递增，上海全民健身赛事的大门越开越大，2018 年初上海城市业余联赛推介会，共吸引 300 多家企业、协会，达到历年之最。

2018 年上海市体育局安排了 3375 万元资金，根据项目类别和评估结果的不同，通过公开招投标，中标的单位可获得从 3 万元至 80 万元不等的资金扶持。采取"以奖代补"制度，即扶持经费分三次发放，分别是赛事方案确定后、赛事活动启动后和项目完成并通过第三方评估验收合格后。这种措施有效促进了办赛主体主动思考，自谋办法，在政府资金引导和自筹资金投入的基础上，积极争取社会资金，同时着力宣传推广，提高知晓度，致力于办好、办强赛事。这不仅有效提升了企业自身形象，同时也为打造城市业余联赛品牌添砖加瓦，可谓互惠双赢。

为了更好落实全民健身赛事"放管服"改革，我们重在"精准服"上下功夫，为办赛单位做好了一系列指导服务。一是加强培训，由城市业余联赛竞赛部牵头组织各办赛单位开展集中业务培训。业余联赛各部门对竞赛、安保、医务、宣传等各项工作，以及信息数据报送等进行了专门的培训辅导。同时，针对办赛单位项目负责人，组织举办了赛事负责人能力提高班；为做好赛事医疗保障，与上海市红十字中心合作，组织办赛单位相关人员参加应急救护培训。二是建立"三员一团"服务模式。根据联赛特点，设立项目联络员、项目观察员、项目专员和体育明星志愿团，为办赛单位提供常态化的指导、服务和监督，提升办赛质量。其中，项目联络员由竞赛部人员担任，每人对口联赛 6~7 个项目，保持与办赛单位的日常联络，有针对性

地开展指导服务；为更好地确保赛事活动安全顺利，每月挑选 10 项赛事，各派一名体育系统干部担任观察员，对比赛进行观察和监督；而以体育明星为主要成员的志愿团，则通过自身影响力，引领更多的体育爱好者参与比赛，如奥运冠军陶璐娜，世界冠军庞佳颖、钱震华等体育明星，都纷纷加入业余联赛的推广活动。三是完善月度赛事目录发布制度。统计梳理各项目下月将要举办的赛事，每月 28 日由宣传信息部通过"上海体育"、"上海发布"等政务微博和相关媒体向公众发布，为市民预告即将举办的赛事活动，方便市民查找和报名。除此之外，政府部门还对赛事办赛的要求进行了规范和细化，具体要求见表 5。

表 5　赛事办赛要求

（1）赛事设计要求：在考虑公益性的基础上，继续给予承办单位充分的自主权，下放赛事设计、规程制定、报名费及赛事冠名等权利。

（2）赛事内涵范围：纳入赛事体系的赛事，原则上不包括全国性及以上或现役专业运动员参与的赛事，不包括已纳入市体育局财政经费扶持的赛事。

（3）赛事执行标准：各项目执行项目竞赛要求，同时遵循《上海市全民健身赛事活动指南》和《2019 年上海城市业余联赛工作指南》的要求，规范、安全办赛。

（4）主承办规格。第一，项目联赛和品牌特色赛事活动：上海市体育局和上海市体育总会作为主办单位，中标单位为主要承办单位。部分品牌赛事活动参照贯彻执行。第二，项目系列赛。原则上，上海市体育局和上海体育总会作为指导单位，上海市体育管理中心作为主办单位，中标单位作为承办单位。

（5）项目指导和普及：提高办赛专业程度，由市体育总会协调各项目协会，安排资深教练或裁判担任项目指导员，加强对办赛单位竞赛工作的指导和服务。未成立项目协会的项目，由上海市社会体育管理中心负责指导和服务。所有办赛单位在办赛过程中，需对市民开展项目普及、培训和体验活动。

（6）业余等级制：凡已经施行业余等级国家标准的项目，需要在赛事设计及成绩评定上推行业余等级制。由市体育总会协调各单项运动协会服务办赛单位，办理证书认定和发放。

上海市通过城市业余联赛"放管服"改革，不断优化群众体育赛事的营商环境。上海市体育部门甘当服务民营企业的"店小二"，通过深入调研，了解体育企业需求，通过制定政策、扶持经费、引导培训，帮助体育企业更好地参与上海全民健身赛事。众多体育产业相关企业、赛事公司、装备公司、体育文化传播类的机构和组织，犹如雨后春笋般涌现。城市业余联赛不仅激发了社会力量参与全民健身赛事的热情，同时也有效促进了上海的体育事业及体育产业的长足发展。通过支持民间办赛主体和体育组织的成长，使得政府、社会组织和企业间的职能分工更加明确，合作更加密切，办赛更加高效。

总体来看，上海城市业余联赛还存在许多需要研究改进和发展完善之处。

2019 年，上海市将加强以下三个方面的工作：

一是试点推行积分制。在 2019 年联赛项目中，篮球和路跑项目将试点推行赛事积分制和个人积分制，进一步推进业余联赛的体制，真正形成赛事相"联"，助力城市业余联赛赛事品牌打造。

二是进一步加强专业指导。加强协会技术供给，调动协会积极性，为办赛单位提供专业技术支持。加强对办赛单位的培训指导，提高办赛质量。

三是进一步加强资源整合。加强各办赛主体间的沟通，搭建平台，定期交流，推动办赛主体之间的资源互换和融通。

2019 年上海城市业余联赛即将全面启动，在党的十九大精神和习近平新时代中国特色社会主义思想的引领下，在市区各级体育行政部门的高度重视和精心培育下，在社会各界的积极投入和广泛参与下，上海城市业余联赛将在扩大健身人群、提高健身水平、传播健身文化、弘扬体育精神等方面发挥出更大的推动作用，为满足上海市民日益增长的体育健身需求做出更大的贡献。

附件 1：

2018年上海城市业余联赛品牌特色赛事活动
智力运动会赛事绩效评估报告

一、概述

智力运动会作为上海城市业余联赛的重要组成部分，2018 年智力运动

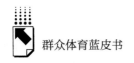

会由上海市体育局、上海市体育总会主办，上海市象棋协会、上海市围棋协会、上海胡荣华教育培训有限公司承办，并被列入全国百城千县万乡全民棋牌推广工程。智力运动会以一系列棋类赛事为依托，为市民打造了一个感受棋类魅力、培养棋类兴趣、享受棋类的平台。提升市民对棋类的关注度，丰富市民业余生活，共同助力上海城市业余联赛。

2018年上海城市业余联赛智力运动会从5月至11月，历时7个月，每个月以象棋、围棋、五子棋、国际象棋和国际跳棋五个棋类项目的升级赛形式开展，9～10月，举办了五个棋类项目的市少年儿童锦标赛。参加2018年上海城市业余联赛智力运动会的选手累计已达到20000人次左右。

二、评估背景

上海城市业余联赛作为上海市政府主推的品牌特色赛事活动，为广大市民搭建了一个丰富的"运动舞台"，吸引了更多体育爱好者参与到全民健身活动中来。通过举办2018年上海城市业余联赛智力运动会，将有助于促进棋牌运动大众基础的深化，推动智力运动项目的广泛普及和发展，同时为上海棋牌运动项目选拔和培养后备人才创造更好的机遇。因此，要不断规范和完善赛事活动评估工作，深入了解承办单位项目组织情况，及时发现赛事组织管理工作中存在的问题，发挥评估工作的积极指导作用，推动城市业余联赛品牌特色赛事活动组织工作的完善与提高。

三、评估目的

智力运动会依托上海业余联赛品牌赛事现有品牌基础，致力于为不同水平的棋类爱好者提供专业的比赛平台，提供一个市民参与棋类、享受棋类的平台，向更多人展现棋类的魅力，传递棋类的文化。

为了充分贯彻2018年上海城市业余联赛品牌特色赛事活动的办赛初衷，通过建立多样化比赛项目，形成层级分明的业余赛事体系，构建合理科学的赛程安排，搭配趣味纷呈的辅助活动，激发市民参赛的热情，提升社会力量办赛的主动性，进而提升办赛质量，规范和完善全民健身赛事活动，促进各承办方的管理工作和赛事组织水平的提高。本次评估通过了解和掌握智力运动会的赛事现状，分析其今后的发展，同时为智力运动会未来的发展和在上海城市业余联赛中的发展提供科学与客观的参考依据。

四、评估过程

评估组自 5 月起启动赛事评估工作,包括与赛事承办单位的联系沟通,实地评估工作,现场数据资料搜集、分析,报告撰写工作。现场评估场次为 6 场,具体如表 1 所示。

表 1　评估场次汇总

月份	官网公布赛事(项)	当月评估数(场)			有效问卷数(份)
		合计	比赛类	非比赛类	
5~11 月	16	6	6	0	225

五、评估内容

本次评估是严格按照 2018 年上海城市业余联赛品牌特色赛事活动绩效评价标准,运用定性定量相结合的评价方法、科学的量化指标和统一的评价标准,对 2018 年上海智力运动会进行综合性的考核和评价。

评估的内容包括安全办赛、欢乐办赛、规范办赛三个 ·级指标,并进一步设计包括安全保障、医务保障、赛事开展、满意度、办赛投入、赛事完成、宣传推广等二级指标,客观分析项目的产出和效果,体现从投入、过程到产出、效果和绩效的逻辑路径。

从第三方客观中立视角出发,构建体育赛事评估体系,以下主要从贡献度、关注度、专业度三个维度对 2018 年上海智力运动会进行评估。

(一)贡献度

贡献度是指体育赛事为举办地的经济发展和社会进步所做出的贡献,主要由经济效益和社会效益组成。本次上海城市业余联赛作为公益性赛事,其贡献度主要以社会效益为主。上海智力运动会主要是从社会效益的角度出发,通过赛事规模、赛事文化和赛事受众三个方向来体现赛事的贡献度。

上海智力运动会共有 16 项比赛(活动)项目,时间跨度达七个月。此次的 16 项比赛(活动)项目中(详见表 2),报名人数总计 7378 人

次，实际参赛人数总计 7378 人次。参与人数较多，为群众健身文化发展做出了一定贡献。

本次上海智力运动会涵盖了国际象棋、中国象棋、围棋、跳棋、五子棋共计五类棋类运动，参赛者在与其他选手进行切磋的同时，不仅感受到了竞技氛围，还重新认识了棋类等智力运动的魅力，大力宣传了棋类文化知识。同时大怪路子、三打一比赛等趣味比赛活动，消除了比赛带来的紧张和枯燥，提升了参赛选手的热情，为推广城市业余联赛品牌特色文化做出了杰出的贡献。

赛事受众主要为中小学生，主要核心目标是培养青少年兴趣爱好，弘扬棋类文化。大部分比赛地点选在小学，中学和棋类培训学校也占有较高比例，这不仅在一定程度上消除了参赛选手的紧张感，还能够让学校中的其他学生感受到棋类文化，对扩大赛事受众具有一定的推动作用。

表 2　上海智力运动会项目、比赛时间与地点

比赛项目	比赛时间	比赛地点
国际跳棋升级赛	5 月 5 日	光明小学
象棋升级赛	6 月 16 日～17 日	棋院实验小学
五子棋升级赛	6 月 3 日	培明中学
国际象棋升级赛	7 月 7 日～8 日	棋院实验小学
国际象棋升级赛	8 月 25 日～26 日	闵行区罗阳小学
大怪路子、三打一比赛	9 月 8 日～9 日	上海棋院
围棋升级赛	9 月 8 日～9 日	棋院实验小学
国际象棋升级赛	9 月 22 日～23 日	棋院实验小学
国际象棋升级赛	10 月 28 日～29 日	武宁路小学
五子棋升级赛	9 月 22 日	培明中学
上海市少年儿童围棋锦标赛	10 月 13 日～14 日	应昌期围棋学校
上海市少年儿童象棋锦标赛	9 月 22 日～23 日	静安小学
上海市国际象棋中小学生锦标赛	10 月 13 日～14 日	爱国学校
上海市国际跳棋中小学生锦标赛	10 月 13 日～14 日	三林小学
上海市青少年五子棋锦标赛	11 月 18 日	武宁路小学
五棋联赛决赛	11 月 17 日	上海棋院

（二）关注度

关注度是指外界对体育赛事的关注程度。本次上海智力运动会主要是通过统计参赛选手关注比赛渠道、媒体对赛事的宣传报道篇次以及传播价值来体现群众对赛事的关注度。

本次上海智力运动会宣传效果最好的宣传渠道是其他，其次是单位通知，单位通知是赛事宣传的重要渠道（见图1）。在调查的参赛选手中，"单位/社团组织参加"是参赛选手报名参赛的主要渠道，通过"网络报名"渠道进行报名的选手也有较高比例（见图2）。

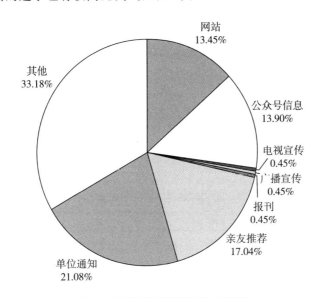

图1　参赛选手获取赛事信息渠道

上海智力运动会在媒体宣传力度方面，较为充分利用新媒体对赛事进行宣传报道，共计报道52篇，经核算产生媒体价值9.67万元。其中包含视频、客户端、微信公众号及报刊等多种形式，包括《东方体育日报》《新闻晨报》等多家媒体进行了宣传报道（具体数据见表3、图3）。

（三）专业度

专业度是指体育赛事组织运营的专业水平，主要通过赛事服务、赛事组织多维度来展现。本次上海智力运动会主要是通过统计参赛选手对赛事组织

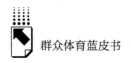

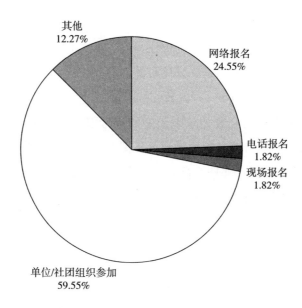

图2 参赛选手报名渠道

表3 上海智力运动会媒体宣传统计

赛事名称	宣传平台	报道篇次	传播价值(元)
上海智力运动会	平面媒体	2	26516
	网站	13	1950
	App	6	1350
	微博	10	4084
	微信	20	60000
	视频	1	2840

各项相关工作的满意度和赛事组织在安全办赛、欢乐办赛、规范办赛三个方面的表现体现赛事组织运营的专业度。

上海智力运动会在评估赛事服务质量方面，以参赛人员满意度问卷为衡量标准，考察参赛选手对赛事组织各项相关工作的满意度情况。经过调查问卷数据分析，参赛选手对赛事总体满意度的均分为4.63（见图4），参赛选手各项满意度均较高（详细满意度的评分情况见表4）。

上海智力运动会的赛事组织运营专业度从安全办赛、欢乐办赛、规范办

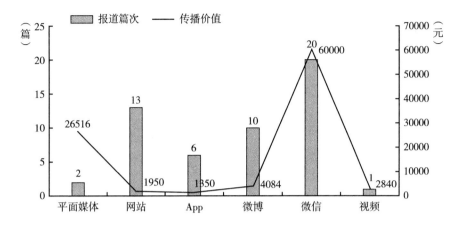

图3　媒体传播价值

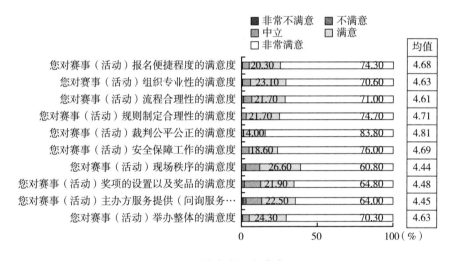

图4　满意度调查统计

赛三个方面来评估。其中，安全办赛方面，赛事（活动）期间安全保障和医务保障完善，但在医务保障执行方面，部分赛事并未设置医务保障，需要进一步改善（见表5）。

欢乐办赛方面得分如表6，赛事（活动）形式多样性需要进一步改进，缺少活动和体验类；参赛选手满意度需要进一步完善。

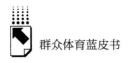

表4 上海智力运动会满意度评分统计

赛事名称	满意度问题	均值
2018 上海智力运动会	您对赛事(活动)报名便捷程度的满意度	4.68
	您对赛事(活动)组织专业性的满意度	4.63
	您对赛事(活动)流程合理性的满意度	4.61
	您对赛事(活动)规则制定合理性的满意度	4.71
	您对赛事(活动)裁判公平公正的满意度	4.81
	您对赛事(活动)安全保障工作的满意度	4.69
	您对赛事(活动)现场秩序的满意度	4.44
	您对赛事(活动)奖项的设置以及奖品的满意度	4.48
	您对赛事(活动)主办方服务提供(问询服务、赛事装备提供、医疗卫生服务、食品提供等)的满意度	4.45
	您对赛事(活动)举办整体的满意度	4.63

表5 安全办赛方面得分情况

安全办赛(20)			
安全保障(10)		医务保障(10)	
方案制定(4)	执行情况(6)	方案制定(4)	执行情况(6)
4	6	4	3

表6 欢乐办赛方面得分情况

欢乐办赛(20)		
赛事开展(10)		满意度(10)
形式多样性(6)	便民措施保障度(4)	参加选手满意度(10)
3	4	7.1

规范办赛方面详细得分如表7，办赛投入中，社会资金投入未达到1:3；参赛人数达成率为不满100%；赛场布置方面，部分赛事背景板未按照要求显示"2018 上海城市业余联赛"LOGO；媒体报道方面有待改善。

六、评估结果

根据实地评估的记录、问卷数据的分析以及赛事承办方提供的资料，通过评估指标体系进行评分，2018 年智力运动会得分为 82.98 分。按照

《2018年上海城市业余联赛绩效评估办法》规定，评估考核70分以上为合格，本次智力运动会评估结果为合格，具体得分情况如表8所示。

表7　规范办赛方面得分情况

规范办赛(60)									
办赛投入(13)		赛事完成(25)				宣传推广(17)			组委会规定事项(5)	
组织人员投入(3)	社会资金投入(10)	赛事完成率(7)	参赛人数达成率(6)	赛事组织流程规范性(6)	赛事完成及时性(6)	赛事报名(5)	赛场布置(6)	媒体报道(6)	赛事活动计划报送(2)	赛事评估工作配合(3)
3	8.0	7	5.88	6	6	5	3	3	2	3

表8　2018年上海智力运动会评估得分情况

赛事名称	安全办赛(20)	欢乐办赛(20)	规范办赛(60)	总分(100)
2018年智力运动会	17	14.1	51.88	82.98

七、赛事亮点

赛事人群针对性强，为青少年提供了棋类交流和比赛的平台。

2018年上海城市业余联赛智力运动会的选手累计已达到20000人次左右。赛事初期每个月以象棋、围棋、五子棋、国际象棋和国际跳棋五个棋类项目的升级赛形式开展，到后期举行五个棋类项目的市少年儿童锦标赛。2018年上海城市业余联赛智力运动会针对青少年群体，历时7个月的升级赛事和锦标赛事，为青少年提供了棋类交流和比赛的平台。

八、问题与建议

（一）问题

1. 场地选址方面：部分赛事选址有待改进

根据调研员的实地考察，部分赛事现场硬件（桌椅）质量有待改善，桌椅等硬件设施条件不佳。

2. 赛事活动方面：赛事环节单一，缺乏体验和推广活动

根据调研员的实地考察，多数赛事环节单一，未设置相关趣味活动，缺

乏互动和趣味性。

3. 赛场布置方面："业余联赛" LOGO 露出不足

根据调研员的实地考察，部分赛事活动存在大型背景板缺少"业余联赛" LOGO 的情况。

（二）建议

1. 优化赛事场地选址，提高赛事专业度

建议举办方根据赛事规模完善赛事场地选址，根据赛事的需求选择相应的场地；完善场地选址标准，考察场地硬件设施和软件配置，严格按照赛事所制定的要求对场地进行选址。

2. 丰富赛事活动体系，提升赛事活动趣味性

建议举办方提高赛事活动多样性，增设市民体验、推广等相关趣味活动，在办赛本身的同时增强赛事的趣味性，不断丰富赛事活动体系，从而提高市民参与度。

3. 优化指示牌布局设置，提高办赛规范度

对于调研员实地考察所发现的"业余联赛" LOGO 在部分大型展板露出不足的问题，应当按《上海城市业余联赛工作指南》中的规定，在大型展板上增加"业余联赛" LOGO。

附件 2：

2018年上海智力运动会满意度报告

本次绩效评估社会调查主要采用问卷调查方式开展，旨在通过满意度问卷调查，考察 2018 年上海智力运动会开展情况以及参赛选手对赛事组织各项相关工作的满意度情况。

一、调查对象

本次满意度调查对象为 2018 年上海智力运动会的参赛人员。

二、调查方法

为了能够更全面地反映 2018 年上海智力运动会的开展情况，本次问卷调查采用纸质问卷的方式在赛场内发放。

三、问卷的发放和回收

为了保证调研的科学性和严谨性，由评估组成员进行问卷发放，纸质问卷现场收回。调查发放问卷 230 份，其中无效问卷 5 份，有效问卷 225 份。

四、调查结果分析

（一）样本特征

1. 性别分布

在调查的参赛选手中，男性参赛选手占 64.09%，女性占 35.91%（见图 1），参赛者为男性高于女性，本次上海智力运动会覆盖人群为男性较多，可以适当加强对女性群体市场的开发，让更多的女性认知到上海智力运动会，继续扩大上海智力运动会受众。

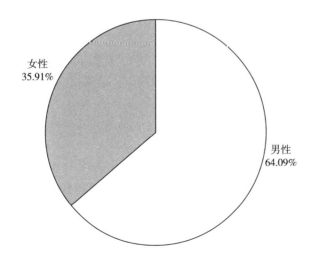

女性
35.91%

男性
64.09%

图 1　参赛选手性别分布

2. 职业分布

在调查的参赛选手中，学生占 56.76%，在职员工占 34.68%，其他占 5.86%，离退休员工占 2.70%（见图 2）。本次上海智力运动会参赛者主要

为学生，可以加大针对离退休员工和其他职工人群的宣传推广力度，增加城市人民的参与度。

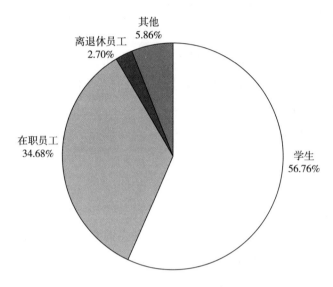

图2　参赛选手职业分布

（二）参赛情况调查结果

1. 获取赛事信息渠道调查

在调查的参赛选手中，33.18%的参赛选手是通过"其他"渠道获取赛事的相关信息；21.08%的参赛选手是通过"单位通知"的方式获取赛事的相关信息；获取赛事相关信息的方式为"电视宣传"、"广播宣传"、"报刊"的占比最低，分别为0.45%（见图3）。本次赛事宣传效果最好的宣传渠道是"其他"，其次是"单位通知"渠道，线下宣传是赛事宣传的重要渠道。可以通过加大线上宣传力度，如通过网站和微信公众号等形式进行宣传，同时加大电视、广播、报刊的宣传力度，达到增加比赛覆盖人群的目的。

2. 报名渠道调查

在调查的参赛选手中，"单位/社团组织参加"是参赛选手报名参赛的主要渠道，占比为59.55%；24.55%的参赛选手通过"网络报名"的方式进行报名；3.64%的参赛选手通过"电话报名"和"现场报名"渠道进行

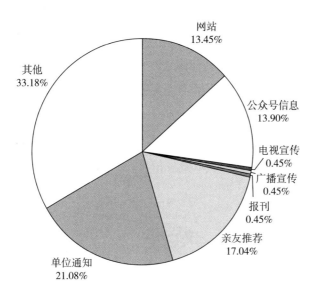

图3 参赛选手获取赛事信息渠道

报名（见图4）。"单位/社团组织参加"渠道占比偏高是因为单位通知是主要宣传渠道，增设更多的线上报名渠道可以有效地扩大赛事覆盖人群。

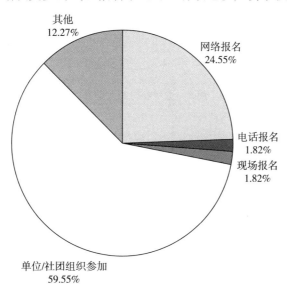

图4 参赛选手报名渠道

3. 参与态度调查

在被调查的参赛选手中，有 69.41% 的人员是经常参与类似体育赛事，有 0.46% 的人员基本不参与类似体育赛事（见图 5）。参赛者经常参与类似体育赛事的占比较高，是因为参赛者大多数为学生和在职员工，在空闲时间可以参与类似休闲比赛。可以将比赛时间定制得更加灵活，尽量在节假日举行比赛，让更多的学生也参与到赛事中。同时加大赛事宣传力度，让其他职位未参加过比赛的市民能够获取赛事信息，增加比赛覆盖人群。

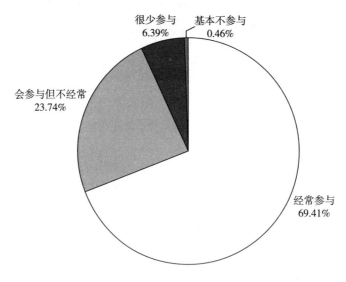

图 5　选手参与态度分布

4. 推荐意愿调查

在被调查的参赛选手中，有 82.11% 的人会推荐身边的人参与此类赛事，仅有 17.89% 的人不会推荐身边的人参与此类赛事（见图 6）。可以看出，从整体上来看，大多数参赛选手对于比赛的满意度较高，愿意将比赛推荐给其他人。

5. 满意度调查

从总体上来讲，参赛选手对上海智力运动会的满意度均值为 4.63，对赛事（活动）裁判公平公正的满意度评价较高，均值为 4.81。但对赛事（活动）现场秩序的满意度评价相对较低，均值为 4.44（见图 7、表 1）。

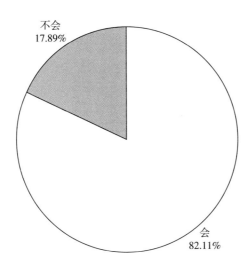

图6 选手推荐意愿分布

图7 满意度调查统计

（三）列联表分析结果

1. 不同性别参赛者对赛事的总体满意度

男性参赛者对于赛事非常满意的占比 71.43%，女性参赛者对于赛事非常满意的占比 69.62%（见表2）。从赛事总体来看，男性参赛者比女性参赛者更加满意本次比赛，应进一步针对女性参赛者优化比赛制度，让女性参赛者体会到上海智力运动会的乐趣和意义，提升参赛者对赛事的满意度。

表1　各项满意度均值

赛事名称	满意度问题	均值
上海智力运动会	您对赛事(活动)报名便捷程度的满意度	4.68
	您对赛事(活动)组织专业性的满意度	4.63
	您对赛事(活动)流程合理性的满意度	4.61
	您对赛事(活动)规则制定合理性的满意度	4.71
	您对赛事(活动)裁判公平公正的满意度	4.81
	您对赛事(活动)安全保障工作的满意度	4.69
	您对赛事(活动)现场秩序的满意度	4.44
	您对赛事(活动)奖项的设置以及奖品的满意度	4.48
	您对赛事(活动)主办方服务提供(问询服务、赛事装备提供、医疗卫生服务、食品提供等)的满意度	4.45
	您对赛事(活动)举办整体的满意度	4.63

表2　不同性别参赛者的满意度

单位：%

性别	非常不满意	不满意	中立	满意	非常满意
男	0.00	0.71	4.29	23.57	71.43
女	1.27	1.27	3.80	24.05	69.62

2. 不同职位参赛者对赛事的总体满意度

学生参赛者表示"非常满意"的占比最高，为73.81%；离退休员工参赛者表示"非常满意"的占比最低，为33.33%（见表3）。应针对离退休员工群众，考虑各个年龄段等因素，优化赛事规则和服务质量，提升离退休员工参赛者对上海智力运动会赛事的体验感，提升参赛者的总体满意度。

表3　不同职位参赛者的满意度

单位：%

职位	非常不满意	不满意	中立	满意	非常满意
学生	0.79	0.79	3.17	21.43	73.81
在职员工	0.00	0.00	6.49	23.38	70.13
离退休员工	0.00	0.00	0.00	66.67	33.33
其他	0.00	7.69	0.00	38.46	53.85

B.10
丰富场地设施供给
解决"健身去哪儿"难题

江苏省体育局

摘　要： 加强全民健身场地设施建设，不断改善群众健身环境、更好地满足群众健身需求，是各级政府应履行的重要公共服务职能，是贯彻落实全民健身国家战略、推进健康中国建设的必然要求。近年来，在国家体育总局的正确指导下，江苏始终围绕人民对美好生活的向往，突出城乡一体、区域协调，稳步推进群众体育"六个身边"工程，努力完善全民健身设施建设、管理和服务，着力解决群众"健身去哪儿"的问题。江苏是全国唯一一个以省为单位的国家公共体育服务体系示范区，正在努力建设新时代体育强省。近年来，我们紧紧围绕人民对美好生活的向往，把完善公共体育设施作为全方位、全周期保障群众健身和健康的关键举措，坚持科学化引领、制度化安排、长效化推进，加快完善功能明确、网络健全、惠及全民的公共体育设施，走出一条高质量发展之路。

关键词： 全民健身　公共服务　江苏省

随着我国社会经济、文化建设的快速发展，人民群众的健康意识也在不断提高，居民愿意用更多的时间来享受公共体育服务，江苏省的群

216

众体育事业也迎来大的发展新机遇。江苏自古繁荣富庶、人文荟萃，在全国经济社会发展格局中具有重要地位。江苏省把实施全民健身国家战略作为建设强富美高新江苏的重要举措，紧密联系江苏省情和人民需求实际，确立全民健身工作的深化改革先导区、科学发展先行区、为民服务示范区目标，切实做到中央有部署、江苏有行动、落实有成效，努力在国家战略大局下有大的作为。目前，江苏在践行全民健身国家战略中迈出了坚实的步伐，成为唯——个国家体育总局与省级人民政府共建的公共体育服务体系示范区，全省人均公共体育场地面积达 2.01 平方米，高出全国平均水平 0.55 平方米，经常参加体育锻炼人数比例达 35%，达到《国民体质测定标准》合格以上的城乡居民（不含在校学生）人数比例达 92.1%，均位居全国前列。

一　江苏全民健身服务保障体系发展思路

（一）坚持政府主导，切实强化政府发展全民健身设施的主体责任

江苏各级政府深入贯彻全民健身国家战略的要求，把发展全民健身设施作为改善民生、促进人的全面发展的重要抓手，努力为群众提供满意的健身设施条件。

1. 健全工作机制

省政府印发《〈江苏省全民健身实施计划（2016～2020 年）〉职责分工方案》，落实相关部门建设全民健身设施的职责。上年省、市、县三级政府全部建立全民健身工作领导协调机制，今后江苏还将要求三级政府的领导协调机构都要明确年度重点工作任务，加强全民健身设施建设的统筹协调。江苏 13 个设区市都结合实际，提出打造以体育为主题的特色城市目标，在具体工作中，优先发展全民健身设施。14 个县级政府与省体育局签署合作协议，共建体育健康特色小镇，统筹提升全民健身设施水平。

2. 做好顶层设计

认真贯彻全民健身国家战略，坚持"大体育"工作理念，推动公共体育设施可持续发展。省政府与国家体育总局签署共建公共体育服务体系示范区协议，出台推进公共体育服务体系示范区建设的实施意见，明确公共体育设施发展的目标和实施路径。省体育局、住建厅、发改委联合印发《江苏省公共体育设施基本标准》，指导全省基本公共体育设施建设、管理和服务。省体育局出台《江苏省公共体育服务体系建设规划（2016~2020年)》和《江苏省公共体育服务指标体系》，明确"十三五"时期江苏公共体育设施发展的要求和举措。

3. 加强督查推进

省委、省政府把公共体育设施纳入高质量发展监测评价指标体系和全面建成小康社会指标体系，纳入省政府年度主要任务和重点工作，统筹部署、定期督查。省政府每年把全民健身设施相关工作纳入年度重点工作和民生实事项目，按季度督查落实情况。各地把全民健身设施重点项目纳入经济社会发展规划、年度政府工作报告、财政预算和民生实事，做好督查推进，并向社会公示，接受群众监督。

（二）破除固有樊篱，积极推进全民健身设施融合开放发展

江苏主动走出自己的"体育圈子"，推动全民健身设施与相关行业融合发展，激发全社会共同办全民健身设施的活力。

1. 大力建设生态休闲体育设施

省住建厅、体育局印发《关于进一步完善规划促进健身步道建设的意见》，推动全省建成健身步道1万多公里，这些健身步道与城乡绿色空间和慢行系统紧密结合，成为方便群众的户外休闲健身空间。江苏以生态人文资源和运动设施为载体，建设融运动健身、健康养生、休闲旅游等多种服务功能于一体的体育公园。目前全省建成各级各类体育公园1300多个，其中有一定规模、功能相对齐全的体育公园525个。"十三五"期间，江苏将推动有条件的市和县建设1个奥林匹克体育公园，全省建成20个省级示范体育

公园、100 个省级社区示范体育公园，有一定规模、功能相对齐全体育公园 1000 个，并努力实现健身小公园城乡社区全覆盖。

2. 探索打造体育服务综合体

江苏以体育大中型设施为基础，坚持存量资源功能拓展延伸和增量资源业态融合，突出体育服务的主要功能，融健康、旅游、文化、休闲、商贸等多种服务功能于一体，提出在"十三五"期间打造 40 个体育服务综合体。2018 年 3 月，经过各地申报、设区市择优推荐，省体育局组织评审后，认定了 14 家单位为江苏省首批体育服务综合体。

3. 注重发动社会力量参与全民健身设施服务

江苏在加大财政投入的同时，采取政府产业引导资金扶持、企业冠名、社会赞助、市场运作等方式，鼓励社会力量建设了一批群众身边的体育设施，并参与体育场馆的管理和运营。如南通市引进民营资本建设、运营体育会展中心，实现了政府不背包袱、群众得到实惠的目标。盐城市采用市场化运作方式建设新体育馆与全民健身中心，并运用协会力量进行场馆管理运营。

（三）围绕群众需求，扎实推进全民健身设施建设重点项目

江苏把群众享有基本均等的健身设施服务放在重要位置，紧紧贴近群众身边，有序实施全民健身设施建设重点项目。

1. 持续推动农民体育健身工程

多年前，江苏通过实施"万村体育健身工程"，推动每个行政村至少建有 1 片混凝土标准篮球场、2 张以上室内或室外乒乓球台。近年来，江苏以城乡一体化为目标，以省体育局捐赠器材的形式，持续实施苏北地区行政村农民健身设施提档升级工程、苏中苏北接合部经济薄弱地区行政村农民体育健身设施提档升级工程；对乡镇一级，省体育局安排补助资金，推进乡镇多功能运动场建设。目前，江苏绝大多数乡镇都建有小型全民健身中心和 2000 平方米的多功能运动场；行政村都增建了健身路径、室内健身房、棋牌室乃至健身广场，体育设施还不断向农民集中居住区和较大自然村延伸覆盖。

2. 切实推进体育设施"新四个一"工程

为解决群众参与大型全民健身活动和欣赏大型体育赛事的需要，江苏制定体育设施"新四个一"工程建设标准，推动各设区市建成一个约5000个座席的体育馆、一个约30000个座席的塑胶跑道标准体育场、一个包括一个游泳馆在内的体育中心和一个5000平方米以上的全民健身中心，各县（市、区）建成一个塑胶跑道标准田径场、一个3000个座席的体育馆、一个游泳馆或标准室内游泳池、一个3000平方米以上的全民健身中心。目前，江苏13个设区市中的12个和90%的县（市、区）按标准建成了"新四个一"工程。

3. 扎实打造城市社区"10分钟体育健身圈"

2012年，省政府转发省体育局的建设方案，部署建设城市社区"10分钟体育健身圈"，即在市、县（市）主城区、居民以正常速度步行10分钟左右（直线距离800～1000米）范围内，建设便民利民的公共体育设施，同时引导城市居民参加健身组织，开展丰富多彩的群众体育活动，为广大群众提供科学健身服务。2015年，江苏县级以上城市社区全部建成"10分钟体育健身圈"。近两年，江苏继续提升城市社区"10分钟体育健身圈"服务内涵，并推动向城乡一体化发展。

4. 创造条件建设冰雪场馆

江苏积极贯彻国家"北冰南展"和"三亿人上冰雪"计划，鼓励各地配置制冰制雪设施，引进仿冰仿雪技术，大力建设冰雪场馆。目前全省共有冰雪场馆27个，其中滑雪场14个、滑冰场13个，场地面积总计50多万平方米。13个设区市中11个都建有冰雪场馆，像徐州督公山滑雪场、大景山滑雪场、宿迁运河湾生态滑雪场等设施，每个滑雪场占地面积均超过5万平方米。

（四）硬件软件并重，努力提升全民健身设施服务水平

江苏在加强全民健身设施硬件建设的同时，不断完善设施的软件建设，提升体育设施管理和运营水平，力争为群众提供最满意的服务。

1. 提升大型体育场馆开放水平

省政府发布《江苏省体育设施向社会开放管理办法》,通过立法来规范各类体育设施开放。省发改委等九部门出台《关于加强体育场馆运营管理提高公共服务水平的实施意见》,明确公共体育场馆自用房产和土地免征房产税及城镇土地使用税、水电气热价格按不高于一般工业标准执行等政策。省财政每年安排5500万元专项预算,推动100多个公共体育场馆向社会免费、低收费开放。省体育局每年在全省发放体育消费券,为健身群众到体育场馆健身买单。学校体育设施向社会开放的步伐不断加快,全省符合开放条件的学校有4000多所,目前开放率已达到90%以上。

2. 打造智慧体育场馆

各市依托公共体育设施,建设了"宁体汇"、"常享动"等一批城市公共体育服务信息平台。推动传统公共体育服务向信息化、网络化、智能化拓展,为群众提供更加便捷、更加个性化的健身服务。各地整合公共体育设施资源,建设了一批公共体育服务信息平台。各大型体育场馆积极引进"互联网+"、大数据、物联网等技术,为群众提供个性化健身指导服务、网络场馆预订和智能赛事组织。江苏很多体育场馆在举办大型赛事中,集成信息网络、智能灯光、通信与广播等智能化系统,实现面向设备和管理人员的直接管理,大大提高了工作效率和成效。通过建设智慧健身工程,江苏群众能很方便地查询身边的健身设施、预订健身场馆、获取科学健身知识、进行互动交流。

3. 健全室外健身器材的管理维护

深入贯彻《室外健身器材配建管理办法》,省体育局指导各地加强室外健身器材管理维护,及时维修、更换破损、过期的健身器材,为群众提供安全舒适的健身服务。江苏各地体育部门安排专项经费,落实责任单位和人员,通过签订责任状、服务外包、智能化管理等形式,解决了室外健身器材管理维护难题。

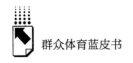
二 紧紧围绕人民对美好生活的追求，把协调、绿色、共享等理念贯彻到全民健身国家战略全过程中

实现人的全面发展、提高群众生活质量，是实施全民健身国家战略的首要目标。围绕这一目标，江苏把促进城乡区域协调发展、服务生态文明建设、增强人民获得感作为实现路径，推动全民健身资源合理配置、成果人民共享、生态协调互动，不断提升人民群众幸福满意度。

（一）重点促进城乡区域协调发展

1. 推动城乡体育一体发展

江苏在全国较早提出全民健身设施城乡全覆盖的目标，为此启动了县级体育设施"新四个一"工程、"万村体育健身工程"、城市社区"10分钟体育健身圈"建设规划，基本建成了市级体育中心和全民健身中心，基本实现县级一个标准塑胶田径场、体育馆、游泳馆、全民健身中心和行政村体育设施全覆盖。建设农民体育健身工程。把农村体育纳入乡村振兴战略，提出全民健身城乡一体化目标，保障农村群众健身权益，先后实施万村体育健身工程、苏北农民健身设施提档升级工程、苏中苏北接合部农民健身设施提档升级工程和乡镇多功能运动场建设工程。

2. 促进区域体育均衡发展

根据苏南、苏中、苏北发展差距的省情，制定差别化的发展目标和政策措施，对苏南发达地区提出体育现代化的奋斗目标，对苏中、苏北提出加速振兴追赶的发展要求。加大财政转移支付、体育彩票公益金等对苏中、苏北的扶持力度，支持经济相对欠发达地区的全民健身发展，着力提高全民健身工作协调发展水平。按照中央"精准扶贫"的精神，建立南北挂钩发展政策，苏南发达市对口帮助苏北薄弱地区，在资金、项目、人才等方面给予帮助。省局与宿迁等市签订合作协议，有重点地扶持该市体育事业和产业发展。选择苏州、无锡、江阴、昆山、张家港等经济社会发展较快地区，开展基本实现体育现代化试点，推进当地全民健身等事业向着更高层次迈进，探索体育现代化实现路径。

多年前，江苏通过实施"万村体育健身工程"，推动每个行政村至少建有1片混凝土标准篮球场、2张以上室内或室外乒乓球台。近年来，江苏以城乡一体化为目标，以省体育局捐赠器材的形式，持续实施苏北地区行政村农民健身设施提档升级工程、苏中、苏北接合部经济薄弱地区行政村农民体育健身设施提档升级工程；对乡镇一级，省体育局安排补助资金，推进乡镇多功能运动场建设。当前，江苏绝大多数乡镇都建有小型全民健身中心和2000平方米的多功能运动场，行政村基本都建有健身房、篮球场、健身路径、乒乓球台乃至健身广场，一大批农民集中居住区和较大自然村也配有健身设施。科学制定乡镇、行政村（农民居住点）体育设施的配备标准，提高农村体育设施建设整体水平。全面拓展乡镇综合文化站的体育服务功能，专人或兼职负责体育工作，配有社会体育指导员，充分发挥行政村文体活动室的阵地作用。推动体育社会组织向城乡社区群覆盖延伸，乡镇、街道体育总会、老年人体协和社会体育指导员协会以及单项体育协会苏南覆盖率达95%，苏中苏北覆盖率达80%，现有县级以上体育社团3237个、体育俱乐部11653个、团体会员15000余个、个人会员170万余人。

3. 促进人群体育协调发展

实施《江苏省学生体质健康促进条例》，扎实推进学生体质健康促进行动计划和农村中小学运动场地塑胶化建设工程，建成国家青少年体育俱乐部269个、23所国家级体育传统项目学校，在校学生达到《国家学生体质健康标准》人数比例达85%。完善体育教育联席会议制度，积极开展青少年阳光体育运动联赛，大力发展校外足球、篮球等项目活动中心。省体育局与教育厅联合制定《江苏校园足球振兴行动计划纲要》《关于开展江苏省青少年校园篮球活动的意见》，大力开展校园足球活动，创建618所全国校园足球特色学校。充分考虑老年人需求，不断创新适合老年人特点的体育健身项目和方法。江苏省老年人体育节活动形式和内容不断创新，九年来，一年一届的省老年人体育节从未间断，目前每年直接参与该项活动的老年人达200万人。

（二）增强群众的全民健身获得感

1. 不断完善全民健身设施

在广覆盖、保基本、促均衡上下功夫，建成覆盖城乡的省市县乡村五级公共体育设施网络，人均公共体育场地面积达2.01平方米，高出全国平均水平0.55平方米。通过实施健身步道建设、农民体育健身工程、经济薄弱地区行政村体育设施提档升级和中心城镇拆装式游泳池建设，初步形成了省市县乡村五级公共体育设施网络。全省城市社区建成"10分钟体育健身圈"，新建健身步道6500公里，绝大多数乡镇（街道）建有小型全民健身中心。目前，江苏的城市居民以正常速度步行10分钟左右、直线距离800~1000米范围内，就有便利的公共体育设施锻炼，还可以参加健身组织和有组织的体育活动，享受科学健身指导服务。制定《江苏省体育场馆免费低收费开放补助资金管理办法》，大力推动公共体育设施免费低收费开放，特别是对学生、老年人和残疾人优惠或者免费开放，2015年补助各级各类体育场馆共计5342万元。仅2016年春节假期内，全省近百个体育场馆群接待了52.4万人次健身人群，其中免费低收费接待人次40万。全民健身设施的开放率和利用率明显提高，学校体育场地开放率达50%以上。

2. 大力开展全民健身活动

积极打造省级全民健身品牌活动，江苏省全民健身运动会已经举办六届，"沿江体育带"全民健身大联动已经成功举办了十届，青少年阳光体育运动联赛、老年人体育节、残疾人运动会、将军与农民乒乓球友谊赛、将军与职工乒乓球友谊赛等定期举办，影响不断扩大。"环太湖"国际竞走和行走多日赛、WIC轮滑世界杯马拉松赛、亚洲体育舞蹈锦标赛、中华龙舟赛等影响大，为群众奉献了一场场体育盛宴。各地依托传统节日、体育赛事、重大庆典活动和民族民间体育资源，因时、因地、因需开展群众喜闻乐见、丰富多彩、特色鲜明、影响深远的体育活动，提升有组织参加体育活动人群。市、县、乡运动会、业余体育联赛等形成制度，全省经常参加体育锻炼人口比例达35%。

3. 发展全民健身志愿者服务

推动社会体育指导员工作重心从重数量扩大向重质量提升转变，从重理论教学向重实践指导转变，目前全省共有社会体育指导员 24.4 万名，其中国家级 1209 名，均居全国首位。省体育局与省委组织部联合推进大学生村官社会体育指导员工程，总计培训大学生村官社会体育指导员 15078 名，实现一村一社区一名社会体育指导员。为关怀激励社会体育指导员开展全民健身志愿服务，江苏体育部门每年对 1 万名一线社会体育指导员进行技能再培训，为 8 万名一线社会体育指导员办理意外伤害保险、发放服装。在全国率先实现县（市、区）国民体质监测中心全覆盖，建成 7 个国家级、29 个省级体质测定与运动健身指导站，每年为基层群众进行体质测定和健身指导 30 多万人次。建成全省全民健身电子地图，编制《江苏省公共体育服务指南》，为城乡居民提供便捷的健身资讯服务。

（三）发挥全民健身对生态文明促进作用

坚持创新、协调、绿色、开放、共享的发展理念，大力发展资源整合、业态融合、功能多元的公共体育设施，打造生态立体的公共体育设施网络。

1. 注重体育设施与生态环境的有机融合

体育要主动作为，带头去维护生态的可持续性，保持生态的良好状态，吸引人们更多关心自然、保护自然。我们在全省建设了一批生态体育公园，选择在风景优美的城市景观或城郊、湖滨、傍山森林、湿地、公园，以及城市升级产生的"金角银边"和城乡边角地，巧妙布局，策划定制，建成各类体育公园 1300 多个、健身步道 1 万多公里。在太湖、紫金山、古黄河等生态景点建设一批体育设施，建设了 6500 公里的健身绿道，将体育设施与公园绿地完美结合，体育具备低碳、环保等绿色经济的典型特征，促进了体育与旅游的融合发展。"十三五"期间，我们提出要把绿色发展理念贯穿到体育发展全过程，规划建设打造 100 个省级体育公园，让群众在良好的生态环境中参与健身、享受健身。

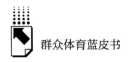

2. 注重开展与生态环境相融合的体育活动

绿色自然是体育运动的摇篮和载体，体育运动所展示的生机、活力、和谐、友爱，都是绿色的最好象征，体现了人与自然的和谐。2015 年江苏共举办了大众均可参与的 24 场马拉松赛，赛道均选择在风景优美的城市景观或郊区、湖滨、山地。把绿色理念融入环太湖国际公路自行车赛等重大赛事，赛道设置尽量保持原始生态，避开城市复杂道路，体现人与自然的和谐。大力推广普及户外运动，创办了中国首个以生态为内涵的体育赛事——宿迁"生态四项赛"，将体育与自然紧密结合，以国际流行的户外运动为竞赛内容，在体育运动中促进人与自然的融合，2015 年举办了第三届"生态四项赛"并成功升级为国际性 A 类赛事。

3. 把生态体育理念嵌入城市建设和经济发展中

体育与生态的融合是一个趋势和方向，符合体育发展的特征和内涵，在城市建设和经济发展中具有一定的促进作用。为此，江苏做了一些探索和实践。我们鼓励各地依托特色资源，积极创建体育特色城市，为了让体育全方位融入人民群众日常生活中，使全民健身生活化，成为人们的生活方式、自觉行动，江苏省体育局与 14 个县级政府签署协议，探索建设体育健康特色小镇。我们支持无锡市依托全国智慧产业园的资源优势，建设智慧体育城市；支持扬州市依托世界宜居城市和扬州国际马拉松赛品牌资源，建设体育旅游城市，促进体育与旅游融合发展；支持宿迁市依托生态城市和"生态四项赛"资源，建设生态体育城市，促进城市生态功能完善升级。我们按照创新省地共建模式、突出体育健康主题、强化产业支撑带动、坚持文化沉淀聚合、加强政企协同推进等 5 个原则，统筹生产、生活和生态空间布局，实现产业、资源、服务等有效集聚。

B.11

发挥禀赋资源优势
打造体育＋旅游特色

浙江省体育局

摘　要： 在"体旅融合"新时代下，浙江省体育局依托丰富的山水资源和长三角区位优势，因地制宜，大力发展体育旅游产业，主要举措如下：坚持"三制宜"，做好体旅融合的长度文章；坚持"三培育"，做好体旅融合的广度文章；坚持"三到位"，做好体旅融合的深度文章。确立了基础设施更加完备、产业规模更加壮大、产品供给更加多样、赛事品牌更加响亮、发展环境更加优化的未来发展目标，以及山地户外运动、水上运动、冰雪运动、航空运动和汽摩运动的未来发展方向。具体举措主要包括优化空间布局、提升基础设施、壮大市场主体、丰富产品供给和融合多元产业。

关键词： 体旅融合　体育旅游产业　浙江省

一　背景与成绩概述

浙江地处中国东南沿海长江三角洲南翼，东临东海，南接福建，西与安徽、江西相连，北与上海、江苏接壤，山地资源和海洋资源十分丰富，素有"七山二水一分田"之说。近年来，浙江省各级政府、体育及相关部门依托丰富的山水资源优势和长三角区位优势，因地制宜，大力发展体育旅游产

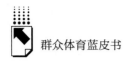
业，将这一转型升级的优势产业、利民惠民的健康产业和倒逼环境改善的绿色产业作为经济社会转型发展的新动力，助推区域经济持续健康发展的新引擎，共襄同向发力、互动接力"体旅融合"的新时代。2018 年全省体育产业总产出 1843 亿元，创造增加值 593 亿元，占 GDP 的比重为 1.15%。连续举办 7 届浙江省运动休闲旅游节、5 届长三角运动休闲体验季活动、3 届浙江省海洋运动会、2 届浙江省生态运动会；2018 年浙江省举办 800 人以上规模的马拉松赛 180 场，居全国第一；成功创建国家体育产业基地 18 个，体育小镇国家级 3 个、省级 7 个，国家体育旅游示范基地 1 个，国家体育旅游精品赛事 1 项。

二 主要做法与举措

（一）坚持"三制宜"，做好体旅融合的长度文章

1. 因时制宜，整合政策定方向

深入贯彻落实国发〔2014〕46 号等文件精神，制定出台了浙江省《关于加快发展体育产业促进体育消费的实施意见》、《关于加快发展健身休闲产业的实施意见》和《关于加快体育旅游产业发展的实施意见》。提出到 2025 年，实现体育旅游总人数 1.5 亿人次，占旅游总人数的 15%，体育旅游总消费达到 2500 亿元，努力将浙江省打造成为"国际知名的运动休闲目的地"的发展目标。

2. 因地制宜，整合资源优布局

浙江地处长江三角洲南翼，交通区位优势明显；境内"七山二水一分田"的资源分布，拥有丰富的"山、海、林、田、湖"等资源条件。以此为基础，充分整合国家各运动项目专项规划，编制出台《浙江省户外运动发展纲要》，规划建设浙东滨海、浙西—浙南山地、沿钱塘江水系、沿太湖、沿瓯江水系 5 个运动休闲产业带，按照"全域户外"的理念，推进山地户外运动、水上运动、航空运动、冰雪运动、汽摩运动等新兴时尚体育项

目发展。积极推动运动休闲产业数字化，启动建设浙江省全域户外信息平台建设，打造体育旅游界的"大众点评"。

3. 因事制宜，整合力量谋发展

加强与省文化旅游部门的沟通协作，签署《关于加强运动休闲旅游产业战略合作的框架协议》，体育旅游产业加速融合发展，呈现出良好的发展态势和广阔的发展前景；共同搭建体育旅游展示平台，共同主办浙江省运动休闲旅游节，自2012年起每年举办一届，已先后在杭州富阳、龙游等地举办了7届；共同认定浙江运动休闲旅游示范基地、精品线路和优秀项目，截至目前，全省共认定示范基地26个、精品线路16条、优秀项目97个，涉及滑雪、马术、骑行、漂流、登山、海钓等多门类项目。在此基础上，还将日常工作成果归纳整理，共同编写《浙江省运动休闲旅游范例》，并公开出版发行，重点介绍省内优秀休闲旅游运动景区和项目；配套省运动休闲旅游节，每年编印《运动休闲旅游节会刊》。

桐庐运动休闲精品线路（范例）

桐庐距杭州1小时车程，有"天然氧吧"之称的大奇山即位于此，这里年平均气温15℃，盛夏平均温度26℃，到县城中心仅10分钟车程。依托大奇山旅游度假区、巴比松度假庄园、杭州潇洒运动休闲公园等项目，桐庐已经成为浙江省运动休闲旅游发展最快的地区之一。

一、运动观光休闲，三园荟萃有机融合

最美县城桐庐近年来大力发展运动休闲旅游产品，目前拥有杭州女足训练基地、综合性户外体育运动场所等一大批运动休闲项目，游人可在风景秀美的环境下运动养生。在富春江健康城里，白天可以漫步森林公园、挥杆高尔夫、骑行垂钓，晚上可以领略具有异域风情的高端酒店。在运动休闲产业发展方面，桐庐县依托现有的山水资源，以优越的地理区位为载体，打造了杭州潇洒运动休闲公园—大奇山国家森林公园—巴比松米勒庄园的运动休闲精品旅游线路。

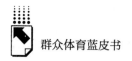

杭州潇洒运动休闲公园旅游综合体项目，由生态住宅区、高星级度假酒店、休闲户外运动和足球训练基地四部分组成，打造集旅游、度假、运动、休闲、居住于一体的高端休闲综合体。

大奇山国家森林公园位于风光秀丽的富春江南岸，距桐庐县城 2 公里，面积 40 平方公里，是一处集江南山水与草原风光于一体的综合性森林公园，大奇山被誉为"江南第一名山"，有"自然氧吧"和"休闲天堂"之美誉，为"浙江省十大休闲基地"之一。公园凭借着独特的生态环境和丰富的自然资源，先后开发的拓展训练中心、野外生存训练营、野营基地等旅游产品，深受广大游客喜爱。

巴比松米勒庄园位于大奇山国家森林公园旁，是"杭州—千岛湖—黄山"国家级黄金旅游线上一个独具法国风情的大型度假庄园，是一个集住宿、餐饮、娱乐、会议、拓展于一体的大型度假综合体。庄园内休闲运动旅游产品丰富，包括射箭、脚踏船、越野卡丁车、骑马、水上碰碰船、水上滚筒、垂钓、羊驼牧场等户外娱乐项目，四季花海更是享誉全国，浪漫幽雅的法式庄园环境更多次被网友评为"最美婚纱摄影基地"。

二、毗邻融通合作，一江串起黄金线路

桐庐位于北纬 29°35′~30°05′和东经 119°10′~119°58′，东接诸暨，南连浦江、建德，西邻淳安，东北界富阳，西北依临安，位于杭州西南，地处杭州市南郊，钱塘江中游，距杭州市仅 75 公里，隶属长江三角洲经济商圈，居于"西湖—富春江—新安江—千岛湖—黄山"国家级黄金旅游线中心地段。桐庐县城距离旅游文化名城杭州仅 90 公里，离安徽黄山也只有 250 公里，主要通过国道 G320、省道 S208、S302、S305、S210 和杭新景高速公路与周边相连，4 小时交通圈覆盖整个长三角，交通便利、通行能力强。杭黄高铁（杭州至黄山高速铁路）沿途串联名城（杭州）、名江（富春江、新安江）、名湖（千岛湖）、名山（黄山），形成一条世界级黄金旅游通道，高铁桐庐站位于城南街道，交通发展为桐庐旅游发展创造了优越的可进入性。潇洒运动休闲公园、大奇山国家森林公园、巴比松米勒庄园三地距离高铁桐庐站不超过 8 公里，同时三个项目之间距离不超过 5 公里，无论是自驾车旅行还是团队旅行，都可以方便地在景区间穿梭。

三、高端健康自然，理念创出品牌特色

三个运动休闲景区，依托桐庐秀美的山水文化资源，呈现了具有地域化、特色化的运动休闲项目画卷。高端运动休闲旅：杭州潇洒运动公园，秉持生态、自然、时尚、休闲的理念，坐拥山水之灵气，设立高尔夫、马术、草地运动等多项高端户外运动。森林运动休闲旅：大奇山森林公园，以林业资源为依托，围绕"绿色·运动·休闲"主题，开发拓展训练中心、野外生存训练营、野营基地等旅游产品，增加了游客的互动性、娱乐性和趣味性。庄园花海休闲旅：静雅的庄园，可以骑行山地车、骑马，花海四季更迭，如同上帝遗忘在人间的调色盘，不断为庄园穿上华美霓裳。

杭州潇洒运动休闲公园、大奇山国家森林公园、巴比松米勒庄园三个景区有着各自独特的体验内容。杭州潇洒运动休闲公园，以引进高尔夫管理、运动草坪管理为导向，打造高尔夫等户外高端运动休困产品，同时足球综合训练基地、室外游泳池、网球场、排球场等运动场所的构建，将成为杭州乃至整个长三角地区的高端休闲运动场所。大奇山国家森林公园，漫步密林，徒步运动，可以尽享山中美色、吸收氧气，同时也可以加入密林里的野外生存训练基地、野营基地等户外休闲项目，体验动静结合的森林之旅。巴比松米勒庄园，安静的你，可以四季漫步浪漫庄园观花海；好动的你，可以骑行或是骑马畅游庄园，庄园里倡导的"慢生活"理念，在一系列艺术事业扎营后，更将生活与艺术完美地融合在一起。

四、整合创牌推广，打造运动休闲集聚示范区

杭州潇洒运动休闲公园—大奇山国家森林公园—巴比松米勒庄园作为运动休闲精品旅游线路，距离桐庐县城路程近，交通便利，为了完善旅游产品，拓展旅游市场，桐庐县政府加大旅游基础设施投入，设计系列景区路牌标识系统，大大提升了线路产品的品牌形象和价值，三地的完美结合彰显了桐庐运动休闲旅游的独特优势，不仅丰富了旅游产品的运动内容，而且较好地实现了三者之间的经济利益的统一。如杭州潇洒运动休闲公园与旅游业的结合，培育了桐庐县系列高端运动休闲旅游产品，有望成为杭州地区户外运

动的旗舰。大奇山国家森林公园的发展，对当地服务业发展具有明显作用，一部分农家乐随之产生，并提供60多个岗位，吸纳当地人员就业，拓宽了当地农民的就业渠道。总之，桐庐通过整合这三个景区构筑的运动休闲精品旅游线路，不仅推广了景区本身的旅游产品，而且还为旅游产品的集聚效应经济创建了一个良好的发展氛围。

五、坚持"三培育"，做好体旅融合的广度文章

体育与旅游的融合，让体育有更大的发展空间，让旅游有更加可持续发展的内涵。在这个过程中，体育旅游项目和载体的培育必不可少。

一是积极培育运动休闲项目。充分调动社会资本投资体育旅游产业，不断完善各类运动休闲旅游基础设施。如投资4800万元的德清Discovery探索极限基地；投入约200亿元建造有室内沙滩、室内运动休闲体验区的绍兴柯桥东方山水乐园，以及总投资达200多亿元，涵盖海洋世界、欢乐世界多个子项目的长兴太湖龙之梦乐园等一大批体育旅游综合体先后建成运营。加快推进传统旅游景区转型升级，在景区中植入更多的体育元素，提升旅游过程的参与度与体育感。如宁海县健身步道，总长500公里，是国家登山步道示范工程；仙居县神仙居景区依托其独特的山体资源条件，2017年引入体验式攀岩项目——飞拉达，是全国5A级景区中首个引入该项目的景区。据统计，十一黄金周期间，神仙居飞拉达每日额满，共接待游客2400人。国家4A级旅游景区、国家级旅游度假区湘湖，先后建成7.8公里的骑行道、21公里环湖景观慢行道、10公里的登山健身步道和7.6公里的七彩骑行道；此外还引进傲帆俱乐部，开展帆船运动体验与培训。

宁海一条登山健身步道繁荣一县体育经济（范例）

宁海，位于浙东中部沿海，山、海、水、岛、泉、洞等生态资源丰富，森林覆盖率达到63%，水质优良率和空气优良率均在90%以上，素有"天然氧吧"之美誉，与户外运动有天然的历史渊源，是古代"驴友"徐霞客撰写游记的开篇地。全县陆域面积1843平方公里，海域面积275平方公里，

人口63万，2017年全县实现国内生产总值542.2亿元，公共财政收入90亿元。近年来更是借助一条寻常"砍柴路"修葺的登山健身步道，带动了宁海的全民健身热潮，打响了"人意山光，自在宁海"旅游品牌。先后被命名为国家登山健身步道示范工程、浙江省首批运动休闲基地、中国十佳运动休闲城市、国家体育产业基地。

一、登山步道建设

（一）"摸石子过河"建设步道

在国家体育总局、中国登山协会的重视和支持下，依托宁海丰富的山海资源和良好的生态环境，宁海国家登山健身步道于2009年开工建设，项目分两期进行，按照"一条主线、两条辅线和若干支线"的规划，部门乡镇联动，涉及16个乡镇街道，总投资1000万元，总长500公里。国家登山健身步道是典型的非标工程，设计与施工遵循了再生性利用自然资源的原则，在建设过程中吸收了美、新等国在健身步道建设方面的先进经验，建立完善的安全保障体系、环境保护体系和标识系统，首次把传统的户外运动同旅游与全民健身有机结合在一起。登山步道建设时采用了"两统一，四分解"的方式，也就是统一设计，统一安装标记标识，分解政策处理，分解招投标，分解建设施工，分解维护保养。体育部门负责规划和路标路识的安装建设，乡镇街道负责政策处理和路面施工，财政部门按照建设进度拨付资金。步道设计了建筑标识、地形标识、警示标识、指示标识和路标等全套标识；路径上还设计了休息站、露营区、接待站、报警点、垃圾处理系统等辅助设施；针对户外运动屡有野外登山迷路走失事件发生的情况，建立完善的户外安全救援体系。

（二）"亲山不侵山"提升步道

为深入挖掘步道的内涵，提高步道的可玩性和观赏性，提高服务智能化，宁海县针对步道现状积极组织开展步道提升工程。一是委托旅投集团提升步道。与景区景点结合投资1500万元，打造杜鹃山—许家山、温泉环线、徐霞客古道等三条步道。二是部门乡镇合力拓展步道。局本级完成杜鹃山入口公路中间绿化带登山步道雕塑和1条双林村小环线建设，改造了路面基

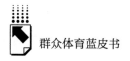
础，体现了步道相关元素；住建部门负责建设登山步道杜鹃山入口广场，形成登山步道的"城市客厅"和杜鹃山步道观景平台；县纪委、卫计局负责廉政步道和公共卫生宣传步道等主题步道打造；强蛟镇、西店镇、梅林街道等单位自筹资金建设步道进行串联。三是委托开发智慧登山系统。委托武汉大学开发的智慧登山系统目前已投入试运行，这个平台是以移动互联网为核心，包含移动客户端、微信公众号、门户网站、管理平台等多个体系，提供全方位多角度的智慧登山服务。2018年还安排人脸抓拍、红外线统计等大数据采集试点设备安装，数据联通县智慧旅游大平台和智慧登山系统。

（三）"山海路联通"拓展步道

在建设全国首条500公里登山步道的基础上，结合城乡绿道规划，积极推进沿海、沿路、沿溪、沿湖休闲自行车绿道建设，同步配套城市自行车慢行道。借助这"国字号"两条道，把山水自然之美与健康运动之美有机地融汇起来，在徐霞客大道、兴海路、滨海新区、胡陈乡、标准海塘岸等地建成了近200公里的慢行系统；在桥头胡至深甽路段动工建设总投资1.55亿元的慢行系统；一大批慢行系统及体育设施纳入城乡各类规划，即将逐步得到实施。

二、登山步道运维

（一）"对照新国标"划分步道

宁海国家登山健身步道是全国首条登山步道，是宁海人的"户外健身房"。由于建设时间早，建设时与中登协以"摸石子过河"的方式探索建设，目前中登协制订的新国标有了提升和发展，在大溪南建设中打算按照新国标的一级步道标准实施，与辛岭方向登山步道进行连接，两条环线组成国家登山健身步道的展示线路。登山步道根据沿途的自然风景和植被，可划分为落叶步道、砂石步道、竹林步道、岩石步道等；按照功能划分为观光游步道、探险步道、常规步道；如果拓展一下，从慢行系统或当前国家提倡的健身步道可划分为自行车绿道、登山步道、旅游步道。

（二）"体育＋旅游"宣传步道

围绕建设全国户外运动的引领地和长三角地区体育旅游的目标地，借助网络、微信、微博等新媒体，通过媒体拍步道、作家写步道、专业户外人士玩步道，做深做精国家登山健身步道文章，积极倡导一种"走步道、爱户外、享生活"的健康运动方式和生活理念。编著《国家登山健身步道宁海路书》和各类宣传手册，推广登山步道和登山攻略。开展户外安全和文明登山的教育培训，做到"亲山不侵山"。举办宁海越野挑战赛、千里走宁海、群众登山比赛等赛事活动提升影响力。

（三）"第三方服务"维护步道

县政府每年安排登山步道维护经费50万元，分别尝试了属地管理、分段专职保养、户外俱乐部"路长制"三种方式，目前采用户外俱乐部"路长制"。三种方式各有所长，各有所短，属地管理、分段专职保养总体上都不满意，2018年尝试户外俱乐部"路长制"，为提高户外俱乐部的工作积极性，宁海与俱乐部签订合同，实行"路段三包"，即维修、保洁、救援引领；同意俱乐部进行路段的招商冠名；要求路段入口处标示俱乐部名称、负责人名字、路段范围，接受群众监督；将佣金与维护效果进行挂钩，并加强对维护工作的考察验收。通过定期组织驴友和志愿者上山清理垃圾、呼吁广大户外爱好者不乱扔垃圾、协同县旅游部门开展步道整治活动；通过俱乐部倡导"文明登山、文明旅游"宣传活动，提高广大市民和游客自觉维护步道基础设施和生态环境的意识。

三、登山步道效益

（一）步道带动旅游热

注重发挥步道的综合效益，通过步道将沿线景区景点、自然景观、农业基地、农家乐等各种资源"串珠成链"，使整个县构成一个大景区，带动了运动休闲经济发展。借助步道吸引了大量外地游客，成为宁海最靓丽的名片之一，有效拉动了餐饮住宿、娱乐休闲产业发展。目前，已培育户外运动俱乐部32家、体育旅游公司5家，滑雪基地、房车营地、步道营地、音乐广场、果园基地、青少年德育基地等一批户外营地项目落地生根。2017年，步道沿线农家乐共接待游客近200万人次，直接营业收入2.1亿元，促进农产品销售6000余万元。

（二）步道促进赛事热

宁海登山健身步道地势多变，景致多样，配套齐全，服务完善，是越野

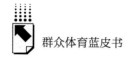

跑理想的竞技场所。借助步道积极举办一系列有影响力的户外运动赛事和活动，每年举办全国性的 100 公里山地越野跑和 50 公里山地越野跑，直接赛事消费达 5000 余万元。山地越野跑已经成为国际越野跑协会认可的积分赛事，是国内最大规模百公里越野赛。2012 年以来，每年开展"千里走宁海"活动，每年达到 3 万余人，"千里走宁海"成为省市品牌体育赛事。

（三）步道激发制造热

借助步道激发的户外运动制造业商机逐步显现，登山徒步、冰雪运动、户外救援装备等户外用品制造产业与户外运动形成了互相影响、互相促进的良好氛围，形成了产业集聚、集约发展趋势。目前，宁海县已有户外用品、健身器材、体育旅游等体育用品制造企业 253 家，其中规模以上企业 59 家，2017 年全县体育产业总产值 56.4 亿元，增加值 12.75 亿元，占全县增加值的 2.3%，被评为"中国登山杖生产基地"。

积极培育体育小镇。打造运动休闲项目标杆，构建三个层级的小镇建设体系，培育形成"慢生活·快运动"、"有味道·有风情"、"领域细分·特色彰显"的运动休闲小镇集群。积极推动 3 个国家级运动休闲特色小镇建设，加强对 4 个省级体育类特色小镇指导；深入开展 7 个省级运动休闲小镇和省级旅游风情小镇的创建培育工作，通过省地共建、项目推介、资源对接、专家指导等方式做好小镇的培育。莫干山漫运动小镇通过培育创建，充分整合民宿和运动休闲资源，将 80% 的高端民宿都配置了游泳池、自行车等体育设施，将徒步、登山作为配套游玩项目，创建半年来，共接待国内外游客 187.6 万人次，实现旅游综合收入 18.3 亿元；胡陈乡野户外小镇集聚户外运动人气，打响乡野小镇品牌效应，仅半年时间，丰富多彩的休闲活动就吸引近 30 万游客，带动各类休闲旅游综合收入 3600 余万元。

运动为媒打造灵鹫山国家森林运动小镇（范例）

浙江省衢州市柯城区位于浙江省西部、钱塘江上游、浙闽赣皖四省边际，是浙西的门户，衢州市的主城区，区域面积 609 平方公里，人口 46.45

万。自 2017 年 8 月森林运动小镇成功入选国家体育总局首批运动休闲特色小镇试点名单，柯城将小镇作为"金字招牌"、"头号工程"，作为运动振兴乡村的重要引擎和核心支撑来抓，取得初步成效。

一是坚持高起点定位。委托北体大科技中心编制小镇总体规划，委托浙江城乡规划院编制控制性详规、进行空间布局研究等，委托阿里体育对小镇的市场分析、品牌营销、智慧体系建设、社会资源导入等进行咨询评估。确定了建设具有全国影响力的"森林极限运动胜地"、"体育休闲旅游目的地"、"美丽中国·运动振兴乡村示范地"，创建国家 5A 级景区的总体定位和"3 + 2 + 2"（3 个主题运动区，2 条森林穿越小道，2 个康养配套区）的空间布局，谋划了二十大项目和十大赛事活动。

二是项目推进扎实有序。先后有 200 余批次专家、企业团队到小镇考察、调研，与 10 家企业达成了初步合作意向，签订了中国运动汽车城、森林汽车穿越小道、丛林穿越项目运营、千衢森林营道、约顿气膜馆、"互联网 + 体育"平台开发与运营等一批合作协议。建成丛林穿越基地和两溪绿道项目，重点推进和建设森林汽车穿越赛道、中国运动汽车城项目、森林穿越二期、千里岗徒步森林穿越营道等项目。

三是赛事活动有声有色。2018 年以来，先后举办灵鹫山国际划骑跑铁人三项公开赛、岩路·灵鹫山国际森林汽车穿越大赛、灵鹫山·浙江首届森林运动会、中国大学生山地户外挑战赛、浙江省定向越野锦标赛、灵鹫山越野赛等森林运动特色赛事，取得了较好社会效应，打响业界知名度。

四是资本运营初见成效。小镇按照"经营小镇"的理念和"一张图、一本账、一盘棋"的要求，全面整合了小镇范围各种资产、资源，大力引进各种社会资本，目前项目核心区域内"大荫山飞越丛林探险乐园"、众园等优质资产已完成注入，与中联基金、国信证券、华银基金等一批基金公司深入洽谈。

五是森系运动品牌不断打响。小镇的赛事活动获得了 CCTV - 5、CCTV - 13、国家体育总局网站等几十家国家级媒体及网站全方位报道，建设成效得到了成岳冲副省长的批示肯定，《人民日报》先后三次点赞，小镇知名度美

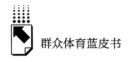

誉度显著提升。

六是积极培育品牌体育赛事。营造良好的赛事氛围,通过赛事活动培养更多运动休闲爱好者,吸引更多的人群参与体验。重视引进国际重大体育赛事长期落户浙江,支持办好国际排联女排世俱杯赛、国际排联新联赛(北仑站)、国际汽联 WTCR 世界房车赛(宁波站)等国际性赛事。持续培育浙江自主品牌体育赛事,不断提升杭州马拉松赛、环太湖国际公路自行车赛、临海柴古唐斯括苍越野赛、横店马拉松赛等赛事的影响力。加大对品牌体育赛事的支持力度,更新完善品牌体育赛事名录,每年发布《浙江省重点培育品牌体育赛事名录库》,加强对入库赛事的现场观察和赛事评估。据统计,2018 年,全省共举办各类马拉松及路跑赛事 321 场,其中,半程以上的马拉松 68 场,参赛人数达到 66 万人次,比 2017 年增长了 10 万人次。

海宁培育品牌赛事助推城市发展的探索(范例)

近年来,浙江省海宁市积极探索"体育 +"办赛模式,打造"轮滑"、"游泳"、"台球"等城市体育名片,以助推城市发展。2016 年以来,已成功举办 CBSA 海宁斯诺克国际公开赛、中国海宁速度轮滑国际公开赛、全国成人游泳锦标赛、中国海宁追潮马拉松赛等省级以上体育赛事活动 84 项,其中国际级、国家级赛事 23 项,直接带动消费 7590 万元,获得中央电视台报道累计时长 119 分钟,浙江电视台报道累计时长 135 小时,极大提升了城市知名度、美誉度。

一、筑巢引凤,大力培育赛事品牌

一是抓机遇,积极引进大型赛事。积极引进各类大型赛事,满足全市体育爱好者观赏和参与顶级赛事的需求。近年来,海宁先后引进了 CBSA 美式 9 球世界公开赛、世界杯轮滑公路马拉松赛、世界斯诺克巡回赛海宁公开赛、亚洲轮滑锦标赛、环太湖国际公路自行车赛等国际级比赛 8 项,国家级比赛 16 项,浙江省级比赛 54 项,持续努力打造品牌赛事。二是搭平台,培育发展运营主体。进一步推进赛事管办分离,一方面着力发挥市轮滑、游泳、台球协会等体育组织在办赛中的积极作用，提升相关体育组织与人员的专业化水平；另一方面注重加强赛事人才引进和培育，促进市场运营主体的不断壮大成熟，莱茵鸿翔、纽斯达体育、鸿翔体育文化、力和美体育等优秀体育企业逐渐成为全省社会化办赛的标杆。三是创品牌，推动赛事落地生根。在承办赛事基础上，进一步加强赛事软硬环境建设，推动中国海宁速度轮滑国际公开赛、CBSA 海宁斯诺克国际公开赛、中国海宁追潮马拉松等一批适合城市发展、具有深厚群众基础的赛事长期落户。目前，CBSA 海宁斯诺克国际公开赛获评"浙江省十佳品牌体育赛事"和"最具投资人欢迎赛事"，被列入省重点培育品牌体育赛事名录库。

二、创新机制，着力扩大赛事影响

一是抓重点，发挥体育明星效应。在举办高规格赛事期间，邀请体育明星参与推广活动，吸引媒体关注，形成宣传叠加效应。如 2017 年邀请里约奥运冠军石智勇、邓薇参加全国青年举重锦标赛开幕式，并与市民互动，吸引央视报道。世界职业斯诺克排名第一的马克·塞尔比连续两年参加海宁公开赛，赛事期间走进学校进行公益推广，参观硖石灯彩，吸引央视报道十余次，世台联官方微博关注宣传。二是强合作，扩大赛事辐射范围。密切与传统媒体、新媒体合作，结合各类赛事，通过直播、录播等模式，使观赛范围跳出体育赛场，覆盖全国乃至世界各地体育爱好者。如 2016 年全国蹦床冠军赛暨里约奥运选拔赛由 CCTV－5 全程直播加录播，新浪、搜狐、网易等多家媒体全程网络直播并报道比赛。2016～2018CBSA 海宁斯诺克国际公开赛连续三年由浙江新闻台直播加录播。2018 中国海宁速度轮滑国际公开赛与腾讯合作全球网络直播，5 场直播累计观看人次达 489 万。三是精办赛，融入海宁本土文化。打好赛事影响力与本土文化组合牌，进一步彰显海宁特色。如第六届环太湖国际公路自行车赛赛道规划贯穿盐官观潮景区和百里长廊绿道，借助直播，向全世界 100 多个国家和地区推介、突出展示"潮文化"。世界职业斯诺克排名第一的马克·塞尔比比赛期间参观皮革城灯展，将设计有"潮宝、台球"形象的国家级非遗硖石灯彩刺片亮相斯诺克公开赛颁奖仪式等，有力展示了海宁的特色"灯文化"。

三、整合资源，全力提升赛事价值

一是破门槛，扩大赛事影响。改变以往大型赛事一般都在体育馆内举办的传统，2017 年以来，海宁进一步彰显"以人民为中心的体育"的总要求，首度将举重国家级比赛放入皮革城和银泰城等城市综合体商场，拉近了与市民的距离。使市民在逛商城的同时能免费欣赏高水平的体育赛事，感受体育积极向上的拼搏精神，这一做法得到了国家体育总局主要领导的充分肯定。二是广运作，提升企业形象。强化体育赛事运作，发挥体育赛事的无形资产和商业媒介价值，通过冠名、赞助等方式让企业参与其中，或直接将比赛场地设在企业，从而提升企业自身的品牌形象、扩大影响。近年来海宁举办的国家级以上赛事大部分获得企业冠名赞助，如"诺之杯"、"鸿翔杯"、"正星杯"、"盐官古城杯"等。三是优服务，推动服务业发展。每年因赛事到海宁的市外运动员达数万人次，对此海宁推出了 sport plus 城市卡，以 SP 城市卡为平台关联本市的旅游景点、美食、购物等，每次赛事的城市卡都设计不同主题，运动员只要出示身份证或城市卡就能在海宁享受免费游览景点和各种吃住行优惠，进一步做好"体育＋"文章，将赛事经济打造成海宁第三产业新引擎。

四、坚持"三到位"，做好体旅融合的深度文章

一是资金保障到位。自 2014 年起，设立每年 5000 万元（2017 年起提高到 1 亿元）的浙江省体育产业发展资金，重点扶持和奖励包括运动休闲类项目在内的省内优秀体育产业项目、体育小镇建设、品牌体育赛事和职业体育俱乐部的培育，2018 年共扶持上述 4 类项目 86 个，占全部扶持项目的 59%。此外，还通过财政转移支付的方式，对承办浙江省运动休闲旅游节、长三角运动休闲体验季的县（市、区）给予一定的资金支持。

二是宣传发动到位。充分发挥新闻媒体的传播优势，联合钱江晚报、浙江经视、浙江电视台新闻频道、FM996 民生资讯广播、浙江在线体育频道 5 家浙江省内主流媒体共同组成"浙江省体育产业媒体采访团"，进行形式各异的采风，从报纸、电视、广播、网络等多渠道多维度进行集中宣传报道。定期举办各类评比推荐活动，扩大体育旅游的社会知晓度。每周定期发布

《浙体产业周刊》，择优推介优秀的体育旅游项目。每年举办"浙江省体育产业特别贡献奖"、每2年举办一次"浙江省十佳商业体育赛事评选"活动，推动赛事活动社会化、市场化、常态化；每2年开展"寻找浙江省十大运动休闲旅游达人"活动，寻找引领体育消费的人。

三是区域协作到位。深化长三角地区体育产业协作，整合长三角体育资源，举办体育融合发展峰会、运动健康城市峰会和长三角优秀体育产业项目分享会。联合上海市体育局、江苏省体育局、安徽省体育局开展长三角体育旅游深度合作，共同签署《长三角体育旅游合作六安共识》；连续9年举办中国·长三角国际体育休闲博览会；牵头主办长三角运动休闲体验季活动，通过招募运动休闲爱好者参与体验的方式，宣传推广长三角优秀的运动休闲项目，自2014年举办首届体验季活动以来，至今已连续举办5届共36站活动，其中浙江省内办了15站。

三　未来发展方向与目标

（一）发展目标

到2025年，浙江成功打造国际知名的"运动休闲目的地"、全国领先的"高端户外装备制造集聚地"和"全域立体"的体育旅游示范区。基础设施更加完备，建立覆盖全省各县（市、区）的健身步道和骑行绿道网络，基本形成以县（市、区）为中心的一小时户外体验圈；产业规模更加壮大，运动休闲产业成为推动经济高质量发展的重要动力，总规模达到2500亿元；产品供给更加多样，融合多元业态，推动建设一批特色化、品质化、规模化的体育旅游集聚区；赛事品牌更加响亮，打造一批在国内外具有一定影响力的体育旅游品牌赛事；发展环境更加优化，体制机制活力明显增强，打造完成覆盖全省优质体育旅游资源并融入多样化服务形态的全域户外智能信息服务平台，宣传推广体育旅游精品线路100条，户外运动营地500个，推动体育旅游融合发展。

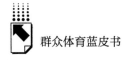

（二）发展方向

1. 山地户外运动

编制《浙江省健身步道总体规划》，规划建设覆盖全域的健身步道网络。开展一批攀岩、露营等新颖型、时尚型体育旅游项目。因地制宜挖掘一批蹦极、速降等极限型山地户外运动，引领山地户外运动发展潮流。

2. 水上运动

开展游泳、皮划艇、漂流、垂钓、龙舟等大众化水上项目，开发一批帆船帆板、游艇、桨板、冲浪、潜水、海钓等海上项目。改造一批国家级、省级、市级水上运动训练基地，开发面向社会大众的服务市场。

3. 冰雪运动

重点开展适合大众参与的体验型滑雪项目和冰壶、冰球等冰上项目。推进冰雪运动进校园计划实施，培养"专业化、本土化"的冰雪运动人才。

4. 航空运动

做精做强已有的滑翔伞、动力伞、热气球等项目。加强航空飞行营地建设。支持各类航空小镇和通用机场建设，扶持航空运动制造产业链条。支持各类航空运动俱乐部实体化发展。

5. 汽摩运动

开发场地汽车、汽车越野、场地摩托车等符合大众需求的汽摩运动项目。打造具备国际品牌的场地类汽摩运动 IP。构建汽摩运动青训体系。引导有条件的地区有计划地建设汽车自驾运动营地。

（三）具体举措

一是优化空间布局。着力构建"两带三区四网"的体育旅游总体布局。"两带"：连贯舟山、宁波、台州、温州的浙东滨海户外运动带，构建海陆空三栖的户外项目格局，打造国内一流、世界知名的滨海户外运动集聚地；连贯衢州、金华、杭州、绍兴、嘉兴等区域的沿钱塘江水系水上户外运动带，形成特色户外项目组团或精品路线，打造户外慢生活体验带。"三区"：

涵盖杭州、宁波、金华—义乌、温州四大城市群的大都市区时尚户外运动区，打造中高端、时尚户外休闲度假胜地和户外高端产业园区；覆盖杭州西部、衢州、丽水、温州南部等区域的浙西南山地户外运动区，创建国家级山地户外运动示范区；建立以湖州、嘉兴为核心区域的浙北精品户外运动示范区，打造"极限之都，户外天堂"并培育户外精品赛事群。"四网"：遍布全省的步道网络；遍布全省的骑行网络；遍布全省的汽车自驾网络；遍布全省的航空飞行网络。

二是提升基础设施。统筹规划基础设施，将户外运动设施纳入多规合一的规划建设，鼓励各县（市、区）编制户外运动专项规划；完善基础设施建设，与城市社区 10 分钟健身圈打造相结合，形成以县（市、区）为中心的一小时户外体验圈，引导各地加强运动休闲综合体建设。

三是壮大市场主体。扶持户外企业不断发展壮大，着力扶持一批具有自主品牌、创新能力好、竞争实力强的户外运动骨干企业和具有本土优势和较强竞争力的中小型户外运动企业，支持企业组建跨行业产业联盟，鼓励企业加大研发投入，打造一批具有国际影响力的自主品牌；加强运动休闲社会组织建设，组建浙江省户外运动协会，加快推进户外运动社会组织社会化、实体化改革，鼓励户外运动社会组织参加社会组织等级评估。

四是丰富产品供给。打造一批特色运动休闲项目，大力发展各类特色运动休闲项目，鼓励高尔夫、马术等户外运动项目降低参与门槛。组织一批精品户外运动赛事，因地制宜举办精品户外运动赛事，鼓励各地创办一批群众性户外运动赛事，鼓励举办综合性强的户外主题节庆活动。

五是融合多元产业。构建体育与旅游、健康等产业主管部门的沟通协调机制；鼓励传统景区融入户外运动元素；鼓励户外运动与健康产业融合；推动户外用品制造业向智能化、高端化、专业化方向转变；鼓励户外产业与文化创意产业、传媒产业联合营销。

B.12
坚持大健康大体育理念
促进全民健身与全民健康深度融合

广西壮族自治区体育局

摘　要： 为提高群众的体育获得感和幸福感，增强全民健身发展活力和动力，广西壮族自治区体育局制定"八化"目标，在全区范围开展全民健身和全民健康深度融合工作，取得阶段性的成效如下：狠抓理念融合，推进全民健身"大体育"、"大健康"理念深入人心；狠抓机制融合，推动"大体育"工作格局的作用充分释放；狠抓政策融合和规划融合，推动全民健身顶层设计更加优化；狠抓组织融合和队伍融合，推动群众身边的体育及健身服务更加完善；狠抓设施融合，推动群众身边可用的体育设施更加多元；狠抓活动融合，推动群众身边的体育赛事更加丰富。

关键词： 全民健身　全民健康　广西

在国家体育总局及群体司的大力支持和指导下，在自治区党委、政府的正确领导下，广西体育局以习近平新时代中国特色社会主义思想为指导，认真学习贯彻党的十九大精神和习近平总书记关于体育的重要论述，特别是围绕贯彻落实习近平总书记关于全民健身和全民健康深度融合重要指示精神以及健康中国和全民健身国家战略，结合广西实际，改革创新，先行先试，编制实施全国首个省级政府指导文件《关于加快推动全民健身和全民健康深度融合的指导意见》及实施方案，制定"八化"目标，深入推进全民健身与各行业在理念、机制、政策、规划、组织、设施、队伍、活动等方面的"八大"融合，实施 8 个方面 98 项重点任务和项目，在全区范围开展全民健身和全民健康深度融合工作，取得阶段性的成效。我们以全民健身和全民健康深度融合为重要抓手，整合资源，凝聚力量，加快推进自治区政府与总局共建体育强区各项工作，强化健身设施、体育活动、健身指导等公共体育服务供给，让人民群众积极参与全民健身和体育运动，从而有更多的体育获得感和幸福感。

一　狠抓理念融合，推进全民健身"大体育" "大健康"理念深入人心

（一）加强体育与媒体深度融合

优化阵地，拓宽平台，广西体育局与广西电视台联合打造一档以体育新闻为核心、以健身服务为特色的全新栏目《健身型动力》，收视率持续保持全区同时段第一，覆盖 5000 多万人，新闻频道播出时间也从开始时的每晚 10 点档调至黄金时间晚 8 点档。与《广西日报》旗下广西新闻网合作打造广西体育网、微信公众号，与新浪微博打造广西体育官微，打好"体育 + 互联网"全媒体"组合拳"，丰富全民健身互动参与平台和载体。连续三年广西全民健身和体育工作在国内各级各类媒体新闻发稿量持续大幅增加，2018 年达到 25685 篇（条），比 2015 年增长 411%。根据有关部门的评测，广西体育"两微一站"（官方微信、微博、网站）服务和影响力在全国省级体育局和广西厅局政务排行榜中名列前茅。

（二）加强与各部门、各行业、各地工作理念融合

广西体育局已连续三年联合教育、卫生等单位每年组织上万名志愿者和社会体育指导员进乡村、进社区、进单位，传播健身知识，指导和组织体育

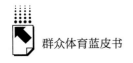
赛事活动。连续三年联合发改、住建、自然资源（国土）、文化和旅游等单位，举办体育设施项目建设培训班，大力建设群众身边的体育设施，推进体育旅游等，联合各行业举办系统运动会。主动将体育融入经济社会发展的方方面面，形成各部门各行业共同推进体育事业发展的生动局面。加强与群众生活理念和方式融合。每年主动将"体育治'未病'""运动是良医"等理念融入社会主义精神文明建设和健康教育体系，推广和普及"大健康"理念，使举办和参与群众性体育活动促进身心健康，逐步成为社会共识。大力推广太极拳、八段锦和气排球等项目运动，推动体育健身成为各年龄段群众的生活方式、社交方式、消费方式、思维方式，让参与全民健身成为一种社会时尚。通过理念融合，使"大体育""大健康"的理念日益深入人心。

二 狠抓机制融合，推动"大体育"工作格局的作用充分释放

（一）强化体育工作领导和协调机制

主动争取自治区党委、政府关注和支持体育改革发展，自治区党委常委会、政府常务会多次专题研究体育相关工作。自治区党政主要领导和分管领导还亲自争取中央对体育工作的支持，得到孙春兰副总理的重要批示。广西体育局主动把中央领导和自治区党委、政府的重视和支持转化为生产力，主动谋划，把全民健身等体育工作与发改、住建、自然资源（国土）、卫生、教育、文化、旅游及工会、共青团、妇联等行业工作内容和运行机制相融合，形成有效运转的部门联动机制。自治区全民健身厅际联席会议成员单位数量由成立之初的28个增至34个，每年召开工作布置会和推进会，制定实施联席会议工作要点及任务分工。到2018年底，广西14个设区市、111个县（市、区）都建立全民健身部门联席会议制度，其中18个深度融合试点地区还成立了深度融合专项部门联席会议制度，全部出台本区域深度融合方

案。如，南宁市将深度融合工作 80 项任务指标一一分解落实到全市 42 个单位和县区，构建"一盘棋"推进深度融合试点建设的工作格局。同时，我们还成立共建广西体育强区工作协调小组，充分发挥广西体育产业、足球改革部门联席会议等协调机制的作用，及时协调解决存在的问题，制定和落实各项政策措施。

（二）强化"六纳入""一督查"机制

在自治区党委、政府的高度重视下，全民健身等体育工作每年都纳入自治区党委常委会工作要点、自治区党委全面深化改革工作要点、自治区政府工作报告、自治区重要议事日程、年度财政预算和中长期预算规划、绩效考核目标管理，且纳入的内容较多较具体、有刚性措施和要求。广西体育局还注重推动体育部门与本级人大、政协建立联动调研机制，与本级党委和政府督查室建立协调督查机制。近三年来，主动推动自治区人大、政协开展体育专项调研 3 次，每年主动联合自治区党委、政府督查室对各地落实重点工作情况进行督查，促进了各地体育工作的开展。

三　狠抓政策融合和规划融合，推动全民健身顶层设计更加优化

（一）推动中央部委和自治区党委、政府层面加大政策支持

国家体育总局与自治区政府签署共建广西体育强区战略合作协议，明确了 7 个方面 52 大项具体任务和项目清单。广西壮族自治区还获批复创建国家体育旅游示范区，目前已建成 32 个"国字号"体育旅游和体育产业示范项目。自治区党委深改委把编制《广西体育体制机制改革实施意见》列入 2019 年重点工作任务，将以问题为导向，在体育管理及群众体育、竞技体育、体育产业、人才培养体制机制等方面深化改革、突破瓶颈，推动广西体育实现跨越式发展。近三年来，以自治区政府名义出台实

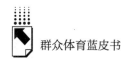

施了8份全民健身等重大工作文件。自治区正在编制《广西体育强区建设五年行动计划（2019~2023年)》《广西创建国家体育旅游示范区三年行动计划（2019~2021)》。广西体育局还主动将全民健身和运动健康等纳入健康广西建设、大健康产业发展等自治区中心工作和重大项目，出台《广西健康运动产业发展专项行动计划（2019~2021年)》《关于加快发展健身休闲产业的实施意见》等一系列政策，健身休闲产业与其他产业深度融合。

（二）在部门协同方面下足功夫

加强体育与旅游、文化、林业、农业、健康等产业融合发展，大力发展绿色生态运动产业，编制实施广西关于加快体育与农业融合发展行动方案、与林业融合发展行动方案、与旅游业融合发展行动方案、发展体育竞赛表演产业实施意见等。各地市也形成了一系列重要文件，比如《南宁市全民健康生活方式行动实施方案（2017~2025年)》《北海市国民营养计划（2017~2030年）实施方案》及《柳州市体育局柳州银行战略合作协议》等一批"体育+""+体育"融合发展文件。推动体育用地规划"多规合一"。抓好体育项目用地规划布局，联合住建、自然资源（国土）等部门在全国率先启动编制自治区、市、县（市）三级体育设施建设用地规划，推动纳入城乡规划、土地利用总体规划和年度用地计划，推动"多规合一"，解决体育项目落地难的问题。督促指导各市、县市区加快完成体育设施建设用地规划，目前全区已有1/3的市、县（市）启动规划编制工作。

四 狠抓组织融合和队伍融合，推动群众身边的体育及健身服务更加完善

（一）改革创新体育社会组织管理运营

按照协会实体化、管办分离的思路，对自治区级体育协会管理模式进行

大刀阔斧的改革，首次面向社会公开招聘全部 46 家自治区体育协会负责人候选人（秘书长以上职位），吸引社会力量参与体育协会管理运营，目前完成 12 家自治区级单项体育协会换届，新成立 2 家，作用和成效日益显现。制定《广西体育社会组织改革发展方案》，加大政策等扶持力度，增强各级各类体育社会组织发展活力。宾阳县大力推广"所有机关、企事业单位成立全民健身工作小组，所有乡镇文化站成立全民健身指导机构"的做法。加强与企业、社会组织融合发展，创建广西体育产业协会，已发展会员 500 家，其中广西围棋协会与企业深度合作，成功培育了全国首个采取全市场化运作方式组织、具有自主品牌的大型城市围棋联赛，辐射日韩、东南亚、欧洲等国家和地区，2017 年"城围联"实现收入超过 4000 万元。

（二）加强体育指导员和志愿服务激励机制

从 2016 年起，连续三年开展广西万名全民健身志愿者服务百县千乡活动，每年组织上万名社会体育指导员和体育志愿者前往基层开展服务，仅 2018 年就在全区各地举办了 200 多个健身项目指导和服务培训班，推广普及太极拳、八段锦、五禽戏等健身项目，服务群众 76.8 万多人次。连续两年举办世界顶级的环广西公路自行车世界巡回赛，累计动员约 30 万人次志愿者参与赛事活动服务。来宾市等探索建立社会体育指导员星级评比制度，安排财政资金支持每个行政村配备至少一名文体管理员，取得良好效果。

（三）加强体医、体教结合人才队伍建设

广西体育局与自治区卫生健康委及广西江滨医院、自治区人民医院两家三甲医院签订协议，共建广西体医结合研究实践基地、广西健身与健康指导中心，开展培训医生开具运动处方试点，2018 年全年完成 400 名医生开具运动处方的培训工作。南宁市创建体育"治未病"预防保健服务试点单位；柳州市成立运动损伤康复医疗中心，并在柳州工人医院设立运动损伤门诊；田阳县在县医院成立运动损伤康复医疗中心，在县城 4 个社区和 10 个乡镇下设 14 个分中心，培训体医人才等。广西体育局还首次与广西大学、广西

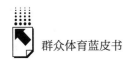

师范大学、广西医科大学等 7 所高校签订合作协议，就体育人才培养、运动医疗和康复、体育志愿者等方面进行深度合作。

五 狠抓设施融合，推动群众身边可用的体育设施更加多元

（一）大力建设嵌入式和绿色生态运动场地设施

自治区和各市县主动将体育设施与城市规划建设、教育、旅游、文化、农业等部门相融合，充分发挥各类场地的多重功能。利用景区、公园、绿地、广场、城镇"边角地"和江河湖堤岸及废旧的工业和商业场地灵活改建体育场地。结合广西丰厚的自然和旅游资源，在邕江、漓江、柳江、西江、红水河等内河沿岸建设体育公园、健身步道，设置摩托艇、龙舟、垂钓等设施；在北部湾海域沿岸建设沙滩球类项目和帆船赛艇、海钓、露营等设施；在桂林、贵港、百色、贺州等山地、丘陵地区建设登山步道、攀岩、拓展等运动场所，贺州市还大力发展绿色生态运动，组织万人"寿城吸氧操"活动，成功挑战吉尼斯世界纪录。推动南宁市结合邕江 70 多公里综合整治工程、青秀山优化提升工程、水城建设、海绵城市建设等，建设一大批园林、生态、绿色的公共体育设施、健身步道、自行车道等，打造美丽南方骑行小镇、南湖公园智慧体育设施；柳州市所辖全部 10 个县区都至少规划建设了一个体育公园；桂林市沿城区到阳朔一线山水风景建设 50.8 公里的公路智能健身步道；防城港市建成全海景绿道35 公里，并举办了国内第一个全程全海景马拉松——中国—东盟国际马拉松赛。

（二）多渠道筹措体育设施建设资金

广西体育局大力实施健康广西体育惠民工程，推动体育基础设施建设纳入自治区乡村振兴行动计划，每年安排 1.5 亿元建设资金。加大体育设施和

产业重大项目库建设，已入库项目总数达到 149 个，涉及投资总额约 698 亿元，其中中国—东盟（广西）电子竞技产业园等 30 个项目入选《2018 年全国体育产业重点项目招商手册》，防城港体育小镇、桂平市西山泉汽车（房车）露营基地等 15 个项目入选国家体育总局与中国工商银行、中国农业银行、中国银行、中国建设银行联合公布的《2018 全国优选体育产业项目名录》。在争取中央和自治区支持的同时，积极引导社会资金进入公共体育设施建设领域，通过多种形式建设广西体育教科训一体化基地、江南训练基地改扩建项目、广西体专新校区设施项目及一批市县级体育场馆设施等。以南宁李宁体育园为试点在全国推广体育场馆服务全民健身和体育产业的新模式，形成了全国性的全民健身服务业联盟品牌，2017 年南宁李宁体育园实现营业收入超过 6000 万元，带动服务业消费近 1 亿元。柳州市、来宾市还与第三方机构合作开展体育场馆管理运营，推动学校体育场馆向社会开放使用。2016～2018 年共筹措约 7.65 亿元，支持各地新建 1 万多个体育场地设施，据初步统计，2018 年底全区人均体育场地面积达到 1.56 平方米，比 2015 年增长 28.93%。

六　狠抓活动融合，推动群众身边的体育赛事更加丰富

（一）加强与行业部门活动融合

建立全民健身自治区、市、县（市、区）、乡镇（街镇）、行政村（社区）五级纵向联动和党政机关、企事业单位、社会组织及各行业横向联动机制。推动把体育活动融入各地各单位精神文明建设、党建工作中，融入"壮族三月三"等传统节庆和旅游推介等商务活动中。打造了"奔跑吧·广西"生态马拉松系列赛、广西体育节、广西全民健身运动会、广西万村篮球赛和城乡万人气排球赛等品牌，其中 2018 年举办"奔跑吧·广西"生态马拉松系列赛 15 场，全区共举办了 26 场马拉松赛（含越野跑）。每年有超过 100 项重大群众体育赛事活动，覆盖全区所有

市县。连续三年在全区各地联动举办"壮族三月三·民族体育炫"系列赛事活动，仅 2018 年就达 6157 场（次），参与群众和游客超过 120 多万人次，吸引 10 个省（区、市）及台湾、香港地区和越南、马来西亚、印尼、文莱组队参赛。

（二）以重大赛事促全民健身普及

围绕建设面向世界特别是东盟的重要区域赛事中心，加大体育赛事引进和创办。2016 年以来，每年举办自治区级以上体育赛事超过 250 项，其中有 100 多项国家和国际级赛事。环广西公路自行车世界巡回赛、中国杯国际足球锦标赛、苏迪曼杯世界羽毛球混合团体锦标赛、世界沙滩排球巡回赛、漂流世界杯等国际顶级赛事落户广西，且连续多年举办。打造绿色生态运动，在全区范围形成了马拉松系列、自行车系列、登山系列、山地户外系列、龙舟系列品牌赛事活动，基本形成"一地多品"、"月月有大型赛事"的发展格局。赛事影响力日益扩大，2018 年"环广西"超过 500 家媒体参与赛事报道，央视直播了北海、南宁和桂林的三场比赛，抖音平台"环广西"话题 1700 多万、播放量超过 1 亿、点赞达 7 亿，赛道沿途有 298 万人现场观看。赛事已经媲美环法国、环西班牙、环意大利自行车赛，世界职业自行车运动理事会主席汤姆·凡·戴姆称"'环广西'的办赛水准已接近欧洲最高水平"。在办大赛上，与公安、交通、通信、卫生、海关等 20 多个部门建立了快速有效的协同配合机制。

（三）加强体育与外事工作融合

以体育为媒，服务"一带一路"和面向东盟的交流合作。近三年来，成功打造了中国—东盟武术比赛、龙舟邀请赛、舞蹈公开赛、马拉松赛、乒乓球赛等面向东盟的系列赛事数十项。每年的中国—东盟国际汽车拉力赛历时近 20 天，全程约 1 万公里，覆盖到所有东盟国家，赛事期间与东盟国家开展广西优秀旅游资源推介等系列体育、文化、旅游、经贸交流活动。2019 年，我们计划举办"一带一路"国际帆船赛等。

（四）加强体育与扶贫工作融合

自治区逐步形成"体育＋旅游＋扶贫"的发展模式，充分释放体育的多元功能。成功打造马山县"体育＋旅游＋扶贫"试点县。近两年来，该县充分发挥地缘优势，依托山地、洞穴、河流等丰富的生态资源和民族特色文化基础，建设全国攀岩特色体育小镇，举办中国—东盟山地户外体育旅游大会等，联合公益企业、知名媒体共同发起"扶贫公益在奔跑""为爱攀登"等行动，以参赛选手奔跑的里程、攀岩选手向上攀登的高度对应一份爱心捐赠，近3年共募集到价值6000多万元的爱心款物。据统计，马山县2017年借助体育赛事平台，吸引游客22.6万人次，成功签约政策性融资合作协议2个，签订投资项目合作协议11个，意向总投资55.86亿元，收到社会各界捐款1643.98万元，有力地促进脱贫攻坚工作。

自治区通过开展全民健身和全民健康深度融合，提高了群众参加全民健身的参与度，增强了全民健身发展活力和动力，增强了群众的体育获得感、满足感、幸福感，也助推广西竞技体育、体育产业、青少年体育的发展。

下一步，自治区将以习近平新时代中国特色社会主义思想为指导，深入贯彻落实党的十九大精神，坚持创新发展理念，深入贯彻孙春兰副总理对广西体育工作重要批示精神，认真落实自治区政府与国家体育总局共建体育强区各项工作和2019年全国群众体育工作会议精神，全力推进全民健身和全民健康深度融合加快出成效、出经验、出示范，为建设体育强国，扎实推进建设壮美广西、共圆复兴梦想做出积极贡献。

附件1　广西全民健身和全民健康深度融合部分示范项目展示

一、广西"壮族三月三·民族体育炫"活动

2018年4月16日至20日，广西举办2018年"壮族三月三·民族体育炫"活动暨体育庙会。设立了1个自治区级主会场和110个市、县（市、区）分会场，实现了自治区、市、县（市、区）三级联动，共举办623项体育赛事活动，同比增加 32.6%。全区共举办各类"壮族三月三"体育赛事活动 6157 场（次），参与体育活动和民族传统体育项目体验的群众和游客超过 120 多万人次，同比增长 20%。其中，自治区级主会场活动在来宾市举行，来自越南、马来西亚、印度尼西亚、文莱和香港、台湾、河南、内蒙古、宁夏、重庆、四川、广东、湖北、云南、贵州、海南以及自治区各市及高校等 39 个参赛团的 690 多人参加了本届活动的 5 个大项 13 个小项的比赛。除了体育竞赛活动、体育表演活动、群众体验活动等常规板块，还增加了体育用品展销活动、体育明星助阵活动、体育文化宣传活动、健康美食活动等内容，现场参与群众和游客共计达 15 万多人次，同比增加 50% 以上，实现体育搭台，旅游和经贸唱戏，不仅传承了民族传统体育文化，也带动各地健身休闲、旅游产业发展和招商引资工作，为打造"壮族三月三·八桂嘉年华"旅游文化消费品牌贡献了体育的力量。

二、广西首届水果体育嘉年华暨特色美食运动汇

2018 年 12 月 1~2 日，广西首届水果体育嘉年华暨特色美食运动汇在桂林市恭城县举行。运动汇设置 11 项趣味赛事和健康跑活动。赛事吸引了全区各地运动爱好者、美食爱好者、旅游爱好者 1000 多人参与。自治区体育局以广西水果丰收为契机，结合丰收节活动内容，开展广西首届水果体育嘉年华暨特色美食运动汇等体育系列活动，拓宽广西丰富的水果销售渠道，助力脱贫攻坚的同时，丰富当地文体生活，打造广西特色的全民健身赛事活动品牌，发挥体育综合带动效应，进一步推动"体育＋扶贫＋旅游＋农业"等融合产业发展。

三、广西万名全民健身志愿者服务百县千乡活动

由自治区体育局、自治区教育厅、自治区卫生计生委、自治区总工会、共青团广西区委、自治区文明办等多部门联合开展的广西万名全民健身志愿者服务百县千乡活动已经连续开展三届，成为广西全民健身活动新品牌。其中，第三届广西万名全民健身志愿者服务百县千乡万村活动于 2018 年 5 月 26 日起在全区 14 个设区市、111 个县（市、区）、1251 个乡镇（街道）和 10000 多个行政村（社区）开展。活动在全区举办 200 多个八段锦、五禽戏

和太极拳培训班，组织 12500 多名全民健身志愿者进机关、进社区、进学校、进乡村推广普及八段锦、五禽戏和太极拳健身等项目，带动 156000 多人次练习，服务群众共计 768000 多人次。推动全民健身志愿者服务队伍发展，组织发动群众共同参与全民健身志愿活动。

四、广西体医结合研究实践基地、广西健身与健康指导中心

2018 年 8 月 30 日，自治区体育局与广西江滨医院、自治区人民医院分别签订广西体医结合研究实践基地合作框架协议、共建广西健身与健康指导中心合作框架协议，共同创建广西体医结合研究实践基地、广西健身与健康指导中心。

通过开展包括国民体质监测及测试后开具个性化运动处方，完善广西国民体质监测系统和数据库，指导群众开展科学健身，推动体育和医学多维度、深层次的融合。通过加强体医融合推动非医疗健康干预方法、路径的研究和实践，促进全民健身和全民健康深度融合，为全民健身计划的实施提供科学依据，为广西经济建设和社会发展服务。

五、全民健身健康中心

2018 年，为推动广西全民健身和全民健康深度融合工作，基于社区化、广覆盖、可复制原则，通过创建全民健康健身中心试点，打造"全民健身＋"创新组织结构形式，即体育部门联合卫生部门、民政部门及社会力量的多重合作模式，自治区体育局先后成功建立了南宁市翰林御景广西社区全民健身健康中心、柳州市在水一方广西社区全民健身健康中心、南宁市高新苑广西社区全民健身健康中心共 3 个全民健身健康中心试点。

南宁市翰林御景广西社区全民健身健康中心先后在社区开展居民体质检测、疾病问卷调查建立个人健康档案。其中，完成 1500 多人的社区居民健康档案，开展社区国民体质监测；开展 150 多场社区体育活动，参加人数超过 7000 人次；推广瑜伽、健美操、太极拳等体育健身项目，为不同健康状态居民分别制定运动健康活动及运动康复训练计划并加以组织督导实施，同时开展针对性的健康、营养宣传教育并提供相关健康增值服务。与广西江滨医院建立合作关系，组织中心工作人员参加学习适合社区居民的健康健身方

法，邀请医院专业医生前往社区全民健康健身中心开展健康健身知识讲座，深受社区群众的欢迎。

六、南宁"互联网＋全民健身"服务平台——运动绿城

南宁市"互联网＋全民健身"服务平台——运动绿城于2018年底建成。该项目纳入南宁市"智慧城市"项目投资计划，旨在打造线上线下一体化的全民健身公共体育服务体系。市民可以通过运动绿城App手机端或Web电脑端，实现城市社区"10分钟健身圈"地图搜索、导航、场地预订及支付、健身指导、赛事报名、组队约战、健康管理、体质监测大数据分析、体育组织管理等20多个模块功能，积极打造"互联网＋体育"政务为民服务新模式。

七、南宁市邕江两岸体育设施规划建设模式

南宁市在邕江综合整治和开发利用工程设计方案中，结合场地周边市民活动需求、地形条件，采用分散、点式布局的方式，设置了篮球场、儿童活动场地、小型运动场等公共体育场所，衔接周边用地，设置健康步道、骑行绿道等设施，通过规划邕江沿岸全线贯通的绿道，连接不同功能活动分区，让市民在绿道穿行中享受到休闲散步、体育运动、康体养生、水上运动等多样化休闲活动乐趣，形成一条滨水休闲健身道。目前，南宁市邕江两岸体育设施建设情况如下：

绿道长度：155.3公里，宽度3～4.5米不等，总面积约698850平方米。篮球场：94个，总面积39825平方米。足球场：10个，总面积约40000平方米。羽毛球场：34个，总面积2800平方米。网球场：15个，总面积约3000平方米。气排球场：16个，总面积约1500平方米。门球场：11个，总面积约3300平方米。乒乓球桌：36套。

八、柳州市体育局与柳州银行开展体育产业发展融资合作模式

2018年2月6日，柳州市体育局与柳州银行股份有限公司签署战略合作协议，柳州市体育局积极推荐柳州银行作为辖内直属单位、优质体育企业、重点建设项目、重大体育赛事、产业引导基金等金融业务合作伙伴。柳州银行在国家政策、法律法规允许范围内，充分利用自身的服务资源和产品

优势，为柳州市体育局辖内体育产业提供全方位、便捷优惠的金融服务。合作内容包括融资支持，资金结算和现金管理服务；产业基金服务，体育赛事支持与宣传，互联网金融与电子商务等。2018 年，柳州银行为 40 余家体育相关类产业机构提供了信贷融资服务，并多次赞助重大体育赛事活动，总赞助金额超千万元之巨。其中有柳州世界铁人三项赛、柳州国际网球公开赛、柳州国际女子美式台球赛、柳州国际水上狂欢节等。

九、北海市梦唤滨海体育文化产业园区

北海市梦唤滨海体育文化园位于北海市合浦县，总面积 500 亩，是集体育拓展、旅游度假、休闲娱乐为一体的综合性园区。园区建有标准 11 人制足球场 4 个、篮球场 1 个、七人制足球场 1 个、标准橄榄球场 1 个、标准 70 米射箭场 1 个、休闲 30 米射箭场 1 个、羽毛球场 1 个、排球场 1 个、网球场 1 个、乒乓球室 1 个、25 米×50 米标准游泳池 1 个、16 米×16 米儿童游泳池 1 个、象棋室 1 个、围棋室 1 个、舞台 1 个、健身路径 2 套等场地，公共体育设施全部免费开放。同时还建休闲垂钓、休闲拓展、CS 战场、拓展区、儿童乐园等休闲场所，以及服务中心、宾馆、购物中心、会议室、医疗室等设施。

近年来，园区积极开展各项内容丰富的全民健身活动，如每年 4 月北海 365 亲子活动节、6 月夏令营、7 月围棋夏令营、8 月梦唤滨海杯乒乓球团队赛、10 月拓展活动节、12 月足球冬令营等各项活动。每年不定时举办各项赛事展示体育的魅力，让周边群众可以近距离体验精彩的赛事，如"2018 梦唤滨海杯围棋比赛"、"2018 年梦唤滨海杯团体精英赛"等众多赛事，营造了良好的运动健身氛围。自园区建设完善以来，年入园体育拓展、休闲健身、体验观光、汽车露营、户外拓展达到 30 万人次，加快了"体育＋文化＋旅游＋农业＋美食"等深度融合发展。

十、来宾市加强体育教育融合，实现群众体育、竞技体育协调发展

近年来，来宾市加大了"体教融合"工作的实施力度，进一步整合了体育、教育资源，实现群众体育、竞技体育协调发展以及体育、教育共赢同发展。

一是畅通"体教融合"的模式,体育、教育工作同部署、共推进,实现了机构改革工作"1+1"大于2的目标。二是实现队伍融合,全市700多名体育教师充实到社会体育指导队伍中,为群众参加全民健身活动提供更加专业的指导。三是实现经费融合,集中教育体育经费办赛事、建场馆,推进群众体育、学校体育、竞技体育协调发展。四是加快学校体育场馆设施向社会开放步伐。市飞龙小学、解放小学率先实施对外开放工作,辐射10个社区,受益群众十多万人。五是制定了《来宾市加快体育训练推进青少年体育发展实施方案》,盘活基层中小学校体育师资队伍和优质完善的体育场馆设施,加快建立与竞技体育发展相适应的体育训练新体制,探索竞技体育业余训练工作"触角"向基层学校延伸的工作方式。在全市基层各中小学校布局体育训练项目,建立运动队训练点,推进体育训练工作与学校体育实现资源共享、优势互补、互惠互利。六是围绕创建体育传统项目学校、体育特色示范学校,强化学校体育特色办学,搭建、拓宽学校课外体育活动平台,帮助学生熟练掌握1项以上体育运动技能,养成终生锻炼的好习惯,全面提高学生的身体素质和身心健康。

目前,来宾市有条件的学校都成立课外体育训练队,每名学校体育教师都成为体育训练教练员,全市体育训练点"遍地开花"。基层学校体育训练工作达到"三个百"目标(即全市有100所以上中小学校开设体育训练点、有100名以上体育教师从事体育训练、每个学校训练点参加训练学生人数100名以上),有力推动竞技体育业余训练工作体系建立健全,全面破解基层体校教练员队伍编制不足、业余训练运动员人数萎缩的问题。

十一、马山县古零攀岩特色体育小镇规划建设模式

2017年8月,马山县成为自治区全民健身和全民健康深度融合试点县;同期,马山县古零攀岩特色体育小镇成功入选全国第一批休闲特色小镇试点项目,是中国第一个以攀岩为特色的体育小镇。小镇以攀岩运动为核心,融合泛户外运动为特色,集运动娱乐、旅游体验、休闲度假、主题商业、教育培训、产业集聚于一体的特色体育旅游小镇。小镇镇区以古零镇羊山村三甲屯为核心,核心规划区域约3.6平方公里,规划建成攀岩运动区、运动休闲

区、运动康养区、动感农耕区和一条运动环线、多个山地运动组团，形成"四区、一环、多点"的规划布局。

攀岩小镇建设以来，不仅吸引广大游客纷至沓来，也为马山脱贫攻坚和县域发展注入了新鲜血液，给群众带来了实实在在的好处。如小镇核心区三甲屯的群众通过提供服务和销售农产品直接获益 500 多万元。随着溜索、飞拉达等特色体验项目投入运营，吸引大批中外游客前来体验、旅游，仅 2018 年国庆长假期间，攀岩小镇就迎来 4.3 万人次游客前来体验和观光，营业收入达 182 万元，小镇正逐步建设成为以体育+旅游产业为核心驱动，依托体育、文化、旅游等要素打造的山地户外运动天堂。

十二、田阳县体医融合工作开展模式

田阳县着力推动全民健身和全民健康在"体育+医疗"方面的深度融合，整合现有的医疗、文体设施，拓展其功能应用，服务于深度融合工作。一是在县人民医院、县中医院挂牌成立了田阳县运动损伤康复医疗中心，在县城区 4 个社区和全县 10 个乡镇下设 14 个分中心，基本实现深度融合工作全覆盖。二是在县体育公园体育馆挂牌成立田阳县国民体质监测中心，投入 8.2 万元实施体医结合健康服务中心站建设，配备专门的体质测试器材，建成专用的国民体质测试室，服务于规范开展和实施国民体质测试与医疗健康体检相结合工作。

为提高深度融合工作实效，田阳县注重融合各方面服务功能。一是做好指导服务。建立"体医"复合型人才队伍，组织社会指导员队伍，通过包项目、包片区、包村等形式，专业指导广大群众进行健身和康复医疗工作，实现服务全覆盖。目前全县共在册登记了 115 名社会指导员。二是做好治疗保健服务。田阳县推进县城、社区、乡镇"三轮驱动"运作模式，按照"1+2"模式配备服务团队，即配备 1 名全科医生、2 名家庭健身指导员，定期向群众提供健康与健身指导服务。结合田阳扶贫工作，全县 10 个乡镇通过尝试健康培训和上门出诊结合的干预模式，由乡镇卫生院集中开展家庭医生健康服务，目前已累计服务人群超过 5 万人次，其中有 150 名被长期跟踪的慢性病患者健康指数得到明显提升。三是做好运动损伤康复服务。联合

文体和卫计部门力量，成立田阳县运动损伤医疗康复工作领导小组和田阳县运动损伤医疗康复专家团队，普查全县专业运动员运动损伤情况，并提供专业性救治。为提高运动损伤医疗康复队伍业务水平，举办了一期培训班，培训医体复合型人才30人。

十三、武宣体育公园规划模式

武宣县在县城中心划出1000亩公共用地，打造了集健身休闲于一体的武宣县马鞍山体育休闲公园。公园由多部门共同规划、多部门投入，整合多方面资金，由住建和文体部门共同建设和维护。公园利用马鞍山及周围地带建设而成，规划面积约730亩，已投入使用的体育休闲设施主要有球馆1个、文体广场2个、露天戏台1个、篮球场4个、气排球场8个、门球场4个、健身器材64套、足球场1个、游泳池1个。登山步道约3公里。马鞍山环山健身步道宽6米、长2500米。

2017年，武宣县充分考虑到体育设施的布局和建设，把体育建设放到城市规划编制中，在出台规划前征求体育部门意见。特别是充分利用大藤峡水利枢纽建设契机，规划建设水上运动基地、马拉松步道、七星湖公园、仙湖体育休闲公园、桐岭镇螺山自行车道、三里镇灵湖民族传统体育项目训练基地、综合运动场、新建体校等。目前，桐岭镇螺山自行车道已完成投入使用，仙湖体育休闲公园、三里镇灵湖民族传统体育项目训练基地已经动工建设。

十四、马山县、宜州区、忻城县"体育+旅游+扶贫"发展模式

马山县：2016年以来，马山县连续成功承办三届中国—东盟山地（生态）马拉松系列赛，两届中国—东盟山地户外体育旅游大会·攀岩精英挑战赛、攀岩大师赛，两届"环广西"公路自行车世界巡回赛（马山赛段）等国际赛事和体育活动，吸引了美国、英国、法国和意大利等30个国家和地区3000多名运动员参赛，260多万中外游客到场观赛、体验和旅游。马山县的体育旅游已成为当地旅游消费新的增长点和广西特色旅游品牌之一。2016年首届"山马赛"和2017年首届攀岩精英挑战赛的成功举办，为脱贫攻坚和县域发展注入了新鲜血液，"体育+"马山模式逐步形成。

　　近二年来，"体育+"马山模式多次获得新华社、《人民日报》、中央电视台等权威媒体深入宣传报道，并获得国家体育总局、自治区体育局等的充分肯定。"体育+扶贫"的马山模式还获评为"2017年广西十大体育新闻"之一。体育赛事的"动"有效将文化旅游的"魂"和休闲农业的"静"结合起来，全县形成了农文体旅共兴、一二三产业融合发展的良好局面。2017年全县接待旅游总人数和旅游总收入分别增长18.5%、30.59%，旅游业带动贫困人口脱贫率达到20.6%，第三产业对经济增长的贡献率达65.6%，"体育+文旅+扶贫+县域发展"的马山模式综合效益有效凸显。自治区党委、政府还授予马山"2017年度广西科学发展进步县"荣誉称号。2018年上半年全县接待旅游总人数、旅游总收入分别增长38.89%、55.69%，第三产业对经济增长的贡献率达69.1%。截至2018年初，马山共有18个贫困村摘帽，44277人脱贫，贫困发生率从2016年初的20.22%降至11.56%。2018年3月，国务院扶贫办领导在全国贫困村创业致富带头人工作会上对马山县的扶贫工作给予了充分肯定。

　　宜州区：2018年10月28日第五届"宜州区210"不间断骑行挑战赛在宜州区喷泉广场举行，来自全国各地近800名自行车骑行爱好者自由报名参加比赛，赛事分100公里、200公里两个组别，该项赛事没有排名，没有奖品，以自我挑战为主。

　　本次比赛线路设计经过宜州的各大景区、贫困村，共计经过白伟村、车头村等14个贫困村，刘三姐故里景区等10个旅游景点。比赛前后，比赛线路所经过的贫困村屯、各景点在节假日都可以看到骑行爱好者的身影，在刺激本地住宿和饮食消费、增加农民收入的同时，宣传了宜州区的旅游，促进了本地经济的发展。

　　忻城县：2018国际篮球嘉年华助推"体育+旅游+爱心+扶贫"进一步融合。11月9~10日举办的忻城县2018国际篮球嘉年华，引进了美国明星队、广西壮威队前来开展系列活动。一是举行篮球论坛，组织业余体校、篮球协会、美国队和威壮队代表以及青少年篮球爱好代表参加篮球文化论坛，明星球员为青少年球迷签名鼓励。二是开展互动训练和扶贫慰问活动。

中外球员和"鸣发爱心协会"进入城郊板河小学、板河村开展活动。中外球员和40名学生开展互动训练，给学生赠送篮球训练装备和书包，为板河村30位贫困老人赠送大米、花生油等慰问品。三是举行中外篮球对抗赛。在"一票难求"的情形下，设置"脱贫户代表专座"，组织千名预脱贫户免费观看，让广大市民分享精彩的篮球盛宴。益爱心协会积极参与，奉献出一份真爱。在思练镇、新圩乡的上海金月轮未来体育训练营，在县城的恒泰、佳宁训练营，都在为贫困家庭的小孩减免学费。鸣发爱心协会每年都为贫困家庭的在校大学生提供资助，慰问留守儿童老人。

十五、宜州区体育协会与教育部门合作模式

宜州区有各专项体育协会17个。该区积极探索建立体育协会和学校之间交流与合作的途径与桥梁，推动学校的全民健身和全民健康深度融合，努力实现双方互利共赢。宜州区游泳协会和足球协会充分发动本会会员的积极性和主动性，为宜州区各学校送培训，有力地弥补了学校教学资源的不足。其中，游泳协会在2018年五六月组织会员到城区及乡镇16所学校开展"珍爱生命·谨防溺水救生知识进校园"活动，受益青少年超过2万人，社会反响较好。在足球协会的积极推动下，宜州区一家企业与区教育局签订协议，连续5年独家赞助宜州区中小学生足球比赛，有力地解决了体育部门办赛经费、办赛力量等严重不足的问题。足球协会与城区的各个小学还开展了足球进校园活动，利用周末，学校组织学生进行足球基本技术的训练，培养学生的兴趣爱好，有力地解决了体育和教育部门培训人员严重不足的问题，深受家长们的欢迎。

十六、柳州市、来宾市、浦北县推动学校场地开放模式

柳州市：2017年12月下旬，柳州市启动了中小学体育场地免费对社会开放试点工作。选取设施比较规范、安全管理难度相对较小，并且学校周边居民区集聚的城中区弯塘小学文华校区、鱼峰区德润小学作为第一批对外开放的试点学校。为了加强管理，通过政府公开招标方式，选定一家具有丰富物业管理经验的企业，作为负责两所学校体育场地开放管理服务的第三方单位。通过完善门禁系统、公布入场健身须知、规范开放期间的管理服务、购

置场地意外保险和做好与当事学校责任交接等，确保开放工作有序进行。双休日、寒暑假和工作日夜晚，市民群众只要持本人身份证经门禁识别，并确认或签署安全责任承诺，就可进校健身。第三方管理服务单位还不定期安排社会体育指导员为入校健身群众提供科学健身指导。另外，为方便群众晚上健身，柳州市体育局还为两所学校对外开放的田径场、操场、室外篮球场和乒乓球场安装了照明设施。试点实施近一年来，两所学校共接待入校健身群众12万余人次，没有发生安全管理问题，受到广大市民特别是学校周边居民的好评。2018年下半年，试点成果在鱼峰区得到推广，该城区所属第八中学、第二十四中学、窑埠小学等学校体育场地也陆续实施对社会开放。

来宾市：2018年，来宾市相继推进飞龙小学、解放小学向社会开放工作，特别是飞龙小学开放工作采取第三方管理模式，管理方全面启用人脸识别系统，大大提升管理能力和效果，向社会开放自2018年5月10日开始实行，截至10月底，注册登记参与锻炼人数达3871人，"刷卡"进校锻炼人数达到17847人次，学校体育场馆实施对外开放工作取得初步成效。据统计，2所学校体育场馆设施向社会开放后，辐射周边金海社区、新华社区、向阳社区、长梅社区、河西社区、缤纷江南社区及来宾市中心血站、冶炼厂、电厂等近10个社区单位，覆盖居民群众10万人左右，开放工作得到周边社区、单位干部职工好评。

浦北县：浦北县体育部门加强与县教育局的合作与沟通，整合资源，浦北县一职校、金浦中学、浦北中学、金浦小学、浦北二中等5所联合推进学校的体育场地设施向社会开放，有效缓解了广大青少年和人民群众日益增长的体育健身需求与体育场馆资源供给不足之间的矛盾。

B.13
大力发展冰雪运动　助力北京冬奥会

辽宁省体育局、吉林省体育局、黑龙江省体育局

摘　要：　为助力2022年北京冬奥会，提高群众参与冰雪体育运动的积极性和主动性，东北三省依托独特资源和区位优势，大力发展校园冰雪运动和冰雪产业。吉林省体育局全方位打造吉林群众冰雪体育运动品牌，推动三亿人参与冰雪运动助力北京冬奥；辽宁省体育局补齐冬季运动短板，努力建设"冰雪辽宁"，打造冰雪运动强省；黑龙江省体育局普及推广冬季群众运动，助力实现"三亿人参与冰雪运动目标"。

关键词：　校园冰雪运动　冰雪产业　东北三省

一　辽宁省体育局

（一）背景与成绩概述

1. 2018年9月28日，习近平总书记在辽宁沈阳主持召开深入推进东北振兴座谈会并发表重要讲话。习总书记指出，要贯彻绿水青山就是金山银山、冰天雪地也是金山银山的理念，落实和深化国有自然资源资产管理、生态环境监管、国家公园、生态补偿等生态文明改革举措，加快统筹山水林田湖草治理，使东北地区天更蓝、山更绿、水更清。要充分利用东北地区的独特资源和优势，推进寒地冰雪经济加快发展。在体育领域，辽宁深入学习并贯彻落实习总书记重要讲话精神，明确提出大力发展冰雪运动、冰雪产业，

助力辽宁全面振兴、全方位振兴。

2. 适时提出"运动辽宁、冠军辽宁"新发展理念，规划新时代辽宁体育发展之路。新中国成立70年，特别是改革开放40年来，辽宁体育紧跟时代脚步，不忘初心，牢记使命，秉承"发展体育运动，增强人民体质"的宗旨，脚踏实地，锐意进取，走过充满激情的峥嵘岁月，收获了沉甸甸的累累硕果。在中国奥运征战史上，辽宁体育军团共有29人获得28枚奥运金牌，位列全国第一。其中，中国首枚冬奥会雪上项目金牌，也是中国男运动员在冬奥会上取得的首枚金牌，即是辽宁运动员韩晓鹏在都灵冬奥会上获得的。进入新时代，在习近平新时代中国特色社会主义思想引领下，在国家体育总局悉心指导下，在省委、省政府的坚强领导下，辽宁体育不断提高政治站位，深化体育改革，以"运动辽宁"新发展理念为统领，按照"四化、三发展、两呼唤、一中心"的思路，统筹推进群众体育、竞技体育、体育产业及体育文化协调融合发展，为推进体育强国建设及辽宁全面振兴贡献智慧和力量。"四化"，即运动项目基地化、项目管理中心协会化、专业运动队俱乐部化、体育场馆运营公司化；"三发展"，即发展群众喜闻乐见的项目，发展在群众中适合开展的项目，发展历史上为辽宁争过光的项目；"两呼唤"，即呼唤社会资本、呼唤社会精英加入辽宁体育事业发展中，坚持敞开心胸办体育；"一中心"，即以人民健康为中心。

3. 着力建设"冰雪辽宁"，补齐冬季运动发展短板，夏季、冬季项目两手抓、两手都要硬。辽宁虽然地处东北，具有发展冰雪项目的区域和气候优势，但过去辽宁体育在冬季项目上发展滞后，是体育工作的一块短板。进入新时代，辽宁坚决响应并落实习近平总书记提出的"三亿人参与冰雪运动"的号召，探索申办2024年全国冬季运动会，积极对接北京冬奥会，全面落实全民健身国家战略，更好满足辽宁人民日益增长的对冰雪运动健身的需求。辽宁体育提出"冰雪辽宁"建设发展口号，作为辽宁九大全民健身系列品牌活动之一的"冰雪辽宁"，致力于推动辽宁冬季全民健身事业的开展，带动辽宁冰雪运动、冰雪产业的大发展。

4. 党的十八大以来，辽宁冰雪运动蓬勃开展，特别是冬季全民健身事业不断向广度、纵深发展，冰雪运动场所、冰雪运动赛事活动、冰雪运动人口、冰雪运动氛围逐年攀升。仅以2018～2019雪季为例，在冬奥会进入"北京时间"后的第一个雪季，第五届全国大众冰雪季暨2018～2019辽宁省"百万市民上冰雪系列活动"全面升级，"冰雪辽宁"冬季全民健身系列品牌活动走向更广泛大众。本年度"冰雪辽宁"系列活动，于2018年12月中旬启动，至2019年3月中旬结束，贯穿整个雪季；在全省范围内，依托省、市、县立体式的全民健身体系，"冰雪辽宁"系列活动举办百余场各种类型的大型冬季全民健身活动及赛事，覆盖辽宁数百万健身人群。本年度"冰雪辽宁"系列活动，"天天有活动、周周有赛事、月月有亮点、全年都精彩"，切实推动全民健身和全民健康深度融合，进一步提高辽宁人民的健康及幸福指数。

5. 2019年，"冰雪辽宁"系列活动丰富多彩，以"快乐冰雪 健康中国 运动辽宁"为主题，活动地点以辽宁省内各大滑雪场、滑冰场及全省范围内的各公园、广场冰雪场为主，辽宁省体育局在省本级层面组织并举行抢票快乐滑活动、滑雪公益训练营、滑冰公益训练营、辽宁大众滑雪系列赛、全国媒体人高山滑雪邀请赛、弓长岭国际滑雪邀请赛、嬉雪挑战赛等活动及赛事。

6. 党的十八大以来，特别是近两年来，辽宁依靠得天独厚的冰雪自然资源，借助北京将举办2022年冬奥会的有利契机，不断扩大"冰雪辽宁"系列活动的社会影响，带动更多的群众走出户外，走进冰天雪地，参与冰雪运动，持续掀起辽宁冰雪运动新热潮，着力推进辽宁冰雪运动的普及，扩大辽宁参与冰雪运动的人口，助力实现国家提出的"三亿人上冰雪"的目标，实现辽宁全民健身事业及冰雪体育产业的大发展。

（二）主要做法与举措

1. 以"百万市民上冰雪活动"为主要抓手，大力发展群众性冰雪运动

在冬奥会进入"北京时间"后的第一个雪季，辽宁"冰雪热"持续升

温。2019 年 3 月，2018～2019 雪季辽宁省"百万市民上冰雪"系列活动（第五届百万市民上冰雪活动）圆满落幕。该活动再次创下多项喜人纪录——于 2018 年 12 月初启动，至 2019 年 3 月初结束，持续时间长，贯穿整个雪季；省本级及各市、县（市）区组织的大型群众性冰雪活动超 100 场，覆盖全省各地，惠及百万人群。以"百万市民上冰雪"为代表的"冰雪辽宁"冬季全民健身系列品牌活动越来越走向大众。

作为辽宁九大全民健身系列品牌活动之一的"冰雪辽宁"，致力于推动辽宁省冬季全民健身活动的开展，促进辽宁省冰雪运动、冰雪产业的发展，积极响应国家提出的"三亿人上冰雪"号召，为北京举办 2022 年冬奥会助力，为辽宁探索申办 2024 年冬运会蓄力。

2. 访问量瞬间过万，辽宁冰雪热爆表

滑冰、滑雪公益训练营报名竟致服务器瘫痪

"抢票快乐滑与滑冰、滑雪公益训练营这两个活动，最让老百姓获得收益，如果说'抢票快乐滑'活动是给老百姓体验的机会，那么训练营就是提供了学习的机会。从体验到学习，迈出这关键一小步，'三亿人上冰雪'活动将实质性地迈出一大步！"这个雪季，辽宁省体育局群体处副处长王立娟在雪上、冰上摸爬滚打了一个冬天，虽然工作很累，但是她却很快乐，"随着北京冬奥会的来临，全省人民的上冰雪热情不断高涨……"

在前两个雪季，省体育局联合省内各雪场开展"雪票秒抢"送票活动，深受省内广大滑雪爱好者欢迎。这个雪季，"雪票秒抢"活动全新升级为"抢票快乐滑"活动。升级后的"抢票快乐滑"活动，改变不仅体现在名称的变化上，还体现在参与的雪场更多了，增加至 15 家，每家雪场送票 100 张；送票的方式也更科学规范了，由简单的秒抢改为效仿参与马拉松比赛的"中签"方式，这也让更多的人有机会获得送票名额。

与"抢票快乐滑"活动类似，"滑冰、滑雪公益训练营"活动也旨在让更多辽宁人体验滑冰、滑雪，学会滑冰、滑雪，享受冰雪运动带来

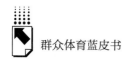

的乐趣与健康。这个雪季，省体育局联合省内 8 家雪场、两家冰场举办公益滑雪（冰）训练营。值得一提的是，1 月 7 日报名开启后广大市民参与热情爆棚，访问量瞬间过万……这也成为 2019 年冰雪活动的一则小新闻。

与往年一样，今冬辽宁省滑雪、滑冰公益训练营继续为参加训练营的学员提供免费的滑雪门票、保险，还有雪具、滑冰器材等装备，同时聘请教学经验十分丰富的教练为学员上冰雪体验课。此外，今冬滑雪、滑冰训练营还增加定点班车，方便学员往返训练营。每名完成培训的学员还获得了由辽宁省体育局颁发的结业证书。

与去年一样，今冬训练营向每位学员收取 100 元费用。就此，王立娟向记者表示："收费不是目的，目的在于避免浪费资源。收取的费用全部作为服务性投入，增加后勤保障，最终全部回馈到学员身上。"

3 月 2 日，由省体育局主办的"辽宁省首届光猪滑雪狂欢节"在丹东天桥沟滑雪场火热举行。活动吸引了来自省内外的数百人参与。"光猪滑雪节"告一段落，也预示着 2018～2019 雪季辽宁省百万市民上冰雪系列活动圆满落幕。

"光猪滑雪节"是一种滑雪活动，参加的选手们发挥自己的想象力，穿着各种各样怪异的服装，甚至是身着比基尼进行滑雪。许多滑雪爱好者穿着自己设计的服装，驰骋在雪野上，向外界展示他们快乐的同时，也宣传了滑雪这一项目。"光猪节"起源于美国，现已扩散到世界各地。

"辽宁省首届光猪滑雪狂欢节"一经推出，即受到省内广大滑雪爱好者的热烈欢迎，并积极参与，当日活动吸引了数百人。"光猪滑雪节"采取"劳逸结合"的滑雪方式，在选手们进行奇装异服滑雪比赛的同时，不仅有魅力四射的比基尼美女们为参赛选手加油助威，还有"天桥沟好声音"助阵，有趣的互动拉近了与观众的距离，将比赛现场的气氛推向了高潮。

随着"光猪滑雪节"的落幕，持续了整个雪季的辽宁省百万市民上冰雪系列活动也就此落下帷幕。省体育局群体处处长田新涛向记者表示："这个雪季的百万市民上冰雪活动结束了，我们打造'冰雪辽宁'的脚步则刚刚迈出，'三亿人上冰雪'不分季节，接下来省体育局将推出一系列的上冰雪活动，地点将由室外转入室内……"

大众滑雪系列赛成为民间高手的表演舞台

从 2018 年 12 月 29 日沈阳怪坡国际滑雪场的首站比赛，到 2019 年 1 月 5 日的本溪云山滑雪场第二站、1 月 12 日的鞍山千山滑雪场第三站、1 月 13 日的营口何家沟滑雪场第四站、1 月 19 日的阜新黄家沟滑雪场第五站比赛，再到 1 月 26 日的丹东天桥沟滑雪场总决赛……第二届辽宁省大众滑雪系列赛一路走、一路火，被全省及全国民间滑雪高手亲切地称为"自己的舞台"。

随着辽宁省内滑雪人群从"体验式滑雪"到"学习式滑雪"的转变，业余滑雪发烧友的人数增多，让大众滑雪赛事成为一种需求。在这样的背景之下，辽宁省大众滑雪系列赛应运而生。作为 2018 ~ 2019 年度"辽宁省百万市民上冰雪活动"重头戏的辽宁省大众滑雪系列赛，由辽宁省体育局主办，省内 6 家滑雪场承办，共设 5 站预选赛和 1 站总决赛。主办者为什么要连续举办辽宁省大众滑雪系列赛？辽宁省体育局群体处处长田新涛回答说："为贯彻落实党的十九大精神，响应国家提出的'三亿人上冰雪'号召，在辽宁省广泛开展冬季冰雪运动，推动运动辽宁及冰雪辽宁建设。"这项群众性滑雪赛事，更加侧重让已经有一定滑雪基础的爱好者，通过赛事来提高运动水平，分享运动体验，从而能够带动身边更多人参与到冰雪运动中来。

相比第一届，这届比赛站数增加，共进行了 5 站分站预选赛。总决赛则连续两届安排在了丹东天桥沟滑雪场举行。"能连续两年承办辽宁省大众滑雪系列赛总决赛，得益于天桥沟得天独厚的资源，也得到了雪友的认可。"天桥沟滑雪场负责人李殿文介绍，本次比赛不仅有来自省内外的高手，还有来自国外的滑雪爱好者。

"这届比赛取消了户籍限制，更多的高手可以来到辽宁，和我们辽宁的民间高手切磋技艺，相互学习，通过这两年的比赛，我们也发现辽宁竞速滑雪的人多了，水平也逐年提高。"辽宁省体育局群体处副处长王立娟表示。

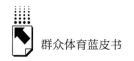
本次比赛的年龄限制在 18 周岁至 50 周岁，从选手的报名情况可以看出，现在参赛选手的年龄跨度很大。王立娟表示："这次比赛我发现参赛选手并不是像大家想象的都是年轻人，有不少是中年人，包括单板滑雪里也有不少中年人的身影。"

总决赛分为男、女组单板竞速赛和男、女组双板竞速赛，赛道长度 500 米，共设 10 个旗门。经过激烈角逐，4 项冠军分别是：女子双板冠军张二曼、女子单板冠军王冰；男子双板冠军王健壮、男子单板冠军赵羿舜。

其中，来自本溪的张二曼更是实现了卫冕，今年 41 岁的她玩滑雪已经有十年的时间，这次比赛她的夺冠成绩是 32 秒 74。

男、女单板的冠军都来自东北技术滑行交流会，男子单板冠军赵羿舜的夺冠成绩是 30 秒 55。赵羿舜这次是专门从外省来到丹东参赛，在赛场上风驰电掣的他，平日里却是一位安静的钢琴教师，在他看来单板滑雪最大的乐趣就是比较自由，可以缓解压力。

男子双板冠军是来自大连的王健壮，35 岁的他是大连理工大学的一名体育老师。王健壮表示，大多数雪友参赛，主要还是想展现一下自己，看一看跟其他人过门儿技术有什么样的差距。除了自己滑雪，王健壮希望从自己做起，可以教会和带动更多的人滑雪……

3. 奥运冠军张越红倡议：从我做起，成为"三亿人上冰雪"的一分子

辽宁省"三亿人上冰雪"宣传推广大使、原中国女子排球运动员张越红，在 2 月 23 日出席 2019"盛京杯"中国·辽宁全国媒体人高山滑雪邀请赛暨沈阳市首届国际青少年滑雪邀请赛开幕式时，向全省广大健身爱好者发出上冰雪倡议——

生命在于运动，幸福源于健康，希望大家走上冰场、走进雪场，亲身参与到冰雪运动中，充分享受冰雪运动带来的快乐，成为"三亿人上冰雪"的一分子。迎接 2022 年北京冬奥会，探索申办 2024 年冬运会，健身爱好者要团结一心，携手共进，为建设健康中国、运动辽宁、跃动沈阳而努力奋斗，让冰雪运动绽放出属于新时代更加绚丽的光彩！

（1）从我做起，养成健身好习惯。冬天不猫冬，放下手机，来到户外，

走进滑雪场，每年至少滑一两次雪。

（2）积极学习，力争掌握一项终身受益的滑冰、滑雪技能。科学健身、正确滑行，避免运动损伤。不仅要做到爱滑雪，还要做到会滑雪。

（3）用自己的实际行动，带动身边更多的人参与到冰雪运动中来。让我们每个人都成为宣传、推广冰雪运动的大使。"三亿人上冰雪"，有你、有我，也有他。为推动"运动辽宁"、"跃动沈阳"及"冰雪辽宁"、"冰雪沈阳"建设，共同献上行动的力量！

4. "三亿人上冰雪"从幼儿园的娃娃抓起

2019辽宁省首届全民冰雪大赛火热举行

雪圈赛、雪地自行车赛、雪地拔河赛……一项项趣味冰雪项目比赛让近400名沈城幼儿园孩子和家长乐翻了天！2019年1月27日，2019辽宁省首届全民冰雪大奖赛系列活动启动仪式，在沈阳市五里河冰雪乐园启幕，系列赛的第一项赛事少儿冰雪趣味赛火爆进行。本次比赛是主办方辽宁省体育局给孩子们送去的新春礼物，希望他们从小就喜欢上冰雪运动。省体育局党组书记、局长宋凯出席活动并宣布赛事启动。

2019辽宁省首届全民冰雪大奖赛系列赛事，由辽宁省体育局主办，辽宁省体育事业发展中心、辽宁省冬季运动项目管理中心承办，沈阳市沈河区政府、沈河区文体局、辽宁雷厉风行体育文化传媒有限公司、沈阳契合科技有限公司、沈阳五里河冰雪乐园、沈阳清泉盛京文化体育发展有限公司、沈阳浑河航运经营有限公司、沈阳华艺多彩教育集团协办。目的在于响应国家提出的"三亿人上冰雪"号召，推动辽宁冰雪运动及冰雪产业的发展，扩大冬季运动项目在辽宁的推广与普及，特别是在广大少年儿童中的普及，让他们感受到冰雪运动的乐趣，并且逐渐掌握一项冰雪运动技能。

一家子都喜欢上冰雪运动

尽管沈城气温很低，但位于富民桥下的沈阳市五里河冰雪乐园里却是欢声笑语、热闹非凡，来自沈阳市多家幼儿园的近400名孩子和家长受邀免费参加了辽宁省少儿冰雪趣味赛。

雪圈大赛、雪地自行车大赛、雪地拔河等赛事，让孩子们和家长参与其

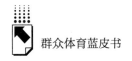

中。在此次参赛的 150 名幼儿园小朋友中，很多人都是第一次参加冰雪运动。雪地拔河比赛，孩子和家长们齐上阵，两队谁也不甘示弱；雪圈大赛，家长们拽着坐在雪圈里的宝宝快速奔跑冲向终点……一项项比赛，家长和孩子们都积极参与，充分享受冰雪运动带来的乐趣。

刘洋当天带着自己的宝宝参加了比赛，孩子在冰天雪地里表现出来的兴奋劲让他很高兴。刘洋说："听说幼儿园要组队参加冰雪趣味赛，我和儿子就报了名。之前孩子没参加过这种室外的冰雪运动，担心他不适应，没想到他非常喜欢这种冰天雪地，和小朋友们玩得很高兴。现在孩子户外活动的时间本来就少，特别是到了冬天就更少，未来我会让儿子多参加冰雪项目，让他在冬天也能多锻炼。"

刘洋的妻子高坤此前一直想学滑雪，昨天和老公陪着儿子来参赛，正好有机会向现场的滑雪教练讨教一番。换上滑雪服、穿上滑雪板的高坤只用了不到一个小时，就能够在初级道上滑得有模有样了，她非常兴奋："这个冬天我一定要把滑雪彻底学会，然后再教儿子和老公，今后我们一家三口到了冬天就滑雪。"

英爵堡幼儿园负责人徐丽丽表示："今天我们幼儿园有 100 多名孩子和家长来参赛，我们这还是控制数量，一些后来打算报名的孩子和家长本次没能获得参赛机会。看到孩子和家长们这么喜欢冰雪运动，未来我们幼儿园也会在冬季给孩子们多提供这种拥抱冰天雪地的机会，让他们从小喜欢上冰雪运动，锻炼出一个好身体。"

活动最后，辽宁省体育局局长宋凯给辽宁省少儿冰雪趣味赛的获奖者颁发了奖状。谈到本次比赛，宋凯表示："辽宁有着开展冰雪运动得天独厚的条件，我们要结合辽宁的特点，大力开展冰雪运动。像今天的比赛，有各种趣味冰雪运动的比赛，能够让孩子、家长们体验到冰雪运动的乐趣，让他们喜欢上冰雪，对冰雪运动的普及有很大帮助。经常参加冬季项目锻炼，对身体大有好处，能够提高身体素质。通过一系列冰雪运动比赛，希望有更多的人，特别是青少年参与到冰雪运动中来，希望他们从小就能够掌握一两项冬季项目技能。像今天活动现场就有不少人在学习滑雪，这个项目老少皆宜，孩子一旦学会滑雪，那么他将从这项运动中终身受益。"

5.辽宁全民冰雪系列赛之公园冰场互动活动火爆万柳塘

2月14日，农历大年初十，西方节日情人节。沈阳市万柳塘公园冰场舞台矗立，彩旗飘飘。沈城众多滑冰爱好者面带笑容如约而至。2019辽宁省首届全民冰雪系列赛之公园冰场互动活动在这里火热举行，万柳塘冰场成为一个大舞台，一个大派对……

2019辽宁省首届全民冰雪系列赛之公园冰场互动活动，由辽宁省体育局主办，辽宁省体育事业发展中心、沈阳市沈河区政府、辽宁省冬季运动项目管理中心、辽宁雷厉风行体育文化传媒有限公司、沈阳万柳塘公园冰场承办，辽宁省速度滑冰队、短道速滑队、冰球队等辽宁省冬季运动项目专业队的教练、队员与来自沈城各地的200余名滑冰爱好者交流、互动。省体育局党组书记、局长宋凯出席活动并宣布活动开幕，省体育事业发展中心主任岳伟、省冬季运动项目管理中心主任王冬、沈阳市沈河区副区长董雪峰、辽宁雷厉风行体育文化传媒有限公司总经理李骥出席活动。

隆重而又热烈的活动启动仪式过后，辽宁省速度滑冰队、短道速滑队、冰球队等辽宁省冬季运动项目专业队的教练队员，在冰场上进行了精彩的展示，同时与200余名来自沈阳各地的公园冰场业余滑冰爱好者进行互动、交流，教授规范、专业的滑行动作，纠正滑冰爱好者的错误技术。世界冠军、辽宁省短道速滑队教练梁文豪表示，今天的这个活动太有意义了，这也让他回忆起了当年在大河冰面上训练的场景，倍感亲切……

辽宁省体育事业发展中心主任岳伟表示，这个活动，是省体育事业发展中心、省体育局在农历新年后举行的第一项活动，也是省速度滑冰队、短道队、冰球队等冬季运动项目队伍首次走进公园的冰场上，与广大滑冰爱好者交流互动。发展体育运动，归根究底在于增强人民体质。今天的活动非常好，以冬季运动项目队伍为代表，省体育事业发展中心下属各支运动队，接下来将更多地从专业训练比赛场馆走出来，走进群众身边的健身场所，走到广大健身爱好者的身边，用自己的专业知识、专业技能，帮助广大健身爱好者提升运动水平。

在今天的活动中，省体育局不仅派来专业队员教练与广大滑冰爱好者互动，传授技艺，还为辽宁省"三亿人上冰雪"先进个人、辽宁省"三亿人上冰雪"优秀组织颁奖，送去雪服、雪帽、雪裤、马甲等奖品，还为参与活动的滑冰爱好者赠送元宵。

宋凯表示，随着北京2022年冬奥会的临近，在沈阳万柳塘冰场，有70岁、80岁甚至90岁以上的滑冰爱好者，也有大批的稚嫩孩童，滑冰场面震撼、感人。全民健身氛围浓郁，省体育局"运动辽宁"及"体育强省"建设也更有信心了。在新的一年里，省体育局将进一步完善百姓身边的健身场地与设施，进一步增加百姓身边的健身活动与赛事，以健身促振兴，通过"运动辽宁"及"体育强省"建设，为辽宁全面振兴、全方位振兴贡献体育力量。

（三）未来发展方向与目标

1. 深入学习贯彻落实习近平总书记关于冰雪运动、冰雪产业的重要讲话精神

以习近平总书记提出的"带动三亿人参与冰雪运动"为总目标，坚持创新发展、协调发展、绿色发展、共享发展的原则，抓住举办北京冬奥会和辽宁探索申办2024年全国冬运会的重大历史机遇，全面对接北京冬奥会，大力发展冰雪运动，提升冰雪运动竞技水平；大力发展冰雪经济，做大冰雪产业规模，扩大冰雪产品和服务供给，实现冰雪旅游、冰雪运动、冰雪文化、冰雪装备等全产业链的快速发展，不断满足人民对美好生活的向往，通过聚集辽宁资源优势、全面科学合理布局、全域创新融合发展，打造全国一流和世界级冰雪品牌，建设冰雪产业强省，奋力开创全省冰雪产业发展新局面。

2. 广泛开展全民冰雪赛事活动，激发市场活力来提供丰富多彩的活动供给

积极联合社会力量，打造以"百万市民上冰雪"为主题的辽宁省系列群众性冰雪赛事活动，实现开展区域扩大、参与人数增加、活动质量提升。因时、因地和因需开展群众身边的冰雪赛事活动，分层分类引导运动项目发展，丰富和完善全民冬季健身活动体系。开展参与度高、普及面广、影响力

大、带动力强的冬季项目品牌赛事和活动，大力发展速度滑冰、短道速滑、冰球、花样滑冰、高山滑雪、单板滑雪等群众喜闻乐见的运动项目，积极扶持和推广冰壶、越野滑雪、自由式滑雪、跳台滑雪、冬季两项、北欧两项、钢架冰橇、无舵雪橇、雪车等项目的普及和推广，鼓励开发适合不同人群、不同地域和不同行业特点的特色冰雪运动项目。建立以"大众冰雪季"等品牌活动为主线，以冰雪旅游节、冰雪文化节、冰雪嘉年华、欢乐冰雪季、冰雪马拉松等群众喜闻乐见的冬季项目活动为支撑的群众冬季项目活动体系。同时，发挥对群众性冬季运动的引领、示范、带动作用。开展滑雪橇、冰上自行车、滑爬犁、看冰灯、打陀螺、雪地摩托、雪地拔河、雪地足球、冰钓等具有地方特色、群众喜闻乐见的民俗冰雪娱乐赛事活动。

3. 补短板，大力提高群众性冰雪竞技运动水平，推动并实施冰雪进校园计划

2018 年，正式组建辽宁省高山滑雪队、跳台滑雪队、越野滑雪队、北欧两项队及冰壶队，在运动项目布局上全面对接北京冬奥会；全面推动冰雪项目进校园活动，让青少年学生都至少掌握一门冰雪项目技能。

4. 大力发展冰雪产业，打造全省新经济增长点

《全国冰雪场地设施建设规划（2016~2022 年）》中指出，到 2022 年我国滑雪场将达到 800 个、滑冰场馆达到 650 个；到 2020 年我国冰雪产业总规模将达到 6000 亿元，到 2025 年总规模将达到 1 万亿元，直接参加冰雪运动人数超过 5000 万，并带动 3 亿人参与冰雪运动。辽宁省发展冰雪产业，冰雪旅游是突破口。全面建设四季宜游独具辽宁特色的旅游目的地，打造全国冰雪旅游示范区和冰雪旅游目的地。

5. 推进探索申办2024年全国冬运会

2016 年 12 月出台的《辽宁省体育领域供给侧结构性改革实施方案》指出，借助北京冬奥会，探索辽宁省申办 2024 年全国冬运会。经过前期准备，我们探索申办冬运会的思路已经清晰：坚持"走进冰雪、喜爱冰雪、全民参与、共享冬运"的理念，利用沈阳、抚顺双城联动作用，开发其他地市

资源优势，转换观念，广泛吸引社会力量参与2024年全国冬运会申办工作，将申办工作作为实施东北振兴战略协同发展战略的重要举措，树立体育运动与城市良性互动、共赢发展的典范，争取申办成功，并举办一届精彩、非凡、卓越的全国冬季运动盛会。

附件1 2018~2019雪季"冰雪辽宁"系列活动主要内容

序号	赛事及活动	时间	地点	参与人数	备注
1	"冰雪辽宁"系列活动启动仪式	2018年12月29日	沈阳东北亚滑雪场	1000余人	免费滑雪、戏雪
2	抢票快乐滑活动	2019年1月中旬、春节前各一次	自愿参与活动的滑雪场	协议雪场各提供100张滑雪票供秒抢	
3	滑冰公益培训	2019年1月初至2月末	鞍山新建室外8000平方米滑冰场及沈阳市内冰场各一期	200余人	示范性免费培训100名3周岁至12周岁少年儿童，让他们掌握滑冰技能
4	滑雪公益培训	2018年12月中旬至2019年2月末	协议雪场	每期招募100名6周岁至40周岁零基础人员进行为期3天的滑雪培训	
5	辽宁大众滑雪系列赛	2018年12月29日及2019年1月每个周末	沈阳怪坡、本溪云山、营口何家沟、鞍山千山、阜新黄家沟、丹东天桥沟6家滑雪场	覆盖近万人	在全省范围内掀起群众性滑雪热潮，赛事成为业余滑雪爱好者展示自我的舞台

序号	赛事及活动	时间	地点	参与人数	备注
6	全国媒体人高山滑雪邀请赛暨沈阳市首届国际青少年滑雪邀请赛	2019 年 2 月 23 日	沈阳东北亚滑雪场	近千人	全国媒体人滑雪邀请赛已成功举办两届,将继续办下去
7	弓长岭国际滑雪邀请赛	2019 年 1 月 16 日	辽阳弓长岭滑雪场	近千人	举办第四届国际滑雪邀请赛
8	嬉雪挑战赛	2019 年 2 月	沈阳东北亚滑雪场	200 余人	极限冲锋(雪圈)、超级冰滑梯、雪山冲浪等趣味比赛
9	辽宁青少年冬令营系列活动	贯穿整个雪季	丹东站、锦州站、沈阳站(两站)、鞍山站 5 个滑雪冬令营;鞍山站、沈阳站两个滑冰冬令营	1000 余人	冰雪进校园系列活动
10	其他主要活动				
	①2019"迎新杯"全国冰球青少年邀请赛				
	②辽宁省首届大众速度滑冰挑战赛(桓仁站)				
	③辽宁省大众高山滑雪少儿比赛				
	④辽宁省首届大众速度滑冰挑战赛(清原站)				
	⑤2019 年辽宁省高山滑雪锦标赛				
	⑥2019 年辽宁省单板滑雪平行大回转锦标赛				

续表

序号	赛事及活动	时间	地点	参与人数	备注
	⑦2019 年辽宁省青少年短道速滑锦标赛				
	⑧2019 年辽宁省青少年速度滑冰锦标赛				
	⑨2019 年辽宁省自由式滑雪空中技巧比赛				
	⑩2019 年辽宁省单板滑雪 U 型场地比赛				
	⑪辽宁省短道速滑系列赛				
	⑫2019 年辽宁省冰球锦标赛				
	⑬辽宁全民冰雪系列赛之公园冰场互动活动				
	⑭2019 辽宁省首届全民冰雪大赛系列活动				

附件 2 "抢票快乐滑"合作雪场

序号	合作雪场	序号	合作雪场
1	沈阳东北亚滑雪场	9	朝阳庙子沟滑雪场
2	沈阳白清寨滑雪场	10	阜新黄家沟滑雪场
3	沈阳怪坡滑雪场	11	鞍山千山滑雪场
4	沈阳奥体国际冰雪嘉年华	12	本溪云山滑雪场
5	沈阳棋盘山冰雪大世界	13	本溪东风湖滑雪场
6	辽阳弓长岭滑雪场	14	抚顺热高冰雪欢乐世界
7	营口何家沟滑雪场	15	铁岭金峰小镇滑雪场
8	丹东天桥沟滑雪场		

附件3　公益滑雪（滑冰）训练营合作单位

序号	合作单位	序号	合作单位
1	沈阳东北亚滑雪场	6	朝阳庙子沟滑雪场
2	沈阳怪坡滑雪场	7	阜新黄家沟滑雪场
3	沈阳奥体国际冰雪嘉年华	8	鞍山千山滑雪场
4	沈阳白清寨滑雪场	9	鞍山千山风景区森霖文化体育发展中心
5	营口何家沟滑雪场	10	沈阳铁西龙之梦大都汇冰上运动中心

附件4　大众滑雪系列赛合作单位

序号	合作雪场	序号	合作雪场
1	沈阳怪坡滑雪场	4	阜新黄家沟滑雪场
2	本溪云山滑雪场	5	营口何家沟滑雪场
3	鞍山千山滑雪场	6	丹东天桥沟滑雪场

二　吉林省体育局

（一）背景与成绩概述

为贯彻落实"三亿人参与冰雪运动"目标，吉林省利用得天独厚的冰雪资源优势，按照吉林省委、省政府倡导的"玩冰踏雪·健康吉林"活动总体部署要求，全省统一活动名称、统一活动时间、统一活动内容，省市县三级联动，通过举办系列冰雪体育赛事、冰雪嘉年华、冰雪体育旅游节、冰雪体育休闲大会等形式，大力开展冰雪体育活动，拓展活动的空间和活动范围，营造全省联动、全民冰雪、场面壮观的冰雪体育系列活动氛围，助力2022年北京冬奥会，推进冰雪体育强省建设。省体育局充分发挥吉林省冰雪资源条件优势，全面提升冰雪运动发展水平，形成了具有吉林冰雪体育文

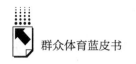

化特色的吉林冰雪体育活动品牌。

目前，全省每年浇室外滑冰场 400 块以上，建有滑冰馆 7 个，滑雪场 39 个，冰雪乐园等各类玩冰乐雪场地设施 20 余处。全省每年组织的各类大众冰雪体育赛事和活动达 300 项以上，每年参与冰雪运动的人数达到 800 万人以上。

（二）主要做法及举措

1. 通过加强宣传教育引导群众积极参与冰雪运动

每年以"我爱冰雪运动"为主题开展知识竞赛、征文、摄影展、知识讲堂、运动体验、社会体育指导员技能培训和展示、全民健身志愿者服务、冰雪文化进校园等活动，加强日常的冰雪运动宣传、健身常识推送、工作经验交流、特色成果展示，树立运动健康新风尚，引导广大群众积极参与冰雪活动。每年组织冰雪社会体育指导员技能培训达 500 人次以上；每年组织一次全省冰雪社会体育指导员技能展示交流活动或冰雪健身达人大赛。通过制定并实施《吉林省群众冬季运动推广普及计划（2018～2022 年）》，编发冰雪运动普及读本、知识手册、健身指导及防护手册等宣传资料，在电视、广播、报刊等媒体开办冰雪运动节目和专栏，构建"互联网＋"模式，拓宽冰雪运动传播渠道，激发群众对冰雪运动的热情，带动更多人参与冰雪运动，为发展冰雪运动营造浓厚的氛围。

2. 通过开展大众冰雪赛事活动带动群众参与冰雪运动

每年 12 月至次年 3 月，组织开展贯穿冬季、省市县三级联动、全社会参与的"玩冰踏雪·健康吉林"冰雪体育系列活动，省政府领导、相关部门领导出席全省全民上冰雪活动启动仪式。活动以打造大众冰雪系列精品赛事和普及群众滑冰、滑雪、冰球等大众冬季项目为重点，提升扩大长春净月瓦萨国际滑雪节、VHL 国际冰球联赛、吉林国际雾凇节、吉林国际冬季龙舟赛、长白山国际粉雪节、敦化国际冬泳邀请赛、百万青少年上冰雪、查干湖冰雪冬捕渔猎文体旅游节、雪地汽车拉力赛等精品活动影响力，打造毕克越野滑雪赛、冰雪马拉松、冬季龙舟、冬泳、冬捕、冰钓等凸显吉林冰雪文化特色的品牌活动。大力开展"冰雪运动进课堂"活动，把冰雪运动纳入学校体育课教学和考试内容，每周至少安排一次冰雪体育课，每个学生至少掌握一项冰雪运动技能。打造辽宁省"百万青少年上冰雪"活动品牌，举办全国"未来之星"冬季阳光体育大会吉林省分会场活动，助力北京冬奥会。每年全省冬季活动月均达 50 项以上，总活动次数达 300 项以上。每个冬季，各县（市、区）每月举行 1 次以上冰雪赛事，每个冰雪协会组织 1 次以上冰雪赛事。制定出台了辽宁省《群众冬季运动推广普及计划(2018～2022 年)》，促进群众冰雪运动参与率和运动水平的提高。

3. 通过加大冰雪场地建设和开放力度吸引群众参与冰雪运动

每年省体育局拨给每个市州、县区 6 万元浇冰补助费，要求每个市州、县区浇 6 块以上冰场，全省每年浇 400 块以上冰场，全省滑冰场全部向公众开放。从 2019 年起，每年投资 6000 余万元，配建仿真冰场地设施。到 2022 年，每个市州都要采取政府购买服务的方式，建立 1 个以上大众滑冰、滑雪培训基地，每个培训基地每周免费举办 2 次、每次不少于 100 人的大众滑冰、滑雪培训班，青少年学生可以利用周末和寒假时间参加培训。学校浇制的室外滑冰场地，寒假向公众开放。各县（市、区）也要依托当地冰雪场地建立培训基地，推动冰雪场地开放，提高群众冰雪运动普及率。

4. 通过开展科学健身指导普及推广群众冰雪运动

开展全民健身志愿服务"六走进"活动，组织全民健身志愿者走进社区、健身站点、企业、机关、学校和农村开展冰雪运动健身指导服务，鼓励和引导群众参加冰雪运动，营造全社会崇尚冰雪运动的良好氛围。对群众和体育社会组织自发组织开展的全民健身活动和赛事，体育部门在活动和赛事组织、安保、交通、宣传等方面给予指导，并协调相关部门给予支持。

5. 通过加强冰雪体育社会组织建设推动群众参与冰雪运动

省级和全部市（州）以及有条件的县（市、区）成立滑雪、滑冰法人协会，积极发展俱乐部会员和个人会员。成立省级冰雪产业协会，充分整合和发挥吉林省冰雪产业资源优势，引导吉林省冰雪产业健康发展。鼓励和支

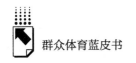
持社会专业人士兴办冰雪体育社团和民办非企业单位，支持群众性冰雪运动社团普遍建立。到2022年，全省各类冰雪体育组织将达到1000个以上。

（三）未来发展方向与目标

1. 工作目标

到2022年，全省群众冰雪体育运动力争实现以下主要目标：

参与冰雪运动人口比例国内领先。群众性冰雪运动全面推广普及，全省参加冰雪运动的人数达到1000万人以上。各级各类冰雪运动社会组织超过1000个。群众性冰雪活动丰富多彩、形式多样、遍及城乡。室外滑冰场和轮滑场达到500块以上，各类滑雪场数量达到60个以上。冰雪体育传统项目学校达到500所以上，青少年冰雪活动基地达到100个以上。

2. 进一步加强组织领导

要进一步加强组织管理，推动吉林省冬季运动发展全面升级。建立和完善群众冬季运动发展工作协调机制，将发展群众冬季运动、促进冬季运动消费纳入当地政府文化建设、体育发展规划，建立发展改革、体育、教育、旅游等多部门合作的群众冬季运动发展工作协调机制，研究制定冬季运动发展中的重大战略和政策。

3. 进一步加大经费投入

加大各级财政对冬季运动发展的投入。各地区根据实际情况将冬季运动发展纳入本地区国民经济和社会发展规划，将发展冬季运动所需经费列入本级财政预算。积极争取各级政府加大财政投入和体育彩票公益金支持群众冬季运动发展的力度，资金主要用于公益场馆建设与运营管理、青少年冬季运动、冬季运动休闲娱乐等方面。有条件的地方可设立冬季运动发展专项资金，对符合条件的企业和社会组织进行购买服务、项目补助和奖励。

4. 进一步加强冰雪场地设施建设

加大冰雪场馆建设力度，鼓励有条件的学校利用冬季操场空闲时期，浇制室外滑冰场地。对县区新建跳台滑雪、U形槽、越野滑雪场地、小型初级滑雪道的滑雪场给予扶持，尽快提高吉林省滑雪场数量和规格。扶持有条件的县（市）及大专院校建设滑冰馆。每年每个县（市、区）要建成 6 块以上室外滑冰场（轮滑场），2020 年以后，继续在全省配建人工仿真冰场，配发滑雪模拟机和地板冰壶球器材。支持和鼓励全省各地和中小学校逐年增加冰场浇注数量。鼓励引导仿真冰雪和模拟设施的市场应用。有条件的社区要因地制宜开辟建设适宜居民开展活动的小型冰场和雪场。

5. 进一步打造精品冰雪体育赛事活动

充分发挥吉林省得天独厚的冰雪资源优势和冰雪体育场馆优势，主动沟通、主动申请，吸引一系列重大国际、国内高端精品冰雪体育赛事落户吉林，通过举办承办具有国际影响力的冰雪体育赛事活动促进吉林省冰雪产业发展，促进东北老工业基地振兴。

6. 进一步加强政策法规建设

破除冬季运动发展的制度性障碍，加快制定和完善冬季运动发展的相关法律法规和行业规章制度，建立大众冰雪运动等级评定制度，打通竞技体育和群众体育的壁垒，让民间高水平冰雪运动选手有机会参加高水平冰雪赛事。建立、完善执法和监督体系，加强冬季运动组织、企业和从业人员的诚信建设。完善冰雪运动场地建设、服务、安全与风险管理标准和管理办法，保证全省冰雪体育事业健康发展，推动全省经济发展，促进东北老工业基地振兴。

三　黑龙江省体育局

（一）背景与成绩概述

为贯彻落实习近平总书记提出的"三亿人参与冰雪运动"的重要指示精神，助力北京 2022 年冬奥会，国家体育总局、黑龙江省人民政府联合连续 3 年主办了黑龙江"赏冰乐雪"系列活动，通过省市县三级联动，立足本省、面向全国的方式，带动和影响 6000 余万人次参与冰雪运动，活动网络曝光量超过 10 亿次，网络浏览量超过 5 亿次，是全国规模最大、覆盖最广、项目最丰富、参与人数最多的冰雪系列活动。

（二）主要做法和举措

1. 主要做法

（1）重视顶层设计，将开展群众冰雪体育运动提升为全省战略

黑龙江省委、省政府高度重视发展冰雪体育，将开展群众冰雪体育活动作为推动"三亿人参与冰雪运动"的重要手段，从立法和政策层面强力推动。为深入贯彻落实习近平总书记在黑龙江省的重要讲话精神，省党代会、省委全会、政府工作报告分别做出明确要求，在全省广泛开展群众性冰雪体育活动，努力将黑龙江省打造成为全国冰雪体育活动体验首选目的地。为充分发挥黑龙江冰雪资源优势，2016 年黑龙江省人大决定，从 2016 年起，将每年的 12 月 20 日设立为黑龙江省"全民冰雪活动日"，带动广大群众参与冰雪活动、体验冰雪的乐趣。为助力北京冬奥会，省政府与国家体育总局签署战略合作协议，打造全国"三亿人参与冰雪运动"的核心区。省体育局制定了《黑龙江省冰雪体育发展规划（2016～2022）》，提出了"在全省形成若干冰雪群众体育活动品牌，加大冰雪场地设施在全民健身设施建设中的比重，到 2022 年，每年有 2000 万人次参与群众性冰雪体育活动，吸引省外5000 万人次来黑龙江省参与冰雪体育活动"的发展目标。全省各级党委和政府的高度重视，体育部门的大力推动，使黑龙江省开展群众冰雪体育运动从体育部门工作上升为全省战略。

（2）全省联动，系统谋划、宣传启动"赏冰乐雪"系列活动

黑龙江"赏冰乐雪"系列活动采取全省联动的方式，从系统谋划、宣传推介和举办启动仪式等方面入手，推动"赏冰乐雪"系列活动开展。一是省市县三级系统谋划。省本级制定出台了《黑龙江"赏冰乐雪"系列活动工作方案》，各地市、县区因地制宜制定出台了本地区的"实施方案"，明确了各项具体活动任务，一级一级抓落实，形成了全省联动的良好态势。二是全省集成宣传推介。黑龙江省政府与国家体育总局联合在北京召开了黑龙江"赏冰乐雪"系列活动新闻发布会，国家体育总局、省政府、省体育局相关领导，以及全省各市地体育局负责同志出席发布会，对黑龙

江"赏冰乐雪"系列活动的内容、形式、特色进行了详细介绍。新闻发布会上来自全国的多家知名媒体参加，并给予报道，大大提升了黑龙江"赏冰乐雪"系列活动的知名度。三是全省统一举办启动仪式。每年黑龙江省将"赏冰乐雪"系列活动启动仪式与全国群众冬季运动推广普及主会场启动仪式进行联办，邀请总局、省委、省政府领导出席并致辞。全省各地市也在当天设置了分会场，在全省范围统一启动全年"赏冰乐雪"系列活动。

（3）四大板块推进，广泛开展"赏冰乐雪"系列活动

"赏冰乐雪"系列活动中的省本级活动共设置了"四大板块"百余项次比赛活动。第一板块是冰雪精彩赛事，其中包括国际级赛事、国家级赛事、省级赛事和群众性比赛，涵盖了国际级、国家级和省级各类速滑、短道速滑、花样滑冰、冰球、滑雪等项目比赛。包括了世界高水平的俄罗斯职业冰球超级联赛、班迪球（冰上曲棍球）世锦赛、中俄界江冰球友谊赛和国际雪联中国城市越野滑雪积分大奖赛等比赛活动，为百姓提供了高水平的冰雪赛事供给。第二板块是趣味冰雪系列活动，旨在为全国冰雪运动爱好者提供多样化的趣味冰雪运动体验。设置了雪地球、雪地风筝、林海雪原徒步穿越、冰雪铁人三项、冰雪趣味项目大比拼等项目，各活动项目百姓喜闻乐见，提升了百姓参与冰雪运动的积极性。第三板块是各地市冰雪系列活动，包括规定活动 10 项和本地特色冰雪活动 5 + 项。各地市活动亮点频出，如牡丹江市举办"健康雪城"冬季运动会；佳木斯市打造"30 分钟冰雪健身圈"；双鸭山市将网络直播与冰雪活动开展相结合；鹤岗市开展三级雪地足球校园联赛；绥化市体育局采取政府购买服务的方式，发放免费滑雪门票；大兴安岭地区打造极地特色冰雪比赛活动；黑河市依托地缘优势，广泛开展中俄交流赛事活动。第四板块是涉外赛事，旨在依托龙江的区位优势，开展与周边国家的冰雪体育活动，促进双边的人文体育交流，为"一带一路"倡议建立民心相通的纽带。包括中俄雪山穿越系列大奖赛、首届中国中东欧大学生冰雪嘉年华、四国雪地足球邀请赛等比赛活动，有效促进了"一带一路"国家间体育交流。

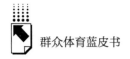

（4）连续40年开展"百万青少年上冰雪"活动，夯实冰雪活动基础

黑龙江省持续开展已经举办了40年的"百万青少年上冰雪"活动，举办全省学生冬季运动会、雪地足球四级联赛、滑雪冬令营、青少年冰雪运动科学普及活动和传统校、俱乐部比赛等活动，每年带动400万名学生参与冰雪体育运动，既锻炼了身体，又磨炼了意志。同时，黑龙江省充分利用室内滑冰馆、滑雪场，在春夏秋三季开展各类"上冰雪"活动，使冰雪体育活动做到覆盖全年。

（5）开展"赏冰乐雪"趣味冰雪活动创意设计大赛，广纳民智推动成果转化

省体育局联合国家体育总局群体司，国家冬运中心和中国滑冰、滑雪、冰球协会连续三年举办"赏冰乐雪"全国趣味冰雪活动创意设计大赛，征集趣味冰雪活动项目、冰雪活动场地器材和运动装备。一是广集民智。全国趣味冰雪活动创意设计大赛共收到来自全国30个省区以及俄罗斯、日本、韩国、印度、马来西亚5个国家的600余个作品。经过创意征集、专家组初审、网络票选等三个阶段，评选优胜创意。二是推动成果转化。在"赏冰乐雪园"黑龙江省冬季群众体育活动基地设置了趣味冰雪创意设计大赛作品区，将创意成果在区域转化推广。建立了创意人与投资方之间的联系，为优秀创意实现成果转化奠定基础。开展了"赏冰乐雪冠创北国"黑龙江省全国趣味冰雪活动创意成果三项赛，将创意设计大赛中获奖的活动类创意成果进行展示和成果转化。

（6）建设"赏冰乐雪园"，打造冰雪活动阵地

省体育局紧紧围绕让龙江百姓及外地游客能够随时随地体验冰雪运动的目标，打造全省城市"30分钟冰雪健身圈"。一是建立省级示范园区。省体育局在哈尔滨市建设"赏冰乐雪园"黑龙江省冬季群众体育活动基地，设有冰雪体育活动区、趣味冰雪创意设计大赛作品区、冰雪游乐区、奇趣雪人谷和冰雪美食街五大区域，占地面积54万平方米，集成滑冰、滑雪、冰球、冰壶等冰雪活动项目。园区设置专业冰雪体育项目赛道、全民冰上体育运动项目、寒地美食区、雪人乐园、大型全年龄冰雪互动娱乐项目40余项，并

配备各类公共服务基础设施，使之成为全省群众冰雪体育活动基地、全省冰雪体育创意孵化基地、全省冰雪体育产业示范基地和全国冰雪体育体验活动的首选基地，共接待游客和参与活动的群众30余万人。二是建设市县级"赏冰乐雪园"。在省级"赏冰乐雪园"成功运营的基础上，推广省级模式，为各地市设立了"赏冰乐雪园区"援建专项资金。鼓励各市地参照省级模式，建设本级"赏冰乐雪园"，通过引入社会资本，7个地市建设了地市级"赏冰乐雪园"，为群众冬季运动开展提供了基础保障。此外省本级根据全省各县区实际情况资助建设县区级小型"赏冰乐雪园"。

（7）打造冰雪体育产业园区，推动冰雪体育装备制造业发展

国家《冰雪运动发展规划（2016～2025年)》提出，举办北京冬奥会将带动我国冰雪运动快速普及，直接参加冰雪运动的人数将超过5000万人，并带动3亿人参与冰雪运动。随着冰雪运动参与人数的增加和冰雪场地设施的完善，冰雪装备消费需求预计可达300亿～400亿元，为黑龙江省冰雪装备制造产业发展提供了广阔的市场空间。一是打造冰雪装备产业园区。在哈尔滨香坊区建设"冰雪＋"产业园。园区位于香坊工业新区内（省级园区），占地面积28万平方米，与哈尔滨综合保税区、内陆港、哈欧班列货运站等相邻而建，由香坊区人民政府、和鑫集团共建，力求打造全业态的冰雪＋旅游、文化、体育、装备的综合产业园区。目前一期建筑面积2万平方米的冰雪文体大厦已建成，现正在进行招商工作，但因园区政策惠企力度不大，招商工作进展缓慢。二是扶持重点冰雪装备制造企业。全省扶持重点冰雪装备制造企业14家，其中哈尔滨10家，齐齐哈尔2家，牡丹江2家，普遍能实现稳步发展，其中黑龙、鸿基索道营业收入达千万元级别。围绕滑雪运动装备、冰上运动装备、冰雪场地装备，初步实现区域间优势互补、有效联动，哈尔滨重点发展滑雪运动装备、冰雪场地装备，如滑雪板、固定器、索道等；齐齐哈尔重点发展冰上运动装备，同时向滑雪运动装备延伸，如冰刀、护具、滑雪板等；牡丹江重点发展冰雪场地装备，如压雪、造雪设备等。三是扶持冰雪体育培训业发展。培育了亚布力滑雪培训、乾卯、天行健、传世冰壶为代表的冰雪培训企业，开展滑冰、滑雪、冰球、冰壶等冰雪体育培训。

2. 具体举措

（1）整合冰雪体育资源，改革办赛方式，创造冰雪体育比赛活动新供给

针对以往冰雪体育比赛活动内容形式单一、内容有限、互动不足等问题，"赏冰乐雪"系列活动共设置了冰雪精彩赛事、趣味冰雪系列活动、各地市冰雪系列活动、涉外赛事四大板块，推动冰雪体育比赛活动供给提档升级。一是变单一为多样。本次活动系统整合了在黑龙江省举办的国际级、国家级、省级冰雪竞技赛事；省市县三级群众冰雪体育比赛活动；对外冰雪体育交流赛事活动，既有专业赛事，也有群众比赛和趣味活动，集冰雪项目于一体，共百余项比赛活动。二是变单点为联动。本次活动采取省市县三级联动的方式，在全省各地开展各类冰雪体育比赛活动，百姓在任何一个地市和县区均能参与群众冰雪运动。三是变提前报名为随时参与。本次系列活动中部分比赛活动不是采取以往集中式比赛的方式，而是采取分散式比赛的方式，在群众相对集中的区域设置若干个比赛点，使群众能够随时报名参加比赛。本次活动通过整合赛事活动资源、深化办赛方式改革，培育了冰雪体育比赛活动新供给，提升了百姓参与冰雪运动的比例。

（2）因地制宜推动冰雪体育多元融合，培育冰雪体育发展新动能

按照习近平总书记来黑龙江省调研时提出的"冰天雪地也是金山银山"重要指示精神，省体育局积极支持和指导各地市依托自身资源禀赋，因地制宜打造"一地一品"，推动体育与旅游、文化、教育等产业多元融合，培育发展新动能。一是变体育赛事为体旅融合产品。通过体旅融合共享服务对象，将体育比赛引入旅游节事和景点，以体带旅，以旅促体，发展冰雪体育产业新业态，有效提升了冰雪体育旅游的知名度和影响力。如哈尔滨市将开展"赏冰乐雪"系列活动与国际冰雪节结合，开展国际冰雪节国际大众业余冰球邀请赛。鸡西市充分发挥大界江、大界湖、大森林、大冰雪资源优势，举办"中国兴凯湖冰雪汽车拉力赛"等赛事活动。二是变体育活动为文体融合体验产品。通过文体融合，将体育精神与黑龙江省优秀传统文化和民俗结合，丰富冰雪体育文化内涵，打造具有地区文化和民俗特色的冰雪体

验产品。如大庆市以铁人精神的文化元素为核心,融入"泛体育"理念,开展冰雪铁人三项赛。伊春市围绕林都特色冰雪体育文化,举办首届森林泼雪节、林海雪原穿越系列赛等比赛活动。三是变体育项目为城市名片。通过体教融合,广泛开展"百万青少年上冰雪活动",推动冰雪体育进校园,打造"一城一品"冰雪体育名片。如齐齐哈尔市通过举办"冰球节",开展冰球进校园和各级冰球青少年联赛打造"冰球城市"名片。七台河市依托速度滑冰资源优势,通过开展"百万青少年上冰雪活动"打造"速度滑冰"城市名片。

(3)建设"赏冰乐雪园",打造冰雪体育活动新阵地

随着"赏冰乐雪"系列活动的开展,原有的冰雪场地设施存在着运动项目单一、配套设施不完善等问题,已经难以满足活动需求,省体育局建设了"赏冰乐雪园",打造冰雪体育活动新阵地。一是变政府建为合作建。园区采取 PPP 模式由黑龙江省体育局与道里区政府及社会资本合作建设。其中道里区政府负责土地和"三通一平"等基本建设,黑龙江省体育局负责各类冰雪运动场地设施建设,社会资本负责各类商业性冰雪娱乐设施、配套服务设施建设,招商引资和管理运营。改变了以往体育场馆由政府投资、建设、运营的模式。二是变体育场馆为体育综合体。"赏冰乐雪园"在室内滑冰馆、冰壶馆、室外滑雪场、冰球场等体育场地的基础上,增加了雪地摩托、雪滑梯、雪人谷、麦当劳、赛百味等游乐和服务设施,促进了体育产业关联消费,使之成为集运动、娱乐、餐饮、服务于一体的体育综合体,带动了体育产业发展。三是变政府办为社会办。改变以往体育赛事由政府大包大揽的模式,在"赏冰乐雪园"内举办的各项赛事通过政府购买服务的方式,支持和鼓励各类冰雪体育社会组织承办,降低举办冰雪比赛活动的门槛,提升社会办赛比例,通过这种方式也为园区带来了大量的客流。

3. 经验启示

省体育局在上年成功开展"赏冰乐雪"系列活动的基础上,进一步总结经验,提炼模式,突破以往开展冰雪比赛活动就是办赛办活动的桎梏,初步形成了"一体两翼三大抓手"的工作思路,使群众参与冰雪运动的积极

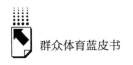

性和比例明显提升。

（1）"一体"引领，推动"赏冰乐雪"系列活动"国省联办"

"一体"就是将开展"赏冰乐雪"系列活动作为主体任务推进，充分发挥冰雪体育比赛活动的引领作用。习近平总书记提出"三亿人参与冰雪运动"和"冰天雪地也是金山银山"重要指示精神后，省体育局将开展"赏冰乐雪"系列活动作为贯彻落实重要指示精神的主体任务，系统整合黑龙江省举办的国际级、国家级、省级冰雪竞技赛事，省市县三级群众冰雪体育比赛活动，对外冰雪体育交流赛事活动资源，在 2016～2017 年度开展了"赏冰乐雪"系列活动，带动和影响了 2000 余万人次参与冰雪运动，取得了良好效果。活动的成功举办得到了国家体育总局的认可，并将"赏冰乐雪"系列活动提升为国家体育总局和黑龙江省政府共同主办，实现了活动"国省联办"。"赏冰乐雪"系列活动通过"国省联办"的方式，由国家体育总局向全国推广普及，提升了活动层级，扩大了活动范围，形成了立足黑龙江省、面向全国，辐射周边国家的新格局。

（2）"两翼"促进，形成"一体两翼"互联、互通、互动新局面

"两翼"促进就是将建设"30 分钟城市冰雪健身圈"和举办"赏冰乐雪"全国趣味冰雪活动创意设计大赛作为工作两翼，打造冰雪体育发展新引擎，通过双轮驱动助力"赏冰乐雪"系列活动开展。一方面，通过建设"30 分钟城市冰雪健身圈"，建设省市县三级"赏冰乐雪园"、室内冰壶馆、室内滑冰馆、室外冰球场、城市内中小型室外滑雪场、雪地足球场以及雪地摩托、冰雪滑梯等各类趣味冰雪活动场地设施，不断丰富冰雪场地设施供给，为开展"赏冰乐雪"系列活动开展提供各类场地设施保障。另一方面，通过举办"赏冰乐雪"全国趣味冰雪活动创意设计大赛广纳民智，让百姓自主设计的趣味冰雪活动创意能够实现落地生根和成果转化，使其成为百姓喜闻乐见、乐于参与的冰雪比赛和活动，为"赏冰乐雪"系列活动注入了源源不断的活动创意。此外，"赏冰乐雪"系列活动的开展也为"30 分钟城市冰雪健身圈"和"赏冰乐雪"全国趣味冰雪活动创意设计大赛提供了大量的"体验者"和"设计师"，形成了"一体"带动"两翼"，"两翼"促

进"一体"的良性互联、互通、互动新局面。

（3）"三大抓手"支撑，推动"赏冰乐雪"系列活动落实

"三大抓手"就是以调研、资助和评比为支撑，将各项工作抓实抓细，推进工作落实。一是开展全省冰雪体育专项调研。省体育局派出4个调研组对全省13个地市开展冰雪体育专项调研，查摆制约"赏冰乐雪"系列活动开展的困难和问题，发现了冰雪体育场地设施不足、组织不健全、冰雪体育指导员不足等多个问题，并有针对性地制定了政策措施。二是做好资助。针对调研中各地市冰雪场地设施不足的问题，从省级体彩公益金中拿出资金，支持各地市冰雪体育场地设施建设，其中"市级赏冰乐雪园"4个，县区级小型"赏冰乐雪园"31个。三是开展评比。采取月评比和季度评比相结合的方式，对全省13个地市开展"赏冰乐雪"系列活动的参与带动人数、参与率进行评比，并将评比结果纳入省体育局对各地市综合评价工作，作为评分项目。

4. 问题和不足

（1）部分地区活动谋划准备不足。由于黑龙江省以往全民健身活动开展"重夏秋轻冬季"，且"赏冰乐雪"系列活动开展仅三年时间，部分地市还存在着启动慢、工作谋划不系统、准备不充分等问题，一定程度上影响了活动的整体开展。

（2）冰雪体育场地、活动、组织、指导没有实现无缝对接。由于场地设计方案、活动组织方案、组织发展规划以及健身指导方案统筹规划不足，部分地区有"场地建完了却功能单一，活动策划了找不到合适场地"的现象，存在"多层皮"的问题，不能有机统一。

（3）部分地区措施办法不实。部分地市对工作的总结不到位，对于工作的问题和存在的差距认识不深刻，落实"赏冰乐雪"系列活动办法和措施的针对性和操作性有提升空间。

（三）未来发展方向及打算

下一步，黑龙江省将全面贯彻落实习近平总书记关于冰雪运动发展重要

讲话、重要指示批示精神，认真按照国家体育总局发布的《"带动三亿人参与冰雪运动"实施纲要》要求，大力普及群众性冰雪体育运动，着力构建群众身边的冰雪运动服务体系，扩大冰雪运动产品和服务供给，满足群众多样化冰雪运动需求，为体育强国建设做出新的贡献。

1. 推动冰雪体育服务集成化

破解参与冰雪运动"去哪儿"难题，做到有冰雪场地的地方就有冰雪活动开展，有冰雪活动开展的地方就有健身指导和体育组织服务，2020年实现地级市室内滑冰馆全覆盖。

2. 推动"多规合一"

将各地赛事活动、场地建设、健身指导、组织保障等方案有机结合起来，做到策划的活动有场地实施，场地建设要符合活动组织和健身指导。

3. 归纳总结、强化宣传

各地市要认真总结工作，在总结中找到问题和差距，制定解决问题的办法。在新一年的工作中要加大宣传力度，扩大影响范围，注重强化信息传递，避免出现个别地市活动开展较多但报送活动、排名不理想的情况。

4. 搭建体育云服务平台

将全省冰雪体育活动、场地设施、指导服务、体育组织等信息纳入其中，做到"百姓点菜、政府端菜"，加快推进基层公共体育服务数字化。

5. 完善政策保障

探索政府补贴、社会化办赛、市场化运作的方式，推行多样性的政府购买服务，支持社会力量承接冰雪体育服务。

Abstract

In 2019, we celebrate the 70th anniversary of the founding of New China. 2019 is the key year for building a well-off society in an all-round way. It is also the important year to implement the State Council's *the National Fitness Program* (*2016 – 2020*). Standing on this historical node, we will sum up the great achievements and valuable classics of the 70th anniversary of mass sports in China since the founding of the People's Republic of China. To test, analyze the constraints hindering the development of mass sports in the new era, sort out the path of deepening the reform of mass sports system in the new era, and look forward to the development prospects of mass sports in the new era, will become the main logical thread of the Blue Book.

Annual Report on Development of Sport for All in China (*2019*) (hereinafter referred to as the "*Report*") consists of several sub-reports, including general report, policy theory, reform and innovation, and practical experience. The general report focuses on a comprehensive summary of the development process, construction achievements and practical experience of mass sports in China since the founding of New China 70 years ago, and combs them systematically. Combining with the Realistic Orientation of the development of mass sports in China, the paper puts forward the way for the future development of mass sports in China. Over the past 70 years, China's mass sports has been guided by the great banner of socialism with Chinese characteristics, guided by the idea of serving the development tasks of the Party and the country, centered on meeting the people's sports fitness needs, grasped by the perfection of the service system, and driven by the comprehensive deepening of sports reform, and stepped out of a pioneering, innovative and arduous struggle. Fighting and striving for a promising path of development, we have made remarkable achievements in development. In the new era, standing at a new historical starting point, the government has entrusted new

tasks and missions to the development of mass sports in the aspects of "five in one" modernization, resolving the main contradictions in the new era and building a well-off society in an all-round way. In response, we must redesign the road of mass sports development in the new era and realize the healthy and orderly development of mass sports.

The policy theory section of the Report focuses on the key work of mass sports in 2019. It systematically interprets the historical evolution and objective law of mass sports reform in China from both overall and partial levels, comprehensively analyses the new measures, new progress and new experience of mass sports reform in China under the background of the new era, and focuses on combing the masses of our country. The new opportunities and challenges of sports in policy change, legal system construction, social organization and sports activities are analyzed and forecasted. The present situation and future trend of mass sports reform in China under the new situation are analyzed and forecasted.

The reform and innovation part of the Report starts from the extensive and thorough work done by the researchers and practitioners in the field of national fitness in our country. How to judge the main features and basic contents of the public service system of national fitness in the new era; how to clarify the problems and shortcomings of the public service system of national fitness in our country at present are discussed; and how to target and prescribe the right medicine have been put forward in a more targeted way with the development of national conditions and countermeasures. Based on this, the author puts forward strategic suggestions for the construction of public health service system for all in the new era from the understanding of the original concept of "public health service for all" and the practice of public health service system construction for all. Firstly, to establish a new government concept of "people-centered". Secondly, to improve the new top level design of the "unified planning", "unified standards and unified construction". Thirdly, to construct the new organizational system and operational mechanism of "co-construction, co-governance and sharing". Last but not least, to strengthen the new supply and demand platform construction of "intellectualization and data". Finally, to accelerate the performance appraisal mechanism of "mass supervision and mass satisfaction".

In addition, the reform and innovation part of the Report also systematically reviews and objectively analyses the current situation and development strategy of "expanding from south to west" of ice and snow sports so as to realize the scientific and rationalization of national fitness in the new era of our country.

The practical experience section of the Report carefully select the typical local practical experience cases that can present the "six nearby" project of mass sports since 2018 to show and share. Selecting the typical models of fitness organizations, facilities, activities, competitions, guidance and culture around the masses independently, this paper reflects the main practices and concrete practices of the state and local governments in purchasing public sports services, giving play to the synergy of departments, mobilizing social and market forces, promoting the development of national fitness competitions, reflecting the advantages at the grass-roots level and highlighting the times.

Keywords: The 70th Anniversary of the Founding of the People's Republic of China; Mass Sports; National Fitness; The Public Service

Contents

Ⅰ General Report

Abstract: On the 70th anniversary of the founding of the people's republic of China, China has embarked on a road of mass sports development with Chinese characteristics. The development of mass sports has accumulated rich construction experience. The work ideas and top-level design are clearer. The work mechanism reform and innovation is more powerful, and the public sports service system is more perfect. However, there are still some problems to be solved, such as the effect of overall planning needs to be improved, the ability of integrated development needs to be improved and the function of multiple needs to be developed. In the new era, mass sports, taking the multiple function display as the basic point, with the goal of intelligent service, starting from decision-making consultation, relying on the holding of the Winter Olympics, insisting on steady progress and promoting major contradictions, should make due contributions to the completion of a comprehensive well-off society.

Keywords: 70th Anniversary of the Founding of the People's Republic of China; Mass Sports; Public Sports Service System

II Policy Theory

B. 2 Reflections on the Changes of China's Mass Sports

Policy since the 70th Anniversary of the Founding of

New China   *Cheng Hua* , *Yang Juanjuan* / 030

Abstract: Through the methods of literature, text analysis and expert interviews, the development of China's mass sports policy since the 70th anniversary of the founding of New China has been divided into four stages: policy generation, tortuous development, exploration and innovation, and democratic legalization. On this basis, this paper systematically summarizes and theoretically explains the characteristics of the change of mass sports policy and the problems and deficiencies in the process of change, and concludes its evolution characteristics as follows: the policy basis closely combines with the theme of economic and social development, the policy objective is to enhance the people's physical fitness, the policy guiding ideology ranges from the national standard to the popular standard, the policy procedural mechanism from government-led to democratic participation, and the policy feedback from a single channel to diversified development. At the same time, it is found that the main problems are relatively inadequate democratic

participation in policy decision-making, imperfect policy implementation mechanism, the insufficient capital investment required by the policy, and the lack of a policy evaluation mechanism. Finally, in view of the existing problems and shortcomings of mass sports policy, this paper puts forward some suggestions and suggestions for the targeted adjustment, namely, enriching and improving the main body of mass sports policy, establishing and perfecting the implementation mechanism of mass sports policy, enhancing the input of mass sports policy, and constructing and perfecting the policy evaluation and supervision system, etc.

Keywords: Mass Sports; Sports Policy; Sports Policy Changes

B. 3 Promotion and Governance of National Fitness in China on the 70th Anniversary of the Founding of China

Yu Shanxu / 051

Abstract: Over the 70 years since the founding of New China, particularly since the reform and opening up, China's nationwide fitness has achieved rapid development. Meanwhile, as the increasing strengthening of national legal construction, the course of promoting law-based nationwide fitness program has also been facilitated continuously. In this study, the promotion of China's law-based nationwide fitness program over the past 70 years is divided into three different stages and patterns, including laying legal basis for the mass sports after the founding of new China, continuous progress of nationwide fitness legislation since the reform and opening up, and gradually incorporating law-based nationwide fitness program into the overall rule by law since the new era. From the perspectives of different characteristics and performance of national advocacy, national guarantee and national strategy, the gradual development of China's law-based nationwide fitness and the increasing legal status are described.

Keywords: Mass Sports; Nationwide Fitness; Rule by Law; Law-Based Governance of Sports

B. 4   Development of Social Sports Organization on the 70th
         Anniversary of the Founding of the People's Republic of
         China   *Han Hui*, *Zheng Jiakun* / 070

Abstract: This paper aims to find out the problems and future development directions of social sports organizations in China through analyzing its changing context since the founding of the People's Republic of China and the current development situation. The conclusions are as follows: In general, Chinese social sports organizations show a stable and good development trend after 70 years of endeavor, but there are still many obstacles such as the restrictions of social, political and institutional environment as well as the limitations of self-growth logic. In the new era, the development of social sports organizations must be inspected in the logic and trend of China's modernization transformation, and jointly promoted from three aspects: government, sports and social organizations, and cooperative governance of political and social organizations.

Keywords: 70th Anniversary of the Founding of the People's Republic of China; Social Sports Organizations; Social Organization

B. 5   Review and Prospect of the Development of Mass Winter
         Sports on the 70th Anniversary of the Founding of China
                                    Zhang Ruilin, *Wang Xianliang* / 101

Abstract: This paper reviewed the course of mass winter sports in China since the founding of new China 70 years ago, reveals the laws and characteristics of mass winter sports, and looks forward to the future development trend of mass winter sports. On the basis of historical data analysis, field investigation, market research and authoritative data interpretation, this paper studies and analyzes the development course, development status and future trends of mass winter sports in China. It is concluded that the winter sports in China has gone through three

historical stages: liberalization, exploration and development, and rapid development. At present, the development of mass winter sports has entered a new era. The site facilities are in a period of rapid growth. The number of venues has achieved rapid growth, the site layout is relatively extensive, and the types of venues are increasingly abundant. The number of participants in the winter sports is increasing, but the per capita participation in the winter sports and the penetration rate of the winter sports are low, and they are at the stage of development of the ski movement. The content of the winter sports echoes the hot spots of the Winter Olympics. The people's participation in the winter sports has emerged from a single to differentiated and increasingly diverse trend. The winter sports shows a remarkable feature that integrates with the National fitness, echoes with the Winter Olympics, and is to be strengthened. In the future, we should vigorously promote the popularization of the winter sports in coordination with governance, promote the integration of the winter sports into life through transformation and development, strengthen safeguards to continue to promote the construction of the winter sports venues, promote the upgrading of the winter sports services in industries, and strengthen the training of talents in the winter sports.

Keywords: New China; New Era; Mass Winter Sports

Ⅲ   Reform and Innovation

B. 6   Theories and Practice in the Construction of Public

Service System of National Fitness in the New Era

Dai Jian, *Shi Xiaoqiang* / 119

Abstract: In recent years, as researchers and practitioners in the field of national fitness have done a lot of in-depth and meticulous work, China's relatively sound public health service system covering urban and rural areas has initially formed. But how to judge the main features and basic contents of the public service system of national fitness in the new era; how to clarify the problems and shortcomings of the public service system of national fitness in our country at present are discussed; and how to target and prescribe the right medicine have been put forward in a more targeted way with the development of national conditions and countermeasures. Based on this, the author puts forward strategic suggestions for the construction of public health service system for all in the new era from the understanding of the original concept of "public health service for all" and the practice of public health service system construction for all. Firstly, to establish a new government concept of "people-centered". Secondly, to improve the new top level design of the "unified planning", "unified standards and unified construction". Thirdly, to construct the new organizational system and operational mechanism of "co-construction, co-governance and sharing". Last but not least, to strengthen the new supply and demand platform construction of "intellectualization and data". Finally, to accelerate the performance appraisal mechanism of "mass supervision and mass satisfaction".

Keywords: Mass Sports; Nationwide Fitness Work; Public Services

B. 7　The Present Situation and New Era Prospect of the Scientific Development of National Fitness

Zhang Yehan / 141

Abstract: Scientification is the development benchmark and optimization direction for the nationwide fitness work. In recent 24 years, the scientification of the national fitness work has gotten certain achievements in key fields such as scientific research, investigation on the current situation of mass sports activities, national physical fitness monitoring, fitness guidance and exercise prescription through policy guarantee and mechanism construction, and there were still some problems and shortage. Facing the problems of insufficiency and imbalance in the development of national fitness, We should consider the scientific work of national fitness from the perspective of "human progress, national rejuvenation, healthy and

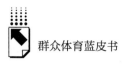
powerful country, and scientific and technological rejuvenation", which is of great significance. In the new era, Scientification should advance under the guidance of scientific theory, the guarantee of regulatory mechanism, the enrichment of scientific supply and the supporting of scientific technology. In the new historical stage, promoting scientific construction in the field of national fitness work is the inevitable way for comprehensively deepen reform, is the fundamental way to improve total factor productivity, is the internal demand of the people as the center, is the strong guarantee of high-quality development, is the inevitable embodiment of sports science and technology construction. In the new era, the scientific fitness of the whole nation must understand the connotation of supply and demand under the new social contradictions, adhere to the high-quality advancement under the new era requirements, grasp the historical opportunities in the new technological revolution, not forget the initial heart, bear in mind the mission, innovate and keep up with the times. We will achieve the scientific goals such as equalization of public health services, coordination of regional development, integration of industrial development, innovation of business model, platformization of information service, Intellectualization of hardware service, personalization of training service, precision of physical fitness monitoring, dynamism of evaluation, co-sharing of technological research, and compound talent training.

Keywords: Nationwide Fitness Work; Mass Sports; National Constitution

B. 8   Current Situation and Development Strategy of "Spreading

South and Expanding West" of Winter Sports

Feng Siyu, Zhang Sheng / 175

Abstract: The Chinese nation has been bound by ice and snow since ancient times. When bidding to prepare the 2022 Beijing-Zhangjiakou Winter Olympic Games, China put forward the strategy of "extending winter sports from the north to all parts of the country", which is not only the inheritance and extension of the slogan of "extending winter sports to the south" in the last century, but also an important way to popularize winter sports in the whole country and prepare for the Winter Olympic games in the new era. According to a survey, since the strategy was put forward, various regions have made breakthroughs in the cultivation of winter sports competitive talents, popularization of public winter sports, development of winter sports industry, inheritance of ice and snow culture and other aspects. However, they still face some extension problems, such as serious differentiation of superior and inferior projects, low attention of inferior projects, low frequency of public participation in winter sports and lack of venues, few well-known national brands in the winter sports industry, lack of local winter sports culture and so on. In this context, this study puts forward specific suggestions based on the four sections of competitive winter sports, public winter sports, winter sports industry and winter sports culture, including "four-step" of competitive sports, "winter sports on campus" and "public fitness", the building of the App named "ice and snow China", "slack and tight" of winter sports industry, and the revival of traditional winter sports activities to win the mind of people, etc.. All these are aim at implement the strategy- "extending winter sports from the north to all parts of the country" better, and help the Chinese people of all ethnic groups share the winter sports and build the 2022 Beijing-Zhangjiakou Winter Olympic Games together.

Keywords: Winter Sports; 2022 Beijing-Zhangjiakou Winter Olympic Games; Mass Sports; Winter Sports Industry; Winter Sports Culture

IV Practical Experience

B. 9 Widely Mobilizing Social Forces to Establish Urban
Amateur League Matches

Shanghai Sports Bureau / 191

Abstract: Urban amateur league matches of Shanghai is one of the most representative sports events in Shanghai mass sports and the city name card to show the rich achievements of mass sports and the spirit of citizens. By holding urban amateur league matches of Shanghai, Shanghai has accumulated many successful reform and innovation experiences, which are embodied in the following aspects: eliminate the barriers of market opening and open the door for multiple event hosts, establish an evaluation and guidance system and improve the competition management ability, reform and innovate the way of holding competitions and accurate service the main body. urban amateur league matches of Shanghai will play a greater role in expanding fitness population, improving fitness level, spreading fitness culture and promoting sportsmanship, and making greater contribution to meet Shanghai citizens' increasing demand for physical fitness.

Keywords: National Fitness; Mass Sports; Urban Amateur League Matches of Shanghai

B. 10 Enriching the Supply of Venues and Facilities to Solve
the Problem of "Where to Go for Fitness"

Jiangsu Sports Bureau / 216

Abstract: It is an important public service function that governments at all levels should perform, and an inevitable requirement for implement the national strategy of national fitness and promote the construction of healthy China to strengthen the construction of the national fitness facilities, improve the environment for masses fitness, better meet demand of mass fitness. In recent years, under the correct guidance of the general administration of sport, Jiangsu has always focused on the people's aspiration for a better life, highlighted the integration of urban and rural areas, regional coordination, and steadily promoted the "six nearby" project of mass sports, tried to improve the construction, management and service of national fitness facilities, and focused on solve the problem of "where to go for fitness". Jiangsu is the only demonstration area of national public sports service system with province as unit, and is striving to build a strong sports province in the new era. In recent years, we closely around people's yearning for a better life, improve public sports facilities as a key measure to ensure people's health and fitness in an all-round and full-cycle manner, adhere to scientific guidance, institutional arrangements, and long-term progress, accelerate the improvement of public sports facilities with clear functions, sound network and benefits for all, and find a path of high-quality development.

Keywords: National Fitness; Public Service; Jiangsu Province

B. 11 Giving Full Play to the Advantage of Endowment Resources and Creating the Characteristics of Sports and Tourism

Zhejiang Sports Bureau / 227

Abstract: In the new era of "integration of sports and tourism", Administration of sport of Zhejiang relying on the rich landscape resources and location advantage of Yangtze delta, makes great efforts to develop the sports tourism industry according to local conditions. The main measures are as follows: adhere to the "three measures", make the "length article" about integration of sports and tourism; adhere to the "three cultivation", make the "range article" about integration of sports and tourism; adhere to the "three arrive", make the "deep article" about integration of sports and tourism. It has established the future

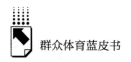
development goals of better infrastructure, bigger industrial scale, more diverse product supply, more prominent competition brands, and better development environment, as well as the future development direction of mountain outdoor sports, water sports, snow sports, aviation sports and motorsports. Specific measures include optimize spatial distribution, upgrade infrastructure, expand market players, enrich product supply and integrate diverse industries.

Keywords: Integration of Sports and Tourism; Sports Tourism Industry; Zhejiang Province

B. 12　Adhering to the Idea of Great Health and Great Sports, Promoting the Deep Integration of National Fitness and National Health

Guangxi Zhuang Autonomous Region Sports Bureau / 244

Abstract: In order to improve the people's acquisition and happiness of sports, and enhance the vitality and motivation of national fitness, the administration of Sport of Guangxi set the goal of "eight fusion", take deep integration of national fitness and national health in the district. The stage results achieved are as follows: pay close attention to the concept of integration, promote the concept of "great sports" and "great health" of national fitness deeply rooted in the hearts of the people; pay close attention to the integration of mechanism, promote the full release of the work pattern of "great sports"; pay close attention to the integration of policies and programs, optimize the top-level design of national fitness; pay close attention to the integration of organizations and teams, complete sports and fitness services around the people; pay close attention to the integration of facilities, diversify the available sports facilities around the people; pay close attention to the integration of activities, enrich sports events around the people.

Keywords: National Fitness; National Health; Guangxi

B. 13　Vigorously Developing Winter Sports to Help Beijing Winter Olympics

Liaoning Sports Bureau , Jilin Sports Bureau
and Heilongjiang Sports Bureau / 264

Abstract: In order to facilitate the 2022 Beijing Winter Olympics and increase the enthusiasm and initiative of the people to participate in winter sports, the Three Northeast Provinces have made great efforts to develop winter sports on campus and winter sports industries relying on their unique resources and location advantages. Administration of Sport of Jilin built a brand of winter sports for the people, and promoted 300 million people to participate in winter sports to for the Beijing Winter Olympics. Administration of Sport of Liaoning make up shortcomings of winter sports, effort to build "Liaoning of ice and snow" and build a strong province for winter sports; Administration of Sport of Heilongjiang popularizes winter sports to help achieve the goal of 300 million people participate in winter sports.

Keywords: Winter Sports on Campus; Winter Sports Industry; the Three Northeast Provinces

❖ 皮书起源 ❖

"皮书"起源于十七、十八世纪的英国,主要指官方或社会组织正式发表的重要文件或报告,多以"白皮书"命名。在中国,"皮书"这一概念被社会广泛接受,并被成功运作、发展成为一种全新的出版形态,则源于中国社会科学院社会科学文献出版社。

❖ 皮书定义 ❖

皮书是对中国与世界发展状况和热点问题进行年度监测,以专业的角度、专家的视野和实证研究方法,针对某一领域或区域现状与发展态势展开分析和预测,具备原创性、实证性、专业性、连续性、前沿性、时效性等特点的公开出版物,由一系列权威研究报告组成。

❖ 皮书作者 ❖

皮书系列的作者以中国社会科学院、著名高校、地方社会科学院的研究人员为主,多为国内一流研究机构的权威专家学者,他们的看法和观点代表了学界对中国与世界的现实和未来最高水平的解读与分析。

❖ 皮书荣誉 ❖

皮书系列已成为社会科学文献出版社的著名图书品牌和中国社会科学院的知名学术品牌。2016 年,皮书系列正式列入"十三五"国家重点出版规划项目;2013~2019 年,重点皮书列入中国社会科学院承担的国家哲学社会科学创新工程项目;2019 年,64 种院外皮书使用"中国社会科学院创新工程学术出版项目"标识。

权威报告·一手数据·特色资源

皮书数据库
ANNUAL REPORT(YEARBOOK)
DATABASE

当代中国经济与社会发展高端智库平台

所获荣誉

- 2016年，入选"'十三五'国家重点电子出版物出版规划骨干工程"
- 2015年，荣获"搜索中国正能量 点赞2015""创新中国科技创新奖"
- 2013年，荣获"中国出版政府奖·网络出版物奖"提名奖
- 连续多年荣获中国数字出版博览会"数字出版·优秀品牌"奖

成为会员

通过网址www.pishu.com.cn访问皮书数据库网站或下载皮书数据库APP，进行手机号码验证或邮箱验证即可成为皮书数据库会员。

会员福利

- 已注册用户购书后可免费获赠100元皮书数据库充值卡。刮开充值卡涂层获取充值密码，登录并进入"会员中心"—"在线充值"—"充值卡充值"，充值成功即可购买和查看数据库内容。
- 会员福利最终解释权归社会科学文献出版社所有。

数据库服务热线：400-008-6695
数据库服务QQ：2475522410
数据库服务邮箱：database@ssap.cn
图书销售热线：010-59367070/7028
图书服务QQ：1265056568
图书服务邮箱：duzhe@ssap.cn

社会科学文献出版社 皮书系列
SOCIAL SCIENCES ACADEMIC PRESS (CHINA)
卡号：556566133276
密码：

基本子库 SUB DATABASE

中国社会发展数据库（下设 12 个子库）

全面整合国内外中国社会发展研究成果，汇聚独家统计数据、深度分析报告，涉及社会、人口、政治、教育、法律等 12 个领域，为了解中国社会发展动态、跟踪社会核心热点、分析社会发展趋势提供一站式资源搜索和数据分析与挖掘服务。

中国经济发展数据库（下设 12 个子库）

基于"皮书系列"中涉及中国经济发展的研究资料构建，内容涵盖宏观经济、农业经济、工业经济、产业经济等 12 个重点经济领域，为实时掌控经济运行态势、把握经济发展规律、洞察经济形势、进行经济决策提供参考和依据。

中国行业发展数据库（下设 17 个子库）

以中国国民经济行业分类为依据，覆盖金融业、旅游、医疗卫生、交通运输、能源矿产等 100 多个行业，跟踪分析国民经济相关行业市场运行状况和政策导向，汇集行业发展前沿资讯，为投资、从业及各种经济决策提供理论基础和实践指导。

中国区域发展数据库（下设 6 个子库）

对中国特定区域内的经济、社会、文化等领域现状与发展情况进行深度分析和预测，研究层级至县及县以下行政区，涉及地区、区域经济体、城市、农村等不同维度。为地方经济社会宏观态势研究、发展经验研究、案例分析提供数据服务。

中国文化传媒数据库（下设 18 个子库）

汇聚文化传媒领域专家观点、热点资讯，梳理国内外中国文化发展相关学术研究成果、一手统计数据，涵盖文化产业、新闻传播、电影娱乐、文学艺术、群众文化等 18 个重点研究领域。为文化传媒研究提供相关数据、研究报告和综合分析服务。

世界经济与国际关系数据库（下设 6 个子库）

立足"皮书系列"世界经济、国际关系相关学术资源，整合世界经济、国际政治、世界文化与科技、全球性问题、国际组织与国际法、区域研究 6 大领域研究成果，为世界经济与国际关系研究提供全方位数据分析，为决策和形势研判提供参考。

法律声明